新时代背景下
北京市学龄前儿童同胞关系研究

苏婧 等 著

清华大学出版社
北京

图书在版编目（CIP）数据

新时代背景下北京市学龄前儿童同胞关系研究 / 苏婧等著. —北京：清华大学出版社，2023.12

ISBN 978-7-302-64903-8

Ⅰ.①新… Ⅱ.①苏… Ⅲ.①学前儿童—家庭关系—人际关系—研究 Ⅳ.①G610

中国国家版本馆CIP数据核字（2023）第222618号

责任编辑：李益倩
封面设计：薛　芳
责任校对：赵琳爽
责任印制：曹婉颖

出版发行：清华大学出版社
　　　　网　　　址：https://www.tup.com.cn, https://www.wqxuetang.com
　　　　地　　　址：北京清华大学学研大厦A座　　邮　　　编：100084
　　　　社 总 机：010-83470000　　　　　　　邮　　　购：010-62786544
　　　　投稿与读者服务：010-62776969, c-service@tup.tsinghua.edu.cn
　　　　质量反馈：010-62772015, zhiliang@tup.tsinghua.edu.cn
印 装 者：三河市君旺印务有限公司
经　　销：全国新华书店
开　　本：185mm×260mm　　印　张：14　　字　　数：266千字
版　　次：2023年12月第1版　　　　印　　次：2023年12月第1次印刷
定　　价：89.00元

产品编号：103729-01

序 言

2015 年，我国全面实施一对夫妇可以生育两个孩子的政策。2021 年，国家宣布实施三孩生育政策。新政策的实施使得近年来家庭中二孩、三孩数量有所增加，这些家庭由"独生子女家庭"转变为"二孩家庭""三孩家庭"，家庭结构及内部关系发生变化。由于三孩生育政策实施时间短，大多数家庭生育三孩的意愿并不强烈，因此三孩家庭占比还不高。已有的大量研究主要是关于二孩家庭的系统转变、长子女的心理与行为变化及疏导，以及同胞关系等问题。而如今，二孩家庭中的"二胎宝宝"已进入学前阶段。这个特殊的群体，自出生就面对着比相同年龄的独生子女更多维的关系——同胞关系。大孩与二孩的同胞关系，对二孩社会性发展的影响，在其学前阶段即进入幼儿园后开始逐渐显现。值得注意的是，二孩家庭中的父母大多数出生于 20 世纪 80 年代，当时的独生子女生育政策没有经历过同胞关系的父母也出现了各种不适应状况。如何面对新成员的进入，如何处理同胞关系，成为二孩家庭的父母需要面临的挑战。学前阶段的教育对幼儿的终生发展有着重要影响。幼儿园作为教育机构，承担着教育儿童与指导家长的双重职责，但目前关于幼儿园如何指导二孩家庭处理同胞关系的理论与实践还存在不足。

基于目前的生育政策背景和广大家庭、幼儿园的实际需求，我和研究团队于 2020 年申报了北京市社科基金一般项目"全面二孩政策背景下北京市学龄前儿童同胞关系的调查研究"（项目批准号：20JYB008）。课题立项后不久，国家开始实施"三孩政策"，考虑到研究的可行性，以及基于幼儿园开展家庭教育指导的目的，本课题仍主要针对二孩家庭展开研究。课题旨在通过深入调查北京市二孩家庭同胞关系现状，分析同胞关系的类型和影响因素，为教育者及二孩家庭的父母提供科学的教育指导策略。在家庭系统理论、亲缘选择理论与社会学习理论等指导下，本研究以北京市幼儿园二孩家庭学龄前幼儿为研究对象，采用《幼儿同胞关系量表》，从温暖、对抗、竞争三个方面调查二孩家庭同胞关系的状况；采用《父母教养方式量表》《父母对同胞冲突处理策略量表》《幼儿亲子依恋关系量表》，从父母教养方式、父母对同胞冲突处理策略、亲子依恋三方面研究其对同胞关系的影响；采用《幼儿同伴交往能力量表》研究同伴交往能力对同胞关系的影响；探讨家庭因素和社会因素之间的影响和相互作用机制。本研究通过幼儿访谈，了解幼儿对同胞关系、父母教养方式、同伴交往能力、父母对同胞冲突处理策略以及亲子依恋的现实情况；通过家长访谈，了解家长对同胞关系、父母教养方式、同伴交往能力、父母对同胞冲突处理策略以及亲子依恋现实情况，并了解内在原因，服务于结果解释。在近三年的时间里，课题组通过理论学习、专家引领、专题研讨、家园交流等，多形式、多渠道开展研究工作，确保课题研究过程和研究结果的规范化、科学化。

本书是历时三年课题研究成果的总结。参与本书书稿梳理撰写的有吕国瑶、龙正渝老师，课题组核心成员有吕国瑶、李一凡、张霞、田彭彭、徐露、龙正渝等老师。承担子课题的实验园有北京航空航天大学幼儿园、北京大学附属幼儿园、丰台区第一幼儿园、海淀区人民政府机关幼儿园、海淀区人民政府龙岗路幼儿园、东城区新中街幼儿园、中国科学院幼儿园等。在此，衷心感谢课题组核心成员及各实验园园长和老师们的辛苦付出。

希望本研究成果对于个体、家庭、社会、教育机构有一定的应用价值。对个体而言，研究成果有助于了解幼儿同胞关系现状，促进幼儿健康成长；对家庭而言，研究成果为二孩家庭父母处理同胞关系提供了家庭教育指导策略；对教育机构而言，研究成果有利于梳理同胞关系教育指导策略，提升幼儿园家庭教育指导能力，促进家园共育；对社会而言，研究成果能够为职能部门做好配套政策服务提供参考。

由于研究水平和研究范围所限，尤其针对三孩家庭的同胞关系研究还多有不足，望广大读者给予批评指正，共同探讨新时代背景下学龄前儿童的同胞关系问题。

苏　婧

2023 年 3 月 20 日

目　录

附 录

第一编　绪　论

第一章　新时代生育政策下的同胞关系研究

第一节　新中国生育政策的变化及其影响

人口是经济社会发展的基础，是事关民族发展的基础性、全局性、战略性要素，生育政策无疑是影响人口变动与发展的要因之一。[①] 迄今为止，中国生育政策已经完成第一次转型，即从以控制人口过快增长为目标的数量约束性策略，转向以统筹解决人口问题为目标的结构优化性策略，目前正开启第二次转型，即转向以实现适度生育水平为目标的包容性策略。[②] 生育政策在宏观上引领人口发展态势与特征，在微观上影响千家万户的家庭结构样态，也带来家庭关系和教育投入等相应观念和行为的变化。

一、新中国生育政策的变化历程

新中国成立以来，中国人口从农业社会的高出生率、高死亡率，过渡到工业化初期的高出生率、低死亡率，再过渡到工业化中后期的低出生率、低死亡率。促使这种变化的因素可归为社会转型、经济发展和人口政策。[③] 半个多世纪以来，中国的人口政策发展之路并不平坦，生育政策的发展大致可分为四个阶段，包括自由生育阶段、探索并确立计划生育政策阶段、严格执行计划生育阶段和计划生育政策放宽阶段，生育思潮也实现了由"一个不少、两个正好、三个多了"到今天"一个太少、两个亦少、三个正好"的逆转，半个世纪前提出的"晚、稀、少"生育口号或也演变为当下"适时生育、适度间隔、适量生育"的倡导。[④]

（一）探索计划生育政策：从限制节育到鼓励节育（1949—1970 年）

新中国成立之初，百废待兴，"人多力量大"成为社会发展的主旋律。在人口问题上，我国以"人口增殖论"为主导，同时受苏联的影响采取了限制节育、鼓励生育的人口增

---

① 杨菊华.从"一个不少"到"三个正好"：中国生育政策的流变逻辑[J].江苏行政学院学报，2022（05）：64-73.
② 宋健.从约束走向包容：中国生育政策转型研究[J].华中科技大学学报（社会科学版），2021，35（03）：86-91+106.
③ 梁建章，黄文政.新中国70年人口政策的回顾[EB/OL].http://www.ccud.org.cn/phone/article/21223.html.2023-03-02.
④ 杨菊华.从"一个不少"到"三个正好"：中国生育政策的流变逻辑[J].江苏行政学院学报，2022（05）：64-73.

长策略，加上人民生活水平和医疗卫生条件的改善，出生率提高的同时死亡率有了大幅下降，使得人口在 1949—1953 年之间呈现出迅猛增长的态势。1953 年第一次人口普查结果显示全国总人口数达到 6 亿，短短 4 年间人口净增长 4600 多万，人口自然增长率高达 23‰。人口激增的现实和人民节育的要求，逐渐引起党和政府的重视，计划生育政策开始提上日程。自 1954 年起，党和政府开始宣传倡导避孕节育与晚婚，调整了不准节育的要求，并在人口领域中引入经济领域中的计划生产。以马寅初、邵力子等为代表的社会有识之士也开始倡导节制生育、控制人口。① 1962 年 12 月 18 日，中共中央国务院发布了我国计划生育政策的一个里程碑式文件《关于认真提倡计划生育的指示》（中发〔1962〕698号），提出"在城市和人口稠密的农村地区，提倡节制生育，适当控制人口自然增长率，使生育问题由毫无计划的状态逐渐走向有计划的状态，这是我国社会主义建设中既定的政策。""提倡节制生育与计划生育，不仅符合广大群众的要求，而且符合有计划地发展我国社会主义建设的要求。"② 20 世纪 60 年代中后期，"文化大革命"开始后，计划生育工作实际上陷入了停顿状态。

（二）计划生育体制初成：以"晚、稀、少"为特征（1971—1979 年）

1970 年，周恩来总理两次提及计划生育工作被放松，并指出计划生育属于国家计划问题，而不是卫生问题。1971 年，人口问题首次被纳入到政府工作计划中，国务院批转《关于认真做好计划生育工作的报告》，提出了以"晚、稀、少"（"晚"指男 25 周岁、女 23 周岁才结婚，"稀"指两胎要间隔 4 年，"少"指只生两个孩子）为主要方针的生育政策，开启了计划生育时代，标志着人口政策从政府倡导，转变为以生育水平的目标为导向的，对家庭生育行为的干预和控制。随着计划生育推行，中国总和生育率从 1970 年的 5.8降至 1980 年的接近更替水平的 2.3 左右，年出生人口从 2800 万降至 2100 万左右，总人口则从 8.52 亿上升至 9.75 亿，年均增长 1230 万。同期，中国占世界人口比例则从 22.3% 降至 22.15%。③

（三）实施计划生育基本国策：以"一胎化"为基调（1980—2013 年）④

随着新中国成立 30 年的人口积累，人口再生产呈现出高出生、低死亡、高增长的特征；即使在计划生育政策一直严格实行的前提下，诸多学者仍作出了对未来人口总量将过量发展的预测；我国人口多、耕地少、底子薄，存在生产力发展还满足不了人口众多所带

① 张越，陈丹. 新中国 70 年的人口政策变迁与当代人口发展[J]. 宏观经济管理，2020（05）：62-69.
② 杨发祥. 当代中国计划生育史研究[D]. 杭州：浙江大学，2003.
③ 梁建章，黄文政. 新中国 70 年人口政策的回顾[EB/OL]. http://www.ccud.org.cn/phone/article/21223.html.2023-03-02.
④ 梁建章，黄文政. 新中国 70 年人口政策的回顾[EB/OL]. http://www.ccud.org.cn/phone/article/21223.html.2023-03-02.

来的粮食紧缺、受教育率低、就业率低等一系列隐患；[1]加之新中国成立初期出生潮中出生的人口在此期间内也即将成为新的生育大军，进一步加剧了人口形势的严峻程度。在我国人口过剩、生育过多的背景下，这些冲突也成为严格实施一孩政策的主要推动力，计划生育政策的提出将人口问题同改革开放紧密结合起来，开辟出一条人口与经济社会协调发展的道路。[2]1980年1月，中共中央、国务院批转《关于1980年国民经济计划安排情况的报告》，指出"计划生育要采取立法的、行政的、经济的措施，鼓励只生一胎。"1980年9月25日，中共中央发表《关于控制我国人口增长问题致全体共产党、共青团员的公开信》，启动了以一胎化为基调的计划生育政策。公开信在表述上仅"提倡一对夫妇只生育一个孩子"，但在实践中，这往往表现为强制性的生育数量限制。1982年，中共十二大确定计划生育为基本国策。1984年4月，针对一胎化激化的社会矛盾，中共中央在批转《关于计划生育工作情况的汇报》的文件中，适当放宽了限制。该文件奠定了1984年至2013年计划生育政策的主要模式：以大中城市为主的城镇居民一对夫妇只能生育一个孩子；第一胎是女孩的农村居民允许生第二胎；少数民族可以生育2～3个孩子。

（四）计划生育政策放宽：单独二孩到全面三孩政策（2014年以来）[3]

进入21世纪后，长期稳定的低生育率减弱了人口增长的惯性，并带来一系列人口问题，如人口老龄化加剧、年轻劳动力严重短缺等。[4]2013年十八届三中全会提出"启动实施一方是独生子女的夫妇可生育两个孩子的政策，逐步调整完善生育政策，促进人口长期均衡发展"，同年12月，第十二届全国人大常委会第六次会议表决通过了《关于调整完善生育政策的决议》，一方是独生子女的夫妇可生育两个孩子的单独两孩政策依法启动实施。2015年十八届五中全会提出完善人口发展战略，"全面实施一对夫妇可生育两个孩子的政策"，同年12月，全国人大常委会表决通过了《中华人民共和国人口与计划生育法修正案》，全面二孩政策随即于2016年1月1日起正式实施。2021年7月20日《中共中央、国务院关于优化生育政策促进人口长期均衡发展的决定》公布，为进一步优化生育政策，实施一对夫妻可以生育三个子女政策及配套支持措施。2021年8月20日，全国人大常委会会议表决通过了关于修改人口与计划生育法的决定，修改后的人口计划生育法规定，国家提倡适龄婚育、优生优育，一对夫妻可以生育三个子女，继而从优生优育、普惠托育、降低生育养育教育成本三大方面进一步细化了生育配套支持措施。实施三孩政策，是继全

① 施炎坤.学习邓小平人口思想的若干认识与思考[J].福建理论学习，2004（6）：30-32.
② 张越，陈丹.新中国70年的人口政策变迁与当代人口发展[J].宏观经济管理，2020（05）：62-69.
③ 梁建章，黄文政.新中国70年人口政策的回顾[EB/OL].http://www.ccud.org.cn/phone/article/21223.html.2023-03-02.
④ 张越，陈丹.新中国70年的人口政策变迁与当代人口发展[J].宏观经济管理，2020（05）：62-69.

面二孩政策之后生育政策的进一步调整完善，这是中央基于我国人口与经济社会发展的形势而作出的重大战略决策。全面二孩和三孩政策实施以来，政策的效应正逐步释放，可以预见未来几年将会有越来越多的家庭生育第二胎[①]。因此，目前亟需政府有关部门加强政策顶层设计，尽快出台各项配套政策，[②]以促进人口新政实施。

二、新时代生育政策的影响与挑战

（一）生育政策给家庭结构及内部关系带来的变化

全面二孩、三孩政策最直接影响的是社会中的家庭，这些家庭将从三口之家转变为四口、五口之家[③]。家庭系统理论认为家庭是一个系统，个体发展会受家庭系统影响。家庭作为一个持久、稳定的系统，家庭成员之间相互影响，任何一个成员的行为都会影响到这个系统。[④]当一个家庭决定生育第二个孩子的时候，家庭系统随之发生改变，直到第二个孩子出生，家庭系统中开始出现夫妻、亲子、同胞次系统交互影响的局面。在家庭环境中将在原有夫妻关系、亲子关系基础上，进一步产生"大宝"与"二宝"间的同胞关系。

（二）多孩的出现给大宝及父母带来新挑战

阿德勒指出："每个长子都曾经历过一段独生子唯我独尊的时光，当第二个孩子降生时，他便骤然要强迫自己适应另一个情境。"面对二孩，大宝会出现一系列的焦虑、自卑、自私等消极心理。当二孩逐渐长大，大宝成为哥哥姐姐，有可能会变得更加消极和具有攻击性。尤其是不安全依恋型幼儿，二孩的来临，对其是一个巨大的挑战。由于长期受计划生育政策的影响，当我国家庭有机会生育二胎时，有些家庭开始担心如何养育二孩的问题，部分父母也出现了各种不适应的状况，[⑤]一段时间以来，大宝在应对母亲生第二胎时出现的各种问题以及父母在生第二胎前后如何对待大宝的新闻经常出现在媒体报道中。[⑥]面对新成员的进入，如何维持家庭的和谐与稳定，正确处理夫妻关系、亲子关系以及同胞关系，成为二孩家庭面临的挑战。

---

① 刘庆. 亲密与隔阂：大龄二孩家庭同胞关系及其调适[J]. 南方人口，2019，34（05）：36-45+68.

② 朱荟，崔宝琛，陆杰华. 新时代生育政策配套体系建构的内涵、挑战及顶层设计探究[J]. 中共福建省委党校学报，2018（10）：65-71.

③ 风笑天. "单独二孩"：生育政策调整的社会影响前瞻[J]. 国家行政学院学报，2014（05）：57-62.

④ 李姗姗，郭力平，蒋路易，等. "二孩"家庭父母教育观调查研究[J]. 教育科学研究，2019（01）：43-49.

⑤ 陈斌斌，施泽艺. 二胎家庭的父母养育[J]. 心理科学进展，2017，25（07）：1172-1181.

⑥ 陈斌斌，王燕，梁霁，等. 二胎进行时：头胎儿童在向同胞关系过渡时的生理和心理变化及其影响因素[J]. 心理科学进展，2016，24（06）：863-873.

（三）托育机构与幼儿园应积极承担服务和指导家长的重要职责

在实施人口新政策的背景下，幼儿家长的托育需求显著增加。全面二孩政策实施和推进后，家庭在婴幼儿照护方面存在的困难和问题进一步凸显，无人照护已经成为制约家庭生育意愿的重要因素。[①] 当前，如何更好地解决家庭照护难题、为家庭提供相应的支持与保障，是实现我国人口战略目标、支持更多家庭响应生育政策、促进我国人口长期均衡发展和经济社会持续健康发展的重要议题。[②]2019 年，国务院办公厅颁布了《关于促进 3 岁以下婴幼儿照护服务发展的指导意见》，提出"加强对家庭婴幼儿照护的支持和指导"以及"加强对家庭的婴幼儿早期发展指导，通过入户指导、亲子活动、家长课堂等方式，利用互联网等信息化手段，为家长及婴幼儿照护者提供婴幼儿早期发展指导服务，增强家庭的科学育儿能力。"明确了托育机构服务和指导家长科学育儿的职责。

幼儿园教育阶段作为基础教育的基础，对幼儿终生发展有着重要影响。[③]《幼儿园教育指导纲要（试行）》指出，家庭是幼儿园重要的合作伙伴，幼儿园应与家庭、社区密切合作，综合利用各种教育资源，共同为幼儿发展创造良好的条件，应本着尊重、平等、合作的原则，争取家长的理解、支持和主动参与，并积极支持、帮助家长提高教育能力。2016 年版《幼儿园工作规程》指出："幼儿园的任务是：贯彻国家的教育方针，按照保育与教育相结合的原则，遵循幼儿身心发展特点和规律，实施德、智、体、美等方面全面发展的教育，促进幼儿身心和谐发展。幼儿园同时面向幼儿家长提供科学育儿指导。"在新时代生育政策引发家庭结构变化的背景下，家长会面临更为复杂的育儿问题，也会更加需要幼儿园提供科学的育儿指导。

---

① 和建花. 关于3岁以下托幼公共服务理念的再思考——跨学界视野与跨学界对话[J]. 学前教育研究，2017（7）：3-8.

② 洪秀敏，朱文婷，陶鑫萌. 我国3岁以下婴幼儿照护的家庭支持需求及群体差异——基于Kano模型的构建与分析[J]. 首都师范大学学报（社会科学版），2021（2）：151-160.

③ 庞丽娟，胡娟，洪秀敏. 论学前教育的价值[J]. 学前教育研究，2003（01）：7-10.

第二节　家庭结构变化引发的同胞关系探讨

一、同胞关系的内涵与价值

（一）同胞关系的内涵

同胞关系是指核心家庭中兄弟姐妹之间相互作用和相互影响而形成的心理关系。也有研究者提出，同胞关系是指两个或两个以上兄弟姐妹从意识到对方存在的那一刻起，通过身体、言语或非言语交流，来分享彼此有关的知识、观点、态度、信念和感受的所有互动。后者基于互动的视角解释同胞关系，笔者更倾向于将其定义为"同胞互动"。同胞关系分为五种类型，全同胞（拥有共同基因以及法律地位）、半同胞（基因部分共同且没有共同的法律地位）、继亲同胞、收养同胞以及寄养同胞。本研究中的同胞关系指全同胞关系。

（二）同胞关系的价值

同胞关系是个体生命中非常重要的情感资源。一项对哈佛大学毕业生长达 45 年的追踪研究发现，预测 65 岁的哈佛大学男性校友幸福感的强因素是他们与同胞之间的关系质量。同胞关系不仅对个体具有重要影响，对所有家庭成员以及家庭氛围都有很大的影响。当同胞关系融洽的时候，家庭氛围是愉悦的，家庭成员之间很少有摩擦；当同胞关系充满摩擦，而且具有妒忌、敌意和其他的不和谐时，家庭关系就会变得很紧张。

学前阶段作为基础教育的基础，对幼儿的终生发展有重要影响。同胞关系作为幼儿一生中最长久且具有重要影响力的一种持续不断的亲属关系，[1]对幼儿的正面影响仅次于亲子关系，[2]在幼儿社会化过程中扮演重要角色。[3]幼儿可以在同胞相处的经验中获得社交理解、观点采择能力，这有助于幼儿建构其他的社会关系。[4]与此同时，负面同胞关系也会导致

---

① FURMAN W, BUHRMSTER D. Children's perceptions of the qualities of sibling relationships[J]. Child Development, 1985 (56): 448-461.

② DUNN J, KENDRICK C. Social behavior of young siblings in the family context: Differences between same-sex and different-sex dyads[J]. Child Development, 1981: 1265-1273.

③ PARKE R D, BURIEL R. Socialization in the family: Ethnic and ecological perspectives Emotional and personality development, 1998: 463-552.

④ MODRY-MANDELL K L, GAMBLE W C, TAYLOR A R. Family emotional climate and sibling relationship quality: Influences on behavioral problems and adaptation in preschool-aged children[J]. Journal of child & Family Studies, 2007, 16 (1): 59-71.

幼儿出现行为问题，尤其是面对父母的差别对待时，幼儿会出现嫉妒、不公平等心理。[1]

二、同胞关系的类型及影响因素

（一）同胞关系的类型

同胞关系是一个内涵比较丰富的概念，有关同胞关系类型的研究结论不完全一致。弗曼和布尔梅斯特从社会学习理论出发，将同胞关系分为同胞温暖和同胞冲突两个维度[2]，戴维斯认为同胞关系分为三个维度，分别是温暖、竞争和冲突[3]。也有研究者基于心理功能的视角将同胞关系划分为积极的同胞关系和消极的同胞关系。总体而言，亲密和冲突两个维度得到多数研究认可。

（二）同胞关系的影响因素

学龄前儿童同胞关系受个体、家庭、社会等多重因素影响，具体如图 1-1 所示。

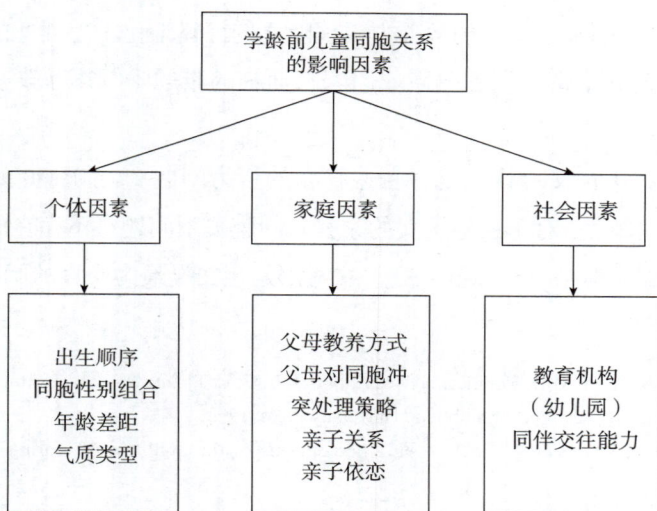

图 1-1　影响学龄前儿童同胞关系的因素

---

① KATZ L F, KRAMER L, GOTTMAN J M. Conflict and emotions in marital, sibling, and peer relationships[J]. New York: Cambridge University Press, 1992: 122-149.

② FURMAN W, BUHRMESTER D. Children's perceptions of the qualities of sibling relationships[J]. Child development, 1985: 448-461.

③ DAVIES P T, CICCHETTI D. Toward an integration of family systems and developmental psychopathology approaches[J]. Development and Psychopathology, 2004, 16 (3), 477-481.

1. 个体因素

影响学龄前儿童同胞关系的个体因素有个体出生先后顺序、同胞性别组合、年龄差距、气质类型。同胞出生的先后顺序会影响同胞关系以及个人的发展。Vandell 与 Baiiley 的研究发现，年长同胞较可能成为侵略者。由此看来，年长幼儿对年幼幼儿有较多负向影响[①]。研究发现，异性同胞比同性同胞有更多冲突发生，同胞性别组合也是影响同胞关系的因素之一[②]。同胞之间年龄差距的大小会影响同胞间的关系。[③]气质是行为问题发生的基础，儿童的气质对其社会行为具有重要影响，气质影响着儿童早期处理情绪的方法和其人生经历。同胞间的互动是每个儿童气质行为的映射，同时个体行为能够预测同胞关系质量[④]。

2. 家庭因素

影响同胞关系的家庭因素众多，其中父母教养方式、父母对同胞冲突处理策略、亲子关系、亲子依恋等是影响学龄前儿童同胞关系的重要家庭因素。

父母教养方式指父母对子女抚养、教育过程中所表现出来的一种相对稳定的行为方式和行为[⑤]。面对二孩的到来，父母的教养方式也随之变得复杂化。怎样才能帮助大宝更好地接纳二宝并与二宝建立亲密的同胞关系成为家长面临的难题。[⑥]父母教养方式会对同胞关系以及同胞冲突产生影响[⑦]。

同胞冲突在家庭中被父母认为是最普遍存在的行为问题[⑧]。同胞间的冲突，会使幼儿容易产生一些行为问题[⑨]。对于独生子女的家庭，同胞关系问题是不存在的，父母也不用考虑时间与精力的分配，但是对于二孩家庭，这些都是让父母最为头疼的问题[⑩]。父母作为幼

① VANDELL D L, BAILEY M D. Conflicts between siblings. In C. U. Shantz & W. W. Hartup (Eds.), Conflict in child and adolescent development[M]. New York: Cambridge University Press, 1992.

② FURMAN W, BUHRMESTER D. Children's perceptions of the qualities of sibling relationships[J]. Child development, 1985: 448-461.

③ KRAMER L, BARON L A. Parental perceptions of children's sibling relationships. Family Relations, 1995, 44 (1), 95-103.

④ PIKE A, OLIVER B R. Child behavior and sibling relationship quality: A cross-lagged analysis[J]. Journal of Family Psychology, 2017, 31 (2), 250.

⑤ 张文新. 城乡青少年父母教养方式的比较研究[J]. 心理发展与教育，1997，3：44-49.

⑥ 邹荣，陈旭. 家庭情景中的儿童关系攻击行为研究述评. 江苏教育学院学报[J]. 2012，28（1）：54–59.

⑦ 徐露，田彭彭，陈思慧. 父母对同胞冲突处理策略对同胞关系的影响：亲子关系的链式中介作用[J].少年儿童研究，2020（06）：56-62.

⑧ SMITH J, ROSS H. Training parents to mediate sibling disputes affects children's negotiation and conflict understanding[J]. Child development, 2007 (78): 790-805.

⑨ VOLLING B L, MC ELWAIN N L, Miller A L. Emotion regulation in context: The jealousy complex between young siblings and its relations with child and family characteristics[J]. Child Development, 2002 (73): 581-600.

⑩ 刘柳.二孩家庭中孩童教育和管理行为的质性研究[D]. 重庆：重庆师范大学，2019.

儿出生后最亲密的个体，其行为举止、情感表达及教养方式对幼儿的发展有非常重要的影响。有研究发现，同胞冲突是建立在幼儿与亲子关系上，尤其是与母亲的关系[①]。父母使用以幼儿为中心的策略与较少发生随后的同胞关系冲突有紧密联系[②]。可以看出，父母对同胞冲突处理策略会对幼儿同胞关系产生影响。

依附理论观点认为，孩子在亲子关系中所建立的内在运作模式会延伸至同胞关系，家庭系统理论观点也认为亲子次系统的品质会影响同胞次系统[③]。亲子关系是幼儿社会联系中出现最早和持续最久的关系，良好的亲子关系能帮助幼儿获得温暖的同胞关系[④]。

亲子依恋是指个体与抚养者之间的社会性联结，是个体情感社会化的重要标志[⑤]。邓恩和肯德里克研究发现，大部分幼儿在家中二孩出生后会明显减少对母亲的关注，与此同时他们会增加与母亲之间的抑制、禁止、对抗行为，表现出较多的打扰和消极行为。泰蒂和阿布拉德研究发现，安全型依恋的幼儿表现出较少的攻击和自我保护行为，当母亲不在时，大宝会表现出较多的照顾和安慰弟弟妹妹的行为；当母亲与二宝游戏的时候，大宝表现出较少的攻击行为。[⑥] 非安全依恋的幼儿对母爱的可得性不能确定，唯恐原先已依恋不足的父母会因二宝的存在更加忽视自己。

3. 社会因素

对同胞关系影响最大的是父母的区别对待，在多子女家庭中，父母对待孩子的方式总是存在差异，没有两个孩子经历完全一样的教养环境[⑦]。同伴交往能力是儿童在交往过程中感受、适应、协调和处理同伴关系能力的总和。[⑧] 良好的同伴交往能力能帮助儿童建立良好的同伴关系，促进儿童亲社会行为、社会交往能力和社会认知等多方面的发展，为儿童的终身发展奠定基础。[⑨] 同胞关系是指两个或两个以上兄弟姐妹从意识到对方存在的那一

---

① VANDELL D L, BAILEY M D. Conflicts between siblings. In C. U. Shantz & W. W. Hartup (Eds.), Conflict in child and adolescent development. New York Cambridge University Press, 1992.

② KRAMER L, PEROZYNSKI L A, Chung T Y. Parental responses to sibling conflict: The effects of development and parent gender[J]. Child Development, 1999 (70): 1041-1414.

③ BRODY G H. Sibling relationship quality: It's cause and consequences[J]. Annual Review of Psychology, 1998 (49): 1-24.

④ BRODY G H, STONEMAN Z, GAUGER K. Parent-child relationships, family problem-solving behavior, and sibling relationship quality: The moderating role of sibling temperaments[J]. Child Development, 1996 (67): 1289-1300.

⑤ BOWLBY J. Attachment and loss: retrospect and prospect[J]. American journal of Orthopsychiatry, 1982, 52 (4): 664.

⑥ TETI D M, ABLARD K E. Security of attachment and infant-sibling relationships: A laboratory study[J]. Child Development, 1989: 60 (6): 1519-1528.

⑦ JEANNIN R, VAN L K. Associations Between Direct and Indirect Perceptions of Parental Differential Treatment and Child Socio-Emotional Adaptation[J]. Journal of Child and Family Studies, 2015, 24 (6): 1838-1855.

⑧ 张元. 4—6岁幼儿同伴交往能力量表的编制[J]. 江苏教育学院学报：社会科学版，2002，（1）：42-44.

⑨ 李艳菊. 幼儿同伴交往能力发展及其影响因素研究[D]. 上海：华东师范大学，2008.

刻起，通过身体的、言语的和非言语的交流，来分享与彼此有关的知识、观点、态度、信念和感受的所有互动。[①] 研究发现，同伴关系也是预测大宝同胞关系的重要因素[②]，而同胞关系也会影响儿童在家庭之外与其他儿童之间的关系[③]。

三、同胞关系的适应机制

国外对同胞关系的适应机制目前仍存在争议，研究者提出了三种主要理论建构框架，即危机理论、生态系统理论、发展理论。

危机理论认为，同胞出生是一项生活压力事件，威胁到家庭长子女与父母原本亲密的亲子关系，给长子女带来了诸多心理压力，他们会因这些压力产生心理不适应和外化行为问题，有损其身心健康。[④] 生态系统理论认为，同胞出生将形成新的家庭生态，会对家庭长子女的心理适应产生影响。平等的家庭环境能让长子女积极应对同胞的出生，提升同胞亲密程度，有助于其顺利适应同胞出生过渡期[⑤]。在发展理论框架下，适应同胞出生是长子女在一定的年龄阶段必须面对的发展性任务。同胞适应性受家庭、社会文化等因素共同影响。大宝在顺利经历了同胞出生适应期后，能推动个人自我的发展，提升其共情能力，增加其亲社会行为[⑥]。

四、同胞冲突及解决策略

（一）同胞冲突的类型

从同胞冲突的表现形式这个角度出发，同胞冲突可划分为言语冲突、身体冲突和心理虐待。其中，言语冲突包括争吵、斗嘴、辱骂等；身体冲突包括挑逗、打架、攻击等；心理虐待包括恐吓、威胁、排挤、冷战等。从同胞冲突的结果对个体影响的好坏这个角度出发，同胞冲突可分为建设性冲突和破坏性冲突。其中，建设性冲突包括控制情绪、持续的

---

① CICIRELLI V G. A measure of caregiving daughters' attachment to elderly mothers[J]. Journal of Family Psychology, 1995, 9 (1): 89.

② EAST P L, ROOK K S. Compensatory patterns of support among children's peer relationships: A test using school friends, nonschool friends, and siblings[J]. Developmental psychology, 1992, 28 (1): 163.

③ KRAMER L, KOWAL A K. Sibling relationship quality from birth to adolescence: the enduring contributions of friends[J]. Journal of Family Psychology, 2005, 19 (4): 503.

④ KRAMER L, RAMSBURG D. Advice given to parents on welcoming a second child: A critical review[J]. Family Relations, 2002, 51 (1): 2-14.

⑤ DAWSON A, PIKE A, BIRD L. Parental division of household labour and sibling relationship quality: Family relationship mediators[J]. Infant and child development, 2015, 24 (4): 379-393.

⑥ TIPPETT N, WOLKE D. Aggression between siblings: Associations with the home environment and peer bullying[J]. Aggressive behavior, 2015, 41 (1): 14-24.

社会互动，以及通过协商和推理公平地解决问题，这些可以很好地锻炼儿童的沟通能力；而破坏性冲突包括关系恶化、互动中断，以及通过不公平的方式去解决问题，这将给儿童带来严重的负面影响。

（二）同胞冲突的影响因素

同胞冲突是家庭冲突的一种特殊形式，也是不良同胞关系的集中体现。许多研究者认为，同胞冲突不仅破坏了同胞之间的亲密关系与和谐的家庭氛围，而且对个体的发展具有重大的消极影响。同胞冲突往往导致个体心理社会适应能力受限、人格发展不健全及外化问题行为的发生，对儿童成年后的心理和行为有着消极影响，例如：睡眠问题、入学后行为障碍、反社会行为、不良同伴交往等。加西亚等研究发现，同胞之间的关系对于家庭氛围和所有家庭成员之间的关系有很大的影响，同胞关系融洽的时候，家庭氛围是愉悦的，家庭成员之间很少有摩擦；反之，同胞关系是充满摩擦，而且具有妒忌、敌意和其他不和谐时，家庭关系也会变得紧张、不和谐。

学龄前幼儿约在1岁半至2岁时，因为生理上的发展，开始发生与同胞抢夺、打闹的争执情况。年幼儿童甚至会将父母的注意力转移到年长儿童的不良行为上，以便确保自己有利的立场。同胞间的冲突行为，不管是在学前还是学龄阶段都会发生，邓恩发现在低年龄的同胞间，小冲突的次数每小时可高达56次。但随着年龄的增长，冲突会逐渐减少，而且以建设性的方式来解决问题，且同胞之间的行为存在着显著差异，通常年长儿童会变得较积极主动、某些方面则变得专制独裁，年幼儿童则变得较为听话、顺从。其他方面也会有所改变，如提供协助、游戏及利社会行为等，而这些改变往往是来自父母为了提高年长儿童的成熟度所给的压力。

1. 与个体有关的因素

同胞冲突会受到性别组合的影响，研究发现，女孩在同胞关系中的正向互动特质及亲密感高于男孩，而男孩在冲突、竞争及支配的互动特质高于女孩。埃伦研究指出，同胞中有弟弟比有妹妹更容易发生冲突，而有姐姐比有哥哥较不容易发生冲突。弗曼和布尔梅斯特研究指出，同性同胞比异性同胞有更多的温暖或亲密感，而有姐姐的同胞亲密度高于兄妹亲密度。

年龄对于同胞冲突的影响比较大，年长儿童通常会有支配欲与攻击性，会干涉、不理会或贿赂他们的弟弟或妹妹，而年幼儿童则倾向于请求、说理与诱骗，他们通常在感觉他人的需求、协商与妥协时，会变得比较娴熟、有技巧。梅生与罗斯的研究指出，年长儿童倾向使用攻击的策略，而年幼儿童倾向使用哭泣的策略。雷恰和豪的研究指出此结果也说明年长儿童会对特别不会反击的年幼儿童使用攻击策略。

气质是指在行为和情绪反应及调节等方面具有生物基础的个体差异特征。儿童的先天气质可划分为容易型、困难型、中间型。一般认为，困难型气质的孩子容易做出不接纳同胞的行为。此时，如果父母因为照顾二孩而忽视大孩，困难型气质的大孩就会表现出强烈的嫉妒情绪和行为。比如，一直和父母睡同一个房间的大孩，因为二孩的出生，需要离开父母睡，就会变得很暴躁。尽管父母觉得，他们花了更多时间去陪伴大孩，但对于大孩而言，这种"变化"是巨大的，让他一时无法适应。

2. 与父母有关的因素

（1）父母的亲子关系

依附观点认为，幼儿在亲子关系中所建立的内在运作模式会延伸至同胞关系，家庭系统理论观点也认为亲子次系统的品质会影响同胞次系统。亲子关系在幼儿的社会联系中是出现得最早、持续得最久的关系，良好的亲子关系会帮助幼儿获得温暖的同胞关系，而消极的亲子关系则可能导致同胞冲突，甚至会使幼儿出现情感和行为问题。

（2）父母的差别对待

父母很难用完全相同的方式对待两个孩子，没有两个孩子会经历完全一样的教养环境。父母在情感或物质投入、管教等方面常常会更多地偏向某个孩子，而更少地偏向另一个孩子。对子女的差别对待，容易造成资源的分配不均，这是同胞冲突的直接诱因。但是，有一项调查显示，大部分时候，父母的差别对待并不一定会让子女感知到"不均"，甚至，对于那些年龄差值较大的同胞采用差别对待，反而会有利于同胞关系的发展。因为儿童会识别自己和同胞的不同，认识到父母的差别对待是公平的。可见，引发同胞冲突的并不是父母的差别对待，而是孩子感知到的不公平。

（3）父母的婚姻关系

根据家庭系统理论中的溢出视角，一个家庭子系统中的情感和行为可以蔓延到另一个子系统，因此父母间的冲突会蔓延到同胞关系，使同胞关系恶化，从而引发同胞冲突。波尔·特曼和沃尔波斯特尔一项关于父母离异的实证研究发现，父母间的冲突会直接导致同胞间的冲突。同样，斯托克和扬布雷德在研究中也发现父母的婚姻冲突与同胞之间的温暖感降低、冲突和竞争行为增多显著相关。但是从家庭补偿理论的视角出发，有小部分研究得到不同的结论：恶劣的父母婚姻有可能使同胞相互支持、帮助，会让同胞关系变得更加紧密，从而减少冲突。

（4）父母的教养方式

父母教养方式是指父母在对子女抚养、教育的过程中所表现出来的一种相对稳定的行为方式和行为倾向。面对二孩的到来，父母的教养方式也会随之变得复杂化。怎样才能帮助大宝更好地接纳二宝并与二宝建立亲密的同胞关系成为家长面临的难题。研究发现，父母的教养方式是导致同胞冲突的一个重要原因，当父母在情感、物质的投入上更多地偏向某个孩子时，父母的偏爱容易引起同胞间的嫉妒。父母教养方式除溺爱型外，在拒绝型、严格型、期待型、矛盾型以及分歧型与同胞攻击行为皆呈显著正相关。父母冲突型的协同教养行为能预测儿童后期的行为问题，这些幼儿会表现出脾气暴躁、攻击行为、冲动、社会适应不良以及挫折承受能力降低。由此可见，父母教养方式对同胞关系以及同胞冲突的影响。

（三）同胞冲突处理策略

对于许多父母来说，如何管理同胞之间的冲突和攻击性行为，是一件非常棘手的事情，并且父母对同胞冲突的反应会影响同胞之间互动的质量。梳理现有的文献，本文整理出三种父母对同胞冲突的干预方式，即以幼儿为中心策略、控制策略和不干预策略。

1. 以幼儿为中心的策略

以幼儿为中心的策略是指父母帮助幼儿相互交流，表达他们各自的立场，并通过协商、推理、和解的方式去解决问题，从而消除冲突。在以幼儿为中心的策略中，调解是效果最好的干预同胞冲突的方式之一，调解分为四步，具体过程如表1-1所示。

表1-1　调解四步曲

步骤	内容
第一步	调解人制定基本规则和行为准则，以减少冲突升级和敌对的可能性。
第二步	调解人在调解过程中发现冲突的问题。只有明确问题，集中讨论，才能让冲突双方在解决问题上取得进展。
第三步	调解人试图促进相互理解并在冲突的双方之间建立移情。
第四步	调解人鼓励冲突的双方提出可能的解决方案，并从中选择双方都能接受和实现的解决方案。

通过对父母调解同胞冲突的研究发现，父母的调解能使儿童更好地理解同胞的立场，鼓励他们使用更具建设性的冲突解决策略，包括冷静地说话、分享他们的观点、倾听同胞的声音、解释他们的行为、道歉，并提出解决方案。在史密斯和罗斯的研究中，相比控制组家庭，调解组家庭（父母使用调解对同胞冲突进行干预）中的孩子使用更具建设性的冲突解决策略，并经常与同胞相互沟通，通过和解的方式解决冲突。罗斯和拉津斯基的研究也得到了类似的结果。另外，塔克和卡祖拉在研究中也发现，以幼儿为中心策略与积极的同胞关系有关。由此可见，父母运用以幼儿为中心策略去干预同胞冲突，可以使孩子们学习沟通交流的技巧，更经常去建设性地解决冲突，从而减少同胞冲突的再

次发生。其实，干预并不一定要等到冲突发生再进行，干预也包含了预防的成分。在克雷默的综述中列举了促进同胞关系、管理同胞冲突的九种能力（如表 1–2 所示）。父母应尽量在孩子的成长中培养这些能力，以减少同胞冲突的发生，从而达到促进积极同胞关系的目的。

2. 控制策略

控制策略是指父母解决同胞冲突不是从为了理解孩子的角度出发，而是通过惩罚、威胁、取消特权或其他控制行为来消除冲突。雷尔瓦等对 320 名葡萄牙青少年进行的一项研究发现，无论是父亲还是母亲，他们运用惩罚性的手段去干预同胞冲突，只会导致同胞间更严重的攻击和冲突行为。同样，陈对 542 名中国青少年进行的研究和布沙尔等人对 302 名加拿大本科生进行的研究也得到了类似的结果。这些实证研究无一不证明，控制策略在青少年或成人的同胞冲突中并不是一个合适的干预方式，而是"治标不治本"。处于青春期的青少年自主需求增强，渴望与父母平等地互动与交流，而成年人又拥有独立的想法和观点，并且他们也有能力自己解决同胞冲突，或许父母采取不干预策略会更好。那么对于儿童控制策略会是一个合适的干预方式吗？研究表明，在儿童中，父母的权威控制，不能解决同胞冲突和形成良好的同胞关系，反而会导致后续更严重的同胞敌对和冲突。这可能是因为年幼儿童不能从父母的控制策略中学到有效的冲突解决策略，在后续与同胞产生冲突时，他们依然不知道如何解决。因此，父母需要"授之以渔"，而不是"授之以鱼"。

3. 不干预策略

不干预策略是指父母不干预同胞间的冲突，或者让孩子们自己解决。根据 Adler 的个体心理学理论，同胞之间的冲突源于嫉妒和争夺父母的注意和关爱。因此，基于这一观点的研究者和实践者提倡父母采取不干预策略，这样父母的行为就不会被同胞视为偏爱一个孩子，从而避免了同胞间因争夺父母关爱和注意而引起的冲突。也有研究者认为，不干预策略可能最适合于成年的同胞，因为他们更有能力去管理和解决自己的冲突。类似的观点还有，随着年龄的增长，青少年已获得所需的社交技能，并能够很好地解决同胞间的冲突，那么父母更多的干预可能会使同胞关系质量降低。

还有研究者持相反的观点，认为父母的不干预策略不利于孩子们在冲突中学习交流沟通的技巧，并丧失了在冲突中传授孩子们冲突管理策略的机会，故而当同胞冲突再次发生时，孩子们缺乏合适的冲突解决方式可能会使同胞冲突加剧。这与塔克和卡祖拉得到的研究结果相吻合，即父母的不干预与更多的同胞冲突有关。因此，针对孩子间的冲突，父母需要根据冲突的动机、孩子们的年龄，以及孩子们的认知发展能力等相关因素，去综合考虑是否应该干预孩子之间的冲突。

（四）同胞利他行为培养

同胞利他是指在积极的同胞关系和互动中，同胞之间表现出的彼此分享友爱、温暖、接纳和陪伴，产生感情共鸣，建立安全依恋的情感和行为，有利于儿童健康人格的养成、社会适应性发展以及亲社会利他行为的形成。亲缘选择理论为儿童同胞利他行为提供了一定的生物学基础。该理论认为数百年的自然选择鼓励利他行为的发展，鼓励的方式就是提高产生这种行为的基因的存活率和繁殖率，但这种行为更多指向的是近亲属而不是远亲属。依此我们可以理解具有牺牲奉献精神的伟大的父母之爱和同胞之间血浓于水的骨肉亲情。人类物种的自然选择让儿童通过遗传也获得先天倾向：对近亲属表现出利他性，而对远亲属则不然；两个儿童之间遗传相似性越大，他们相互间表现出的利他性的程度也会越高。

兰姆曾在实验室环境中考察学龄前儿童和 18 个月大的婴儿同胞互动的行为，发现年长儿童会主动提供玩具给他们的弟弟妹妹，而年幼儿童则主要通过观看、靠近和模仿的方式与同胞互动。研究者还总结出了同胞间利他行为的几种典型表现，如引以为荣、保护、安慰、忠诚、帮助、友善、喜爱、倾诉、讨论、分享、教导、照顾与礼让等。

当然，同胞间并不总是一切静好，竞争和冲突时时上演，这或许更挑战同胞的互相接纳程度与问题解决能力，更挑战同胞间利己情感与利他情感的调和。同胞间经常发生的对抗互动行为有争夺物品、争夺地盘、争吵、攻击、激怒、发出禁令控制对方等。20 世纪90 年代，美国心理学和医学专家通过观察研究 800 名不足 1 周岁的婴儿发现，在母亲做出假装给洋娃娃喂奶或把关注点聚焦在其他孩子时，这些婴儿基本上都会出现哭闹行为，表现出焦虑、愤怒等情绪。

适应同胞出生是头胎儿童在一定年龄阶段必须面对的发展性任务，他们需要经历同胞出生的适应期，逐渐理解和承担"哥哥姐姐"的角色规范，提高共情能力，学习并做出亲社会利他行为，从而推动个人自我和社会性的发展。

第三节　总体研究设计

一、理论基础

（一）家庭系统理论

家庭系统理论（Family System Theory）是从生物学家贝塔朗菲一般系统理论（General

System Theory）发展而来。[①] 萨尔瓦多·米纽庆从一般系统理论中衍生出家庭系统理论[②]。家庭系统理论认为家庭是由不同层次系统所共同构成的动态均衡的体系，在家庭系统中不同的次系统彼此之间发生互动关系，并通过系统中的回馈规则，不断修正，进而达成一种动态平衡。家庭中的亲子、夫妻及手足三个次系统对家庭成员有重要影响。

家庭作为一个互动系统，成员的进入以及离开都会影响整个系统运作[③]，家庭成员的变化一定影响家庭整体变化。独生子女对于弟弟妹妹的到来会有一段复杂的适应期，面对二宝的到来，家中大宝开始产生与二宝对立的行为，在表现上会有一定的退化、攻击以及失调的行为，而内心则会产生焦虑、烦恼以及嫉妒的情绪；与此同时，大宝会被要求照顾二宝，成为照顾者，这也会使他们在生活上变得独立并善于合作。因此，这些变化在对大宝产生压力的同时也给予了发展的机会。

（二）亲缘选择理论

亲缘选择理论，又称汉密尔顿法则，基本内容是亲缘关系越近，动物彼此合作的倾向和利他行为就越强烈；而亲缘关系越远，相应的表现就越弱，因此该理论认为遗传相关性是同胞之间合作的主要原因。个体在适应环境的过程中不仅会保证将自己的基因传递下去，还会尽可能地让与自己有关的基因传递下去。因此，当外在条件相同时，个体会与遗传相关性较高的个体建立合作而非冲突关系。[④]

（三）社会学习理论

社会学习理论主张人的行为受环境所影响，孩子的学习，不只来自他本身直接且第一手获得的经验，还包括观察到的行为模式。社会学习理论中的楷模学习指出，人大多数行为都是观察学习与模仿而来的，而父母是孩子们的重要楷模，儿童可以从观察父母的互动中学到关于人际关系的知识。儿童会模仿父母间的冲突暴力，并应用于人际关系，从而导致较多的暴力行为，进而产生不良的社交行为并缺乏合群性。

二、研究目标与内容

（一）研究目标

本研究拟通过对北京市二孩家庭学龄前幼儿同胞关系进行研究，全面检验不同的理论

---

① 贝塔朗菲. 一般系统论基础发展与应用[M]. 林康义，魏宏森，译. 北京：清华大学出版社，1987（6）：196.

② MINUCHIN P. Families and individual development: Provocations from the field of family therapy[J]. Child Development, 1985 (56): 289–302.

③ MINUCHIN S. Families and family therapy. Cambridge, MA: Harvard Press, 1974.

④ SALMON C A, HEHMAN J A. The evolutionary psychology of sibling conflict and siblicide. In Shackelford, T. K. & Hansen, R. D. (eds). The Evolution of Violence[M]. New York: Springer, 2014: 137–157.

假设，并将我国二孩家庭相关研究证据与已有理论整合，使其得到进一步完善。

（二）研究内容

1. 北京市二孩家庭中同胞关系的现状调研

本研究拟采用《幼儿同胞关系量表》，从温暖、对抗、竞争三个方面调查二孩家庭同胞关系的状况。

2. 北京市二孩家庭中同胞关系的影响因素和作用机制研究

本研究拟重点研究家庭因素和社会因素对同胞关系的影响。在家庭因素方面，研究将采用《父母教养方式量表》《父母对同胞冲突处理策略量表》《幼儿亲子依恋关系量表》，从父母教养方式、父母同胞冲突处理策略、亲子依恋三方面研究其对同胞关系的影响。在社会因素方面，研究将采用《幼儿同伴交往能力量表》，研究同伴交往能力对同胞关系的影响。在此基础上，探讨家庭因素和社会因素之间的影响和相互作用机制。

3. 北京市二孩家庭中学龄前儿童同胞关系的应对机制和改善策略研究

本研究从家庭层面、园所层面和家园共育层面通过儿童访谈、幼儿同胞关系绘画分析、幼儿园主题活动等方式研究同胞关系的支持与促进策略。

（三）研究对象

本研究通过简单随机抽样，以北京市二孩家庭学龄前幼儿为研究对象，要求研究对象为年龄在 3 ~ 6 岁的大宝，幼儿同胞最大年龄差不超过 12 岁。通过父母填写问卷的方式收集数据，根据弗曼与布尔斯梅特对同胞年龄差距的分类，本研究将大宝与同胞的年龄差距分为差距小（年龄差距小于 4 岁）和差距大（年龄差距 4 岁及以上）两种。[①]

（四）研究问题

1. 研究问题

问题一：北京市二孩家庭学龄前儿童同胞关系的现状；

问题二：北京市二孩家庭学龄前儿童同胞关系的影响因素；

问题三：北京市二孩家庭学龄前儿童同胞关系影响因素对同胞关系的作用机制；

问题四：北京市二孩家庭学龄前儿童同胞关系处理策略；

2. 研究假设

根据相关理论与研究文献，本研究提出以下假设：

假设 1：父母同胞冲突处理策略对同胞关系有显著影响；

假设 2：父母教养方式对同胞关系有显著影响；

---

① 徐露，陈思慧，靳秀贞，等. 二孩家庭大宝同伴交往能力现状及其对同胞关系的影响[J]. 幼儿教育，2020（09）：52-56.

假设 3：亲子依恋对同胞关系有显著影响；

假设 4：同伴交往能力对同胞关系有显著影响；

假设 5：父母教养方式、父母同胞冲突处理策略、亲子依恋、同伴交往能力与同胞关系存在中介关系。

三、研究思路与方法

（一）总体思路

在借鉴前人研究的基础上，本研究将以"基于问题—实证检验—策略探讨"三个环节展开。

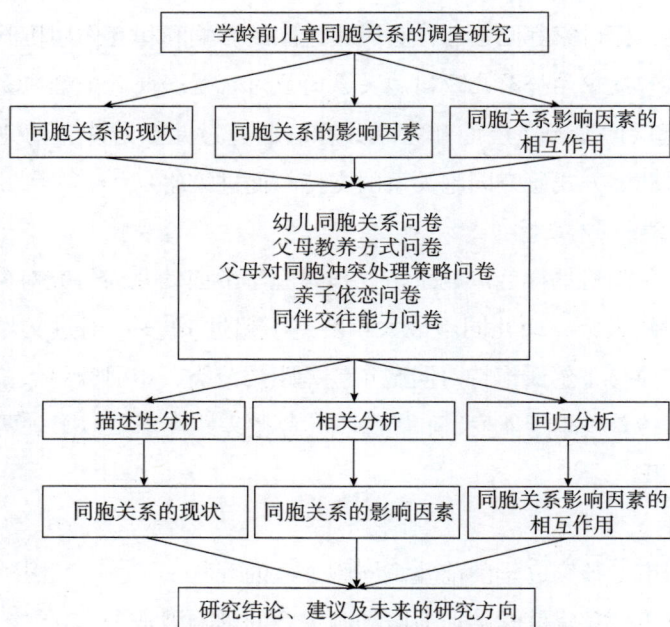

图 1-2　研究框架图

首先，采用《幼儿同胞关系量表》《父母对同胞冲突处理策略量表》《幼儿亲子依恋关系量表》《幼儿同伴交往能力量表》《父母教养方式量表》对北京市二孩家庭学龄前幼儿同胞关系进行现状调研；其次，在家庭系统指导下，通过数据分析检验北京市二孩家庭学龄前儿童同胞关系的影响因素以及各影响因素对同胞关系的作用机制；最后，为二孩家庭的父母家庭指导提供策略与建议，进而为构建首都家庭教育指导服务体系提供参考，并提出进一步研究的方向。

（二）研究方法

1. 问卷法

本研究采用问卷法，通过改变经典问卷的方式研制调研工具，包括《幼儿同胞关系量表》《父母对同胞冲突处理策略量表》《幼儿亲子依恋关系量表》《幼儿同伴交往能力量表》《父母教养方式量表》等。采用方便抽样方式，面向试验园家长群体开展线上调研。

2. 访谈法

通过对幼儿进行访谈，了解他们的同胞关系、父母教养方式、同伴交往能力、父母对同胞冲突处理策略以及亲子依恋的现实情况，并深入了解这些情况的内在的原因；通过对家长进行访谈，了解家长描述家庭中的同胞关系、教养方式、孩子的同伴交往能力、同胞冲突处理策略以及亲子依恋的现实情况，并深入了解这些情况的内在原因，对结果作出更合理的解释。

3. 行动研究

本研究采用行动研究，基于理论研究和实证调研的结果设计家园协同共育方案，并以家园协同的方式实施共育方案，采用多种途径加强家园之间的沟通、家长之间的沟通，促进家长对同胞关系的理解和接纳，帮助家长提升解决同胞冲突的能力。

（三）研究工具

1.《幼儿同胞关系问卷》（PEPC-SRQ）

该问卷由克雷默与巴伦编制，适用于评估学龄前及小学低学段幼儿（14 个月至 8 岁）的同胞关系，由母亲填答，包含温暖、对抗、竞争三个维度，共 30 个题项。温暖是指由引以为荣、保护、安慰、忠诚、帮助、友善、喜爱、分享心事、互相讨论、分享、教导、照顾与礼让等十四项所组成；对抗是指由争夺物品、争夺地盘、争吵、攻击、激怒、未解决的冲突与发出禁令去控制手足的行为等八个项目所组成；竞争是指由竞争行为、嫉妒与认为不公平等三个项目组成。每题项用 Likert5 点计分，计分的范围"从不如此"得 1 分至"总是如此"得 5 分，得分越高，说明该方面的表现越多。通过内部一致性检验，温暖维度 α 值为 0.921，对抗维度 α 值为 0.885，竞争维度 α 值为 0.780，总问卷 α 值为 0.82。通过因子分析，KMO 值为 0.882，显著性为 0.000，公因子方差分析显示所有题目的提取值在 0.444 ~ 0.793 之间，问卷总解释量为 65.31%，符合标准，因此本问卷有较好的信效度。

2.《父母教养方式量表》

该问卷是采用杨丽珠和杨春卿基于张文新关于父母教养方式的概念进行编制的《父母教养方式量表》，由父亲或者母亲来评定，该问卷共 40 道题目，包括溺爱型、民主型、放任型、专制型、不一致型这五个维度。溺爱型维度主要是指父母过分满足孩子的需要，对孩子过分服从、溺爱和保护；民主型维度主要是指父母注重培养孩子的自主、自理和自制能力，乐于经常与孩子交流，尊重孩子，奖惩得当；放任型维度主要是指父母和孩子各有自己的活动范围，父母对孩子冷淡，给予孩子绝对自由，虽有交流和沟通，但对孩子没有具体的规定和要求，很少奖励或惩罚；专制型维度主要是指父母要求孩子必须服从，对于孩子过分压制和干预，孩子缺乏自主性；不一致型维度主要是指父母在处理与孩子有关的事情时，不会一直采用一致的方式，会因时间、地点、自己的心情而变[①]。每题项用 Likert5 点计分，计分的范围"从不如此"得 1 分至"总是如此"得 5 分。通过内部一致性检验，总问卷 Cronbach's α 值为 0.731。通过因子分析，KMO 值为 0.888，显著性为 0.000，总解释量为 50%。

3.《幼儿同伴互动量表》

本研究采用张凤吟的《幼儿同伴互动量表》，旨在评定幼儿的同伴互动行为。量表包含攻击行为、利社会行为、退缩行为、被排斥四个维度。攻击行为是指威胁或胁迫其他小朋友或和别的小朋友打架等；利社会行为是指看到别的小朋友有困难时，会主动帮忙或关怀等；退缩行为是指从事活动时，孤单一人，其反向题如对其他的小朋友很亲切等；被排斥是指多数的小朋友都不喜欢他/她等。共有 32 道题目，每题用 Likert5 点计分，计分的范围从"从不如此"得 1 分至"总是如此"得 5 分。通过内部一致性检验，总问卷 Cronbach's α 值为 0.815。通过因子分析，KMO 值为 0.939，显著性为 0.000，总解释量为 69.43%。

4.《父母对同胞冲突处理策略量表》

参考张嘉伦的《母亲对同胞冲突处理策略量表》，编制《父母对同胞冲突处理策略量表》，包含以幼儿为中心、父母的控制、被动不介入三个维度[②]。以幼儿为中心是指父母的行为是直接帮助幼儿与另一位同胞沟通有关他们的看法，并且和孩子们一起协商、和解及解决问题；父母的控制是指父母的行为是不直接去了解幼儿，而是寻求通过处罚、威胁或者是要求礼让年幼手足，来排除冲突；被动不介入是指父母借由简单地忽视或不理会来回应孩子们的冲突。共有 17 道题目，每题用 Likert5 点计分，计分的范围"从不如此"得 1 分至"总是如此"得 5 分。通过内部一致性检验，总问卷 Cronbach's α 值为 0.766。通过因子分析，KMO 值为 0.847，显著性为 0.000，总解释量为 58%。

---

① 李月琦. 4—6 岁幼儿攻击性行为与父母教养方式的关系研究[D]. 石河子：石河子大学，2018.
② 张嘉伦. 母亲对手足冲突处理策略、手足关系与幼儿同伴互动行为之研究[D]. 台南：台南大学，2010.

（四）数据分析

1. 量化数据分析

本研究将运用 SPSS 25.0 对数据进行整理和分析，通过描述性分析了解人口学变量以及同胞关系的现状；通过相关分析了解同胞关系与父母教养方式、父母对同胞冲突处理策略、亲子依恋、同伴交往能力之间的相关性；采用回归分析了解同胞关系与父母教养方式、父母对同胞冲突处理策略、亲子依恋、同伴交往能力之间的相互作用机制。

2. 质性数据分析

运用质性分析软件 MAXQDA 10 对质性资料进行分析，通过两轮次抽象、转化将质性资料上升到理论高度，服务于本研究。

四、研究意义

（一）理论意义

全面二孩政策实施后，从已有研究看，大多数研究聚焦于人口生育政策调整与完善对中国社会经济发展及其人口结构调整的意义，重点关注"全面二孩"会产生怎样的政策效果，却很少关注直接受此政策影响的家庭。[①] 少数研究者将研究主题聚焦为同胞关系，但针对学龄前儿童同胞关系影响因素及其之间关系的研究还相对较少。本研究是在对幼儿同胞关系调查分析的基础上，初步探讨学龄前儿童同胞关系的现状及影响因素，研究将对丰富学龄前同胞关系研究产生积极意义。

（二）实践意义

本研究对于个体、家庭和社会具有一定的应用价值，对于个体而言，研究结果将有助于了解幼儿同胞关系现状，促进幼儿健康成长；对于家庭而言，随着我国全面二孩政策实施，会有越来越多的家庭生育二孩，而对于这些家庭来说亟需获得二孩家庭教育的指导，因此，本研究将对探讨我国二孩家庭父母养育模式问题具有重要的实践意义；对于社会而言，研究结论将为政府职能部门做好配套政策服务提供一定参考。

五、重点难点与创新之处

（一）研究重点

有关同胞关系的研究多为国外研究，鉴于影响同胞关系的因素及作用机制，有可能出

---

① 陆杰华，韦晓丹."全面两孩"政策下大龄二孩家庭亲子/同胞关系的调适机理探究[J]. 河北学刊，2017，37（06）：204-209.

现不适用于我国的情况，因此本研究将重点聚焦在我国同胞关系影响因素以及影响因素之间的作用机制，探索二孩父母家庭教育的本土化研究。

（二）研究难点

1. 样本代表性

由于本研究以北京市二孩家庭学龄前幼儿为研究对象，要求大宝的年龄在 3～6 岁之间，幼儿同胞年龄最大不超过 12 岁，因此如何选取能够具有代表性的研究总体样本具有一定挑战。课题负责人所在单位为北京市学前教育教科研职能部门，可通过抽样获取样本，并保证样本具有代表性。

2. 结果可解释性

由于以往研究成果多为国外成果，本研究是在北京市地域范围内抽样研究，对研究结果如何基于中国本土语境进行解释，如何探讨针对同胞关系文化差异的解释也将是本课题难点之一[①]。

（三）创新之处

1. 理论创新

在理论创新方面，本研究针对学龄前儿童展开同胞关系系列调查，并且从儿童个体、家庭以及社会三方面深入探讨同胞关系，全面分析影响同胞关系的因素，研究结果能够为认识同胞关系及后续研究提供借鉴。

2. 实践创新

在实践创新方面，本研究通过家园协同的实践行动探索出了一系列可供幼儿园教师和家长践行的同胞关系处理及促进策略，能够帮助教师和家长更好地应对幼儿园和家庭中的同胞关系问题，也可以建设性地促进同胞关系的积极发展。

---

① 刘庆. 亲密与隔阂：大龄二孩家庭同胞关系及调适[J]. 南方人口，2019，34（05）：36-45+68.

第二编　同胞关系现状、影响因素与相关机制

第二章 幼儿同胞关系现状

奇奇雷利认为，当第一个子女认识到家中另一个个体诞生时，即有了所谓的同胞，他们之间所产生的所有互动，包括行为、口语与非口语沟通等，被称为同胞关系。同胞关系对幼儿的正面影响仅次于亲子关系，并且同胞的共同生活能提供幼儿情绪支持的来源。同胞在幼儿社会化的过程中扮演着重要的角色，幼儿可以在与同胞相处的经验中获得社交理解、观点取代能力并促进社会情绪的发展，这些社交技巧将有助于幼儿建构其他的社会关系。可见，同胞关系对幼儿一生的发展影响深远。当前多子女家庭中幼儿同胞关系状况如何？存在哪些特点和问题？本研究针对幼儿同胞关系现状开展了调研。

第一节 幼儿同胞关系的现状和分析

一、研究对象与工具

本研究采用随机抽样，以北京市 1019 个二孩家庭为研究对象。在二孩家庭中，大宝为男孩的样本共 480 份，占比 47.1%，大宝为女孩的样本共 539 份，占比 52.9%；同胞年龄差距小于 4 岁的样本共 756 份，占比 74.2%，年龄差距大于或等于 4 岁的样本共 263 份，占比 25.8%；同性同胞样本共 533 份，占比 52.3%，异性同胞样本共 486 份，占比 47.7%；父亲填写样本共 152 份，占比 14.9%，母亲填写样本共 867 份，占比 85.1%；父母年龄在 21 ~ 30 岁的样本共 84 份，占比 8.2%，31 ~ 40 岁的样本共 878 份，占比 86.2%，41 岁及以上的样本共 57 份，占比 5.6%；父母学历为大专及以下的样本共 187 份，占比 18.4%，本科的样本为 460 份，占比 45.1%，研究生的样本为 257 份，占比 25.2%，博士的样本为 115 份，占比 11.3%（见表 2–1）。

本研究采用以下工具：由克雷默与巴伦编制的幼儿同胞关系问卷（PEPC-SRQ），包含温暖、对抗、竞争三个维度，共 30 个题项，由幼儿父母填答；父母对同胞冲突处理策略问卷；幼儿亲子依恋关系问卷；幼儿同伴交往能力问卷；父母教养方式问卷。

表2-1　基本信息

变量		频率	百分比（%）
大宝性别	男	480	47.1
	女	539	52.9
年龄差距	小于4岁	756	74.2
	大于或等于4岁	263	25.8
同胞类型	同性同胞	533	52.3
	异性同胞	486	47.7
父母身份	父亲	152	14.9
	母亲	867	85.1
父母年龄	21～30岁	84	8.2
	31～40岁	878	86.2
	41岁及以上	57	5.6
父母学历	大专及以下	187	18.4
	本科	460	45.1
	研究生	257	25.2
	博士	115	11.3

二、研究发现与结论

通过独立样本 t 检验，可以看出，大宝亲子关系（$p=0.000$）、大宝同胞关系（$p=0.000$）以及大宝同伴关系（$p=0.000$）与大宝性别存在差异性。其中女大宝的亲子关系显著高于男大宝，女大宝的同胞关系质量显著高于男大宝，女大宝的同伴关系显著高于男大宝（见表2-2）。

表2-2　差异性分析

维度	变量	平均值	t	p
大宝亲子关系	男	88.0354	−4.248	0.000
	女	90.4341		
大宝同胞关系	男	56.9729	−4.179	0.000
	女	58.7495		
父母对同胞冲突处理策略	男	46.7417	−0.126	0.900
	女	46.7922		
父母教养方式	男	104.5396	−1.911	0.056
	女	105.7737		

表2-2　差异性分析　　　　　　　　　　　　　　　续表

维度	变量	平均值	t	p
二宝亲子关系	男	90.2500	−1.464	0.144
	女	91.3711		
大宝同伴关系	男	79.5313	−3.599	0.000
	女	81.1929		

通过独立样本 t 检验，可以看出，大宝同胞关系（p=0.005）、二宝亲子关系（p=0.009）以及大宝同伴关系（p=0.031）与父母身份存在差异性。其中母亲眼中的同胞关系质量显著高于父亲，母亲与二宝的亲子关系显著高于父亲，母亲眼中大宝的同伴关系质量显著高于父亲（见表2-3）。

表2-3　差异性分析

维度	变量	平均值	t	p
大宝亲子关系	父亲	88.6316	−0.991	0.322
	母亲	89.4221		
大宝同胞关系	父亲	56.4868	−2.800	0.005
	母亲	58.1626		
父母对同胞冲突处理策略	父亲	46.1184	−1.151	0.251
	母亲	46.8824		
父母教养方式	父亲	106.4342	1.395	0.165
	母亲	104.9746		
二宝亲子关系	父亲	87.7171	−2.650	0.009
	母亲	91.3910		
大宝同伴关系	父亲	79.2171	−2.159	0.031
	母亲	80.6194		

通过独立样本 t 检验，可以看出，大宝同胞关系（p=0.000）、父母对同胞冲突处理策略（p=0.000）以及二宝亲子关系（p=0.000）与同胞年龄差距存在差异性。其中同胞年龄差距小于 4 岁的同胞关系质量显著高于大于或等于 4 岁的同胞关系，同胞年龄差距小于 4 岁的二宝亲子关系显著高于大于或等于 4 岁的二宝亲子关系（见表2-4）。

表2-4　差异性分析

维度	变量	平均值	t	p
大宝亲子关系	小于4岁	89.42	0.749	0.454
	大于或等于4岁	88.94		
大宝同胞关系	小于4岁	58.67	6.191	0.000
	大于或等于4岁	55.70		
父母对同胞冲突处理策略	小于4岁	47.01	2.096	0.036
	大于或等于4岁	46.05		
父母教养方式	小于4岁	104.97	−1.129	0.259
	大于或等于4岁	105.80		
二宝亲子关系	小于4岁	91.46	2.775	0.006
	大于或等于4岁	89.04		
大宝同伴关系	小于4岁	80.38	−0.165	−0.165
	大于或等于4岁	80.47		

通过独立样本 t 检验可以看出，大宝亲子关系、大宝同胞关系、父母对同胞冲突处理策略、父母教养方式、二宝亲子关系以及大宝同伴关系在同胞类型上均不存在显著差异（见表2-5）。

表2-5　差异性分析

维度	变量	平均值	t	p
大宝亲子关系	同性同胞	89.42	0.455	0.649
	异性同胞	89.16		
大宝同胞关系	同性同胞	58.21	1.494	0.136
	异性同胞	57.57		
父母对同胞冲突处理策略	同性同胞	46.84	0.396	0.692
	异性同胞	46.68		
父母教养方式	同性同胞	104.97	−0.715	0.475
	异性同胞	105.43		
二宝亲子关系	同性同胞	90.81	−0.089	0.929
	异性同胞	90.87		
大宝同伴关系	同性同胞	80.53	0.571	0.568
	异性同胞	80.27		

第二节　不同主体眼中的同胞关系

一、研究对象与工具

本研究以某幼儿园多子女家庭为样本，通过不同的研究方法调研不同主体眼中的同胞关系。幼儿园共有幼儿 346 名，家庭总数量为 340 个，拥有二孩的家庭数量为 129 个，占比 37.94%。在二孩家庭中，在园幼儿为大宝的家庭数量为 26 个，占二孩家庭总数的 20.16%；在园幼儿为二宝的家庭数量为 103 个，占二孩家庭总数的 79.84%（见图 2-1）。

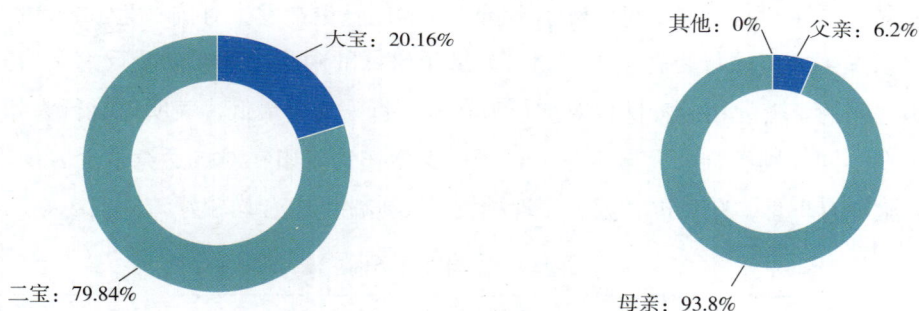

图 2-1　调研基本情况

本研究以由克雷默与巴伦编制的幼儿同胞关系问卷（PEPC-SRQ）为参考，自制问卷开展本问卷调查，共收回 129 份问卷，父亲参与的有 8 份，占比为 6.2%；母亲参与的有 121 份，占比为 93.8%。

二、父母眼中的同胞关系

本研究以温暖行为、对抗行为和竞争行为三个维度对结果进行探究，分析父母眼中同胞关系的现状，分析不同类型同胞关系的人数占比及不同性别组合和年龄差异在同胞关系上的得分情况。

表2-6　不同性别组合

方差分析结果					
二孩的不同构成（平均值 ± 标准差）				F	p
男男（$n=31$）	女女（$n=24$）	男女（$n=33$）	女男（$n=41$）		
温暖 3.982 ± 0.638	3.808 ± 0.487	3.862 ± 0.460	3.793 ± 0.724	0.869	0.459
对抗 2.976 ± 0.720	2.948 ± 0.759	3.152 ± 0.612	3.091 ± 0.825	3.509	0.047*
竞争 3.215 ± 0.733	2.139 ± 0.500	3.343 ± 0.664	2.187 ± 0.675	3.540	0.046*
*p < 0.05　**p < 0.01					

由检验结果可以看到，二孩的不同性别组合对于对抗、竞争关系具有显著性差异（$p < 0.05$）。对于温暖关系无显著性差异（$p > 0.05$），但同性同胞组合得分相较于异性较高，异性男生作为哥哥温暖得分较高。具体体现为，同性别组合的对抗和竞争行为与不同性别组合存在明显差异，同性别的同胞之间相较于不同性别的同胞更常发生对抗和竞争，且女女组合的同胞关系发生冲突的行为高于男男组合。属于姐妹的同胞关系在温暖行为上均分较低，表明同胞之间的亲密度相对较低，对抗行为和竞争行为均分最低，表明对抗行为和竞争行为较多。在不同性别组合中，男生作为哥哥比女生作为姐姐在对抗、竞争上表现均较好。即为当同胞中有哥哥，在对抗、竞争表现相较于其他性别组合均较好（见表2-6）。

表2-7　不同亲属关系

方差分析结果			
不同孩子亲属关系（平均值 ± 标准差）		F	p
父亲（$n=8$）	母亲（$n=121$）		
温暖 4.000 ± 0.500	3.855 ± 0.609	0.431	0.513
对抗 2.688 ± 0.496	3.076 ± 0.742	2.130	0.147
竞争 1.917 ± 0.427	2.245 ± 0.664	1.901	0.170
*p < 0.05　**p < 0.01			

由检验结果可以看到，不同孩子亲属关系对于温度、对抗、竞争关系无显著性差异（$p > 0.05$）。在各种关系中表现出一致性（见表2-7）。

表2-8　不同父母年龄

方差分析结果			
不同父母年龄（平均值 ± 标准差）		F	p
31 ~ 40（n=98）	41 ~ 50（n=31）		
温暖　3.926 ± 0.590	3.669 ± 0.607	4.396	0.038*
对抗　3.102 ± 0.736	2.895 ± 0.715	1.887	0.172
竞争　2.238 ± 0.663	2.183 ± 0.637	0.167	0.684
* $p < 0.05$　** $p < 0.01$			

由检验结果可以看到，不同父母年龄对于孩子对抗、竞争关系无显著性差异（$p > 0.05$）。在各种关系中表现出一致性。在温暖关系中，父母年龄在 31 ~ 40 岁孩子的温暖关系显著高于 41 ~ 50 岁孩子的温暖关系（见表 2-8）。

表2-9　不同孩子教养人

方差分析结果					
不同孩子教养人（平均值 ± 标准差）				F	p
父亲（n=2）	母亲（n=23）	父母共同（n=93）	祖辈（n=11）		
温暖　4.000 ± 0.000	3.891 ± 0.602	3.876 ± 0.615	3.682 ± 0.560	0.393	0.758
对抗　3.250 ± 0.707	3.217 ± 0.834	2.992 ± 0.720	3.182 ± 0.643	0.757	0.520
竞争　1.833 ± 0.707	2.203 ± 0.500	2.222 ± 0.685	2.364 ± 0.722	0.406	0.749
* $p < 0.05$　** $p < 0.01$					

由检验结果可以看到，不同孩子教养人对于温度、对抗、竞争关系无显著性差异（$p > 0.05$）。在各种关系中表现出一致性（见表 2-9）。

表2-10　不同教育孩子的方式

方差分析结果					
不同教育孩子的方式（平均值 ± 标准差）				F	p
说服教育（n=118）	放任自由（n=6）	责骂教育（n=4）	又骂又打（n=1）		
温暖　3.862 ± 0.593	4.000 ± 0.354	3.813 ± 1.197	3.500 ± null	0.230	0.875
对抗　3.038 ± 0.734	2.958 ± 0.828	3.563 ± 0.657	3.250 ± null	0.712	0.546
竞争　2.240 ± 0.676	1.944 ± 0.390	2.167 ± 0.192	2.333 ± null	0.402	0.752
* $p < 0.05$　** $p < 0.01$					

由检验结果可以看到，不同教育孩子的方式对于温度、对抗、竞争关系无显著性差异（$p > 0.05$）。在各种关系中表现出一致性（见表 2–10）。

三、幼儿眼中的同胞关系

英国学家里德曾说："要传达思想，语言是最好的手段，要传达情感，绘画（色彩和线条）是最好的方法。"上文从父母的角度对同胞关系进行了分析，那么幼儿对自身同胞关系的认识和感受是什么样的呢？本研究选择绘画投射和访谈相结合的方式，以 50 名幼儿的绘画作品为分析对象，结合对幼儿的访谈资料进行归纳，以此来探究幼儿心中的同胞关系。根据研究资料，将幼儿同胞关系分为温暖型、对抗型、竞争型三种类型，所占人数比重见表 2–11。

表2–11　不同类型的同胞关系

不同类型的同胞关系所占比重（$n=50$）		
类型	人数	所占百分比
温暖型	16	0.32
对抗型	29	0.58
竞争型	5	0.1

从上表可以看出，"绘画"中的同胞关系大多属于对抗型，所占比重最大为 58%，温暖型的同胞关系占 32%，竞争型约占 10%。该结果与问卷调查的结果基本一致。

第三节　二孩家庭中的同胞关系个案

个案研究主要通过问卷、访谈和绘画分析开展，聚焦于 5 组二孩家庭，包括温暖型同胞关系 2 组、对抗型同胞关系 2 组和竞争型同胞关系 1 组。

一、A 家庭——帮助中的"爱"

（一）概况

A 家庭同胞性别结构为男女组合，同胞之间相差 3 岁。该家庭的母亲是大学老师，父亲是公务员。父母都为独生子女，因为自身的经历，他们认为独生子女过于孤单，成年后需要承担更多的社会压力、经济压力和生活压力，所以为了让孩子有个伴，他们选择养育二孩。父母共同养育二孩，每天与两个孩子的互动时长为 60 ~ 120 分钟。

（二）父母眼中的同胞关系

在教养方式上，A 家庭表现出一定的民主倾向，同胞之间发生冲突时，父母会让孩子自己解决，母亲表示："应该相信孩子拥有解决问题的能力，有时候家长的一句话会产生很大的影响，过多的干预反而会增加同胞之间的问题。有时候父母并不是偏向谁，但是孩子会这样理解。如果同胞之间实在解决不了，家长再介入。"A 家庭父母会平等对待孩子，不会偏爱某一方。

在 A 家庭父母眼中，两个孩子经常分享食物、玩具，一起游戏，会关心或担心对方，在对方遇到不会做的事情时，会主动提供帮助和指导。母亲表示："两个孩子很少发生冲突，妹妹喜欢黏着哥哥，会主动找哥哥玩。哥哥在妹妹遇到困难时会主动帮助妹妹。"该家庭父母眼中的同胞关系为温暖型。

（三）幼儿眼中的同胞关系（见表 2–12）

表2–12　A家庭幼儿眼中的同胞关系

序号	头胎 /二胎	性别组合	年龄差距	人物距离	人物行为	其他人物	色彩和线条	同胞类型
A	二胎	兄妹	3 岁	较近	一起去环球影城和小黄人拍照	无	色彩艳丽，以暖色为主，"哥哥"人物形象以冷色为主	温暖型

访谈记录：

问：你画的是什么？

答：我去环球影城玩啦（见图 2–2）！

问：你愿意和哥哥玩吗？

答：愿意，因为哥哥总和我玩捉迷藏。我很喜欢他。

问：如果你和哥哥发生不愉快时，爸爸妈妈会怎么做？

答：我想自己玩，但是哥哥有时跑过来想和我玩。如果解决不了的事，就会请爸爸妈妈帮助，爸爸妈妈说要互相帮助。

问：当爸爸妈妈陪着哥哥时，你的心情怎么样？

答：有过这样的时候。我很难过，因为没人陪我玩，我只能自己一个人玩。

绘画作品分析：

同胞之间距离画得较近；细致刻画了人物形象，人物在颜色和身高上有所区分，哥哥比妹妹高，哥哥衣服的颜色是以蓝绿色为主的冷色调，妹妹衣服的颜色则以红色为主，更鲜亮温暖；整幅画的线条较为流畅规整，人物的动作都是打开双臂，表情都是微笑的，氛围很融洽。这些体现了该幼儿的自我概念发展得较好，自我评价较高。结合幼儿访谈，推测 A 家庭同胞关系为温暖型。

图 2-2　A 幼儿眼中的同胞关系

二、B 家庭——分享中的"爱"

（一）概况

B 家庭同胞性别结构为女男组合，同胞之间相差 5 岁。姐姐在读小学五年级，性格温和，弟弟比较活泼好动。该家庭的父母都是企业职工，父母有一方为独生子女，两个孩子由父母共同教养。父母每天陪伴两个孩子的时长为 2 小时以上，经常与孩子一起游戏。

（二）父母眼中的同胞关系

该家庭父母教养方式多采取说服教育的方式。当同胞发生冲突和矛盾时，父母一般不介入，偶尔介入时会采取说理的方式教育孩子，平等对待两个孩子，不会因为老二年龄小而偏爱他。与该家长进行访谈时，家长表示："姐弟俩很少吵架。两个人在家经常分享食物和玩具。他们从不会威胁对方或想要赢过对方，姐姐很疼弟弟。"B 家庭父母眼中的同胞关系属于温暖型同胞关系。

（三）幼儿眼中的同胞关系（见表 2-13）

表2-13 B家庭幼儿眼中的同胞关系

序号	头胎/二胎	性别组合	年龄差距	人物距离	人物行为	其他人物	色彩和线条	同胞类型
B	头胎	姐弟	5 岁	较近	我和弟弟在家里玩过家家	无	色彩艳丽，以暖色为主	温暖型

访谈记录：

问：图画中你们在做什么？

答：在家里玩过家家，我是妈妈，弟弟是爸爸，弟弟在给孩子喂饭，我给孩子倒水（见图 2-3）。

问：你愿意和弟弟玩吗？

答：愿意，我当然愿意啦，因为我觉得弟弟很可爱。但有时候他发脾气时我就不喜欢了。

问：如果你和弟弟发生不愉快时，爸爸妈妈会怎么做？

答：爸爸妈妈会首先把这个事情弄清楚，接着再把这个事情给我们两个说清楚，我和弟弟再考虑一下就和好了。爸爸妈妈会说，你们以后要一块玩，遇到问题要找爸爸妈妈解决。

问：当爸爸妈妈陪着弟弟时，你的心情怎么样？

答：我的心情还是很开心，因为我知道弟弟还小，需要照顾，而我已经长大了，不需要爸爸妈妈陪伴了。

图 2-3 B 幼儿眼中的同胞关系

绘画作品分析：

人物的距离很近，中间还有两颗爱心，表明关系亲密，二人在开心地玩过家家，氛围很温馨、欢乐；画面颜色以红色、黄色、绿色为主，明艳、温暖，画面上方有一盏灯笼，使整个画面更为明亮、温馨；画面线条细致流畅，虽然地上的玩具有些凌乱，但是两人的肢体动作和表情很和谐，都是沉浸在游戏里。结合幼儿访谈，可以看出，姐姐会照顾并让着弟弟，对弟弟很包容。可以推测，B 家庭同胞关系为温暖型。

三、C 家庭——对抗的"两面性"

（一）概况

C 家庭同胞性别结构为女女组合，同胞之间相差 3 岁，两个孩子的性格和气质一致，属于热情，有主见，但易冲动的类型。该家庭生育二孩的初衷源于家长自身的经历，父母双方都不是独生子女，他们认为兄弟姐妹可以互相陪伴，在遇到困难和问题时能够互相帮助。该家庭母亲的职业是教师，父亲是个体经营户，平时工作繁忙，在家时间少，因此两个孩子主要由母亲教养。母亲每天与两个孩子的互动时长为 30 ~ 60 分钟，父亲参与较少。

（二）父母眼中的同胞关系

父母平时十分注重幼儿的全面发展，会通过多种途径给幼儿提供发展的机会。例如，母亲会在出差时带上孩子，她认为这样不仅可以拓宽孩子的眼界，还可以让孩子多与不同的人交流、学习，还能培养孩子的独立能力和自信心。当遇到困难和问题时，孩子能更好地去解决。B 家庭父母对待孩子讲求平等，不会因为年龄大小而产生偏颇，也不会因为谁哭而帮谁。

结合该家庭母亲的访谈记录，发现姐姐在妹妹出生后变得更黏人，常常要求妈妈抱自己。在妹妹 2 岁后，同胞之间经常因为抢玩具而发生冲突，且冲突一般由妹妹先挑起。例如，姐姐一玩玩具，妹妹就要抢，姐姐也不让。或者姐姐喜欢玩的玩具放在那里，妹妹觉得那是她的，就拿走了，然后两个人都不让，就吵起来了。B 家庭的母亲在发现这些问题时，会及时介入，通过对话的方式来解决问题。比如母亲通过平静温和的方式及时与姐姐沟通，并赞扬姐姐的观点，让她得到认同感，这样就能更包容妹妹了。该母亲还表示："平时两个人很愿意一起玩。即使发生争吵，但两个人在冲突和争吵的过程中学会体谅、包容，互相离不开对方。该家庭父母眼中的同胞关系为对抗型。

（三）幼儿眼中的同胞关系（见表2-14）

表2-14　C家庭幼儿眼中的同胞关系

序号	头胎/二胎	性别组合	年龄差距	人物距离	人物行为	其他人物	色彩和线条	同胞类型
C	头胎	姐妹	3岁	接近	游戏	无	线条流畅	对抗型

访谈记录：

问：你画的是什么？

答：这是我、妹妹、妈妈、爸爸（见图2-4）。

问：你们在干什么呢？

答：我们吃完饭在散步。

问：你经常和妹妹一起玩吗？

答：经常。

问：妹妹听你的话吗？你愿意和她一起玩吗？

答：愿意啊，妹妹也喜欢和我一起玩，但是我们有时候会打架。

问：为什么会打架？

答：因为抢玩具。

问：妹妹听你的话吗？

答：妹妹不听我的话，她听妈妈的话。

问：那你遇到妹妹不听话怎么办？

答：找妈妈。

问：妈妈怎么解决问题呢？

答：妈妈会让我们互相让着对方。

绘画作品分析：

图中同胞之间的距离较近，但两人之间并无交流互动；姐姐和妹妹的人物色彩偏暖色，姐姐在画自己时，选择了不同的颜色来绘画，而且姐姐比妹妹看上去高大很多；虽然旁边也画了父母的形象，但缺少细节；整幅画线条较为规

图 2-4　C幼儿眼中的同胞关系

整，这些体现了该幼儿的自我概念发展较好，自我评价较高。在人物行为上，幼儿选择生活中经常发生的一件小事——饭后散步，可以看出来家庭成员关系较为和睦，家庭氛围较好。结合幼儿访谈，可以了解到同胞经常玩耍并乐意一起玩，同胞关系较为友好，但常常会因抢玩具而发生争执。家长介入后，可以解决问题。C家庭同胞关系属于对抗型。同胞对抗具有两面性，若家长能及时、有效地解决问题，适度的对抗也会给孩子带来积极的影响。

四、D家庭——"讨厌"的"喜欢"

（一）概况

D家庭同胞性别组合为男女，同胞年龄差距为5岁。哥哥即将小学毕业，平时作业较多，课业压力较大，因此同胞平时一起玩游戏、做事情的时间较少。该家庭的父亲是工程师，母亲是公务员，都为非独生子女。两个孩子由父母共同教养，父母每天陪伴两个孩子的时长为2个小时以上（多为作业辅导时间）。

（二）父母眼中的同胞关系

该家庭教养孩子的方式较为民主，当同胞发生冲突时，父母一般会通过讲道理解决问题。母亲在访谈中表示，哥哥在妹妹出生后情绪和行为发生变化，认为原本属于自己的关爱被妹妹"夺走"，情绪低落。哥哥是由奶奶带大的，妹妹出生后，哥哥不让奶奶抱妹妹。奶奶还得趁哥哥不在的时候偷偷抱妹妹。后来在父母的开导下，哥哥的情绪和行为慢慢好转，乐意和妹妹一起玩了。"该家庭父母眼中的同胞关系为对抗型。

（三）幼儿眼中的同胞关系（见表2-15）

表2-15　D家庭幼儿眼中的同胞关系

序号	头胎/二胎	性别组合	年龄差距	人物距离	人物行为	其他人物	色彩和线条	同胞类型
D	二胎	兄妹	5岁	较远	我和哥哥在逛超市	无	色彩冷暖都有，线条较细	对抗型

访谈记录：

问：图画中你们看到了什么好玩的？

答：我们在这个门口看到了冰墩墩和雪融融（见图2-5）。

问：平时和哥哥吵架吗？

答：经常吵架，他总打我，打得特别重，皮都被打红了。

问：当爸爸妈妈陪着哥哥时，你的心情怎么样？

答：有过这样的时候，我就是感觉很生气，我想让妈妈抽时间陪我学习一会儿，陪我玩一会儿，但是哥哥的事情很多。不过我还是喜欢哥哥。

图 2-5　D 幼儿眼中的同胞关系

绘画作品分析：

从画面上看，人物距离较远，一前一后，哥哥在后面的位置，画面中两个人物没有肢体的接触和交流；人物形象颜色丰富，冷暖色调搭配，两个人都是微笑的；除了人物，还有一个陈列柜，柜子上摆放的物品非常丰富。结合幼儿采访，可以看出妹妹在家里并不太喜欢和哥哥一起，生活中哥哥有"打妹妹"的举动。哥哥学业较重，所以家长陪伴哥哥的时间较多，妹妹会因此生气。遇到问题时爸爸妈妈会帮助调解。同胞关系属于对抗型。

五、E 家庭——"消失"的姐姐

（一）概况

D 家庭同胞性别组合为女男，同胞年龄差距为 5 岁。该家庭的父亲的职业是商人，母亲是会计。父亲为二代单传，爷爷只有爸爸一个男孩，因为家里的长辈及父母希望家里人口多一点，所以选择生育二孩。该家庭由父母共同教养孩子。

（二）父母眼中的同胞关系

D 家庭父母对子女的教养比较放手，同胞发生冲突时父母并不介入，任由孩子们互相争吵和打架。父母能平等对待两个孩子，但是该家庭中的爷爷和奶奶与父母在教育观念上存在冲突，他们认为姐姐应该让着弟弟，照顾弟弟，所以姐姐不会与弟弟过多发生争执。该家庭父母眼中的同胞关系为对抗型。

（三）幼儿眼中的同胞关系（见表 2-16）

表2-16　E家庭幼儿眼中的同胞关系

序号	头胎/二胎	性别组合	年龄差距	人物距离	人物行为	其他人物	色彩和线条	同胞类型
E	二胎	姐弟	5岁	画中无姐姐	幼儿自己在看窗外	无	色彩为冷色调，线条规整	对抗型

访谈记录：

问：图画中的你在做什么呀？

答：我在看窗外的风景，有时能看到我的好朋友，我会下去和他一起玩（见图 2-6）。

问：画面中为什么只有你自己？姐姐呢？

答：姐姐在房子的另一头呢，在写作业呢！

问：你喜欢和姐姐玩吗？

答：不喜欢，我喜欢跟我的好朋友玩。

问：你为什么不喜欢和姐姐玩啊？

绘画作品分析：

从幼儿的绘画作品和访谈中可以看出，同胞关系属于竞争型。画面中只有幼儿一个人，没有将姐姐画在画里，且画面大面积只有蓝色和绿色两个冷色系的颜色，说明他平时与姐姐接触较少且关系不太好。画中的自己在看窗外寻找自己的朋友，且表情是笑着的，说明比起与姐姐接触，他更期盼和其他小朋友一起玩耍。同时，在访谈过程中孩子说自己在看窗外找好朋友时表现出了开心的状态，但是说到与姐姐的相处时是皱着眉头说的，能感受到他与姐姐相处的关系并不亲近，相处状态也不太友好，孩子自己也表示不喜欢和姐姐玩（见图 2-6）。

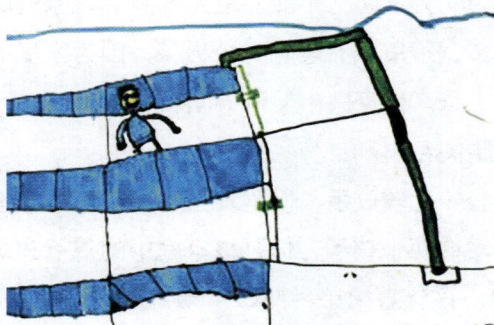

图 2-6　E幼儿眼中的同胞关系

第三章　父母的教养方式对幼儿同胞关系的影响

第一节　研究设计

一、提出问题

同胞关系是指两个或两个以上兄弟姐妹从意识到对方存在的那一刻起，通过身体的、言语的和非言语的交流来分享与彼此有关的知识、观点、态度、信念和感受的所有互动[①]。同胞关系作为幼儿一生中最长久并且具有重要影响的持续不断的关系，是自出生到死亡持久不变且相依相存的亲属关系[②]。同胞关系对幼儿的正面影响仅次于亲子关系[③]，在幼儿社会化的过程中扮演着重要的角色[④]。幼儿可以在同胞相处的经验中获得社交理解、观点取代能力，并能促进社会情绪的发展，这些社交技巧将有助于幼儿建构其他的社会关系[⑤]。与此同时，同胞关系的负面影响会导致幼儿出现行为问题。当面对父母的差别对待时，幼儿会出现嫉妒、感觉不公平的心理问题[⑥]。

父母教养方式是指父母对子女抚养、教育过程中所表现出来的一种相对稳定的行为方式和行为倾向[⑦]。二孩的到来使得父母的教养方式也会变得复杂化。怎样才能帮助大宝更好地接纳二宝并与二宝建立亲密的同胞关系成为家长面临的难题。研究发现，父母的教养方式是导致同胞冲突的一个重要原因，当父母在情感、物质的投入上更多地偏向某个孩子时，

---

① CICIRELLI V G. A measure of caregiving daughters' attachment to elderly mothers[J]. Journal of Family Psychology, 1995 (9): 89-94.

② FURMAN W, BUHRMSTER D. Children's perceptions of the qualities of sibling relationships[J]. Child Development, 1985 (56): 448-461.

③ DUNN J, KENDRICK C. Social behavior of young siblings in the family context: Differences between same-sex and different-sex dyads[J]. Child Development, 1981, 52 (4): 1265-1273.

④ PARKE R D, BURIEL, R. Socialization in the family: Ethnic and ecological perspectives[J]. Emotional and personality development, 1998: 463-552.

⑤ MODRY-MANDELL K L, Gamble W C, Taylor A R. Family emotional climate and sibling relationship quality: Influences on behavioral problems and adaptation in preschool-aged children[J]. Journal of child & Family Studies, 2007, 16 (1): 59-71.

⑥ KATZ L F, KRAMER L, Gottman J M. Conflict and emotions in marital, sibling, and peer relationships[J]. New York: Cambridge University Press, 1992: 122-149.

⑦ 张文新. 城乡青少年父母教育方式的比较研究[J]. 心理发展与教育，1997（03）：46-51.

这种偏爱容易引起同胞间的敌意[1]。父母的教养方式除溺爱型外，拒绝型、严格型、期待型、矛盾型以及分歧型与同胞攻击行为皆呈显著正相关。对于冲突型的协同教养行为能预测幼儿后期的行为问题，这些幼儿会表现出脾气暴躁、攻击行为、冲动、社会适应不良以及挫折承受能力降低[2]。由此可见，父母的教养方式对同胞关系以及同胞冲突有影响。

同胞冲突是兄弟姐妹之间相互对立的言语或行为互动[3]。有研究统计发现，年龄较小的同胞之间在相处时，1个小时内平均出现7次争吵，但仅有约10%的争吵行为得以解决，而采取的方式通常是和解或妥协[4]。幼儿和同胞发生冲突之后，会有沮丧和焦虑的感觉。从社会学习理论的角度看，幼儿在同胞冲突中会有许多负向行为，而他们会模仿彼此的行为，从而导致更多的行为问题[5]。无论是年长还是年幼幼儿，当他们看到父母与同胞玩时，会表现出愤怒、悲伤和分心的情绪，也会对同胞表现出敌意行为[6]。因此，采取适宜的策略解决同胞冲突是不容忽视的。

父母是幼儿出生后最亲密的人，其行为举止、情感表达及教养方式对幼儿的发展有着非常重要的影响。研究发现父母采取以幼儿为中心的策略与较少发生随后的同胞关系冲突有紧密的联系，然而若采取控制的策略则可能带来随后的冲突；当父母采取不介入冲突时，年幼幼儿会有较多的敌意行为[7]。与此同时，父母的差异对待会增加同胞间的冲突[8]，父母对于冲突的解决方式也会影响幼儿对冲突的解决[9]。在同胞冲突中，幼儿并不是自主选择冲突解决策略的，而是根据对方反应或第三方的介入来进行选择的[10]。由此可见，父母对同胞冲突的处理策略与同胞关系紧密相关。

---

① 邹荣，陈旭. 家庭情景中的儿童关系攻击行为研究述评[J]. 江苏教育学院学报，2012，28（1）：54–59.

② COLEY R L, VOTRUBA-DRZAL E, SCHINDLER H S. Trajectories of parenting processes and adolescent substance use: Reciprocal effects[J]. Journal of Abnormal Child Psychology, 2008, 36 (4): 613-625.

③ HOWE, N. The dynamics of reciprocal sibling interaction: are context and maternal behavior important. Canadian Journal of Behavioural Science, 1997, 29 (2): 92.

④ DUNN J, MUNN P. Sibling quarrels and maternal intervention: individual differences in understanding aggression[J]. Journal of Child Psychology and Psychiatry, 1986: 583-595.

⑤ STOCKER C M, BURWELL R A, BRIGGS M L. Sibling conflict in middle childhood predicts children's adjustment in early adolescence[J]. Journal of Family Psychology, 2002, 16 (1): 50-57.

⑥ VOLLING B L, MCELWAIN N L, MILLER A L. Emotion regulation in context: The jealousy complex between young siblings and its relations with child and family characteristics[J]. Child Development, 2002 (73): 581-600.

⑦ KRAMER L, PEROZYNSKI L A, CHUNG T Y. Parental responses to sibling conflict: The effects of development and parent gender[J]. Child Development, 1990 (70): 1041-1414.

⑧ VANDELL D L, BAILEY M D. Conflicts between siblings[M]. New York: Cambridge University Press, 1992.

⑨ CUMMINGS E M, DAVIES P T. Effects of marital conflict on children: Recent advances and merging themes in process-oriented research[J]. Child Psychiatry, 2002, 43 (1): 31-63.

⑩ 劳拉·马卡姆. 平和式教养法[M]. 孙璐，译. 上海：上海社会科学院出版社，2016.

综上所述，父母的教养方式与同胞关系相关，父母对同胞冲突的处理策略影响同胞关系。通过文献分析发现，有关父母的教养方式、父母对同胞冲突的处理策略以及同胞关系的研究相对较少。因此本研究提出假设 1：父母的教养方式显著影响幼儿同胞关系；假设 2：父母对同胞冲突的处理策略在父母的教养方式与同胞关系之间起到中介作用。

二、研究对象

通过随机抽样，以 649 名幼儿为调查对象，其中二宝的年龄在 1 ~ 6 岁，大宝的年龄在 2 ~ 12 岁。共发放 700 份问卷，回收 649 份，回收率为 92.71%。其中，男幼儿 348 名（53.6%），女幼儿 301 名（46.4%）；1 ~ 2 岁幼儿 33 名（5.1%），3 ~ 6 岁幼儿 616 名（94.9%）；大宝 246 名（37.9%），二宝 403 名（62.1%）；同胞年龄 0 ~ 6 岁 371 人（57.2%），7–12 岁 278 人（42.8%）；同性同胞 345 名（53.2%），异性同胞 304 名（46.8%）；年龄差距小于 4 岁的 434 名（66.9%），年龄差距在 4 岁及以上的 215 名（33.1%）；父亲填写人 98 名（15.1%），母亲填写人 551 人（84.9%）。

三、研究工具

本研究使用《父母教养方式量表》《幼儿同胞关系量表》《父母对同胞冲突处理策略量表》收集相关数据，并使用 SPSS 软件进行数据分析。

第二节　父母的教养方式、同胞冲突的处理策略与同胞关系分析

一、父母的教养方式、同胞冲突的处理策略与同胞关系的现状分析

通过描述性分析发现（见表 3–1），在父母对同胞冲突的处理策略中，以幼儿为中心均值为 3.38，父母的控制均值为 3.05，被动不介入均值为 2.12。由此可以看出，父母对同胞冲突的处理策略是以幼儿为中心居多，被动不介入与控制的程度较低，尤其是被动不介入。在同胞关系中，温暖的均值为 3.54，对抗的均值为 2.80，竞争的均值为 2.80。由此可以看出，幼儿同胞关系以温暖为主，对抗与竞争的程度较低。在父母教养方式中，溺爱型均值为 1.87，民主型均值为 3.73，放任型均值为 2.02，专制型均值为 2.67，不一致型均值为 2.44。由此可以看出，父母的教养方式以民主型为主，其次是专制型与不一致型，放任型与溺爱型最低。

表3-1　研究变量的描述统计（*n*=649）

维度	*M*	SD	维度	*M*	SD
以幼儿为中心	3.38	0.60	溺爱型	1.87	0.46
父母的控制	3.05	0.68	民主型	3.73	0.48
被动不介入	2.12	0.71	放任型	2.02	0.45
温暖	3.54	0.58	专制型	2.67	0.40
对抗	2.80	0.68	不一致型	2.44	0.51
竞争	2.80	0.74			

通过差异性分析发现（见表3-2），二孩家庭父母的教养方式在幼儿排行、同胞年龄以及父母身份方面存在显著差异。在溺爱型教养方式中，父母对大宝的溺爱程度显著高于二宝（*t*=2.327，*p* < 0.05）；相比于年龄较大的同胞，父母对年龄较小的孩子溺爱程度显著更高（*t*=2.005，*p* < 0.05）；相比于母亲，父亲对孩子的溺爱程度显著更高（*t*=3.289，*p* < 0.01）。在民主型教养方式中，父亲对大宝相比于二宝民主的程度显著更高（*t*=2.246，*p* < 0.05）。在放任型教养方式中，父亲相比于母亲对孩子的放任程度显著更高（*t*=3.405，*p* < 0.01）。在不一致型教养方式中，与母亲相比，父亲不一致的程度显著更高（*t*=3.405，*p* < 0.01）。

表3-2　父母教养方式的差异性分析（*n*=649）

变量		*M* ± *SD*	*t*	*p*
溺爱型	大宝	1.92 ± 0.47	2.327[*]	0.020
	二宝	1.83 ± 0.45		
	0 ~ 6 岁	1.90 ± 0.46	2.005[*]	0.045
	7 ~ 12 岁	1.82 ± 0.45		
	父亲	2.01 ± 0.49	3.289[**]	0.001
	母亲	1.84 ± 0.45		
民主型	大宝	3.79 ± 0.46	2.246[*]	0.025
	二宝	3.70 ± 0.50		
放任型	父亲	2.17 ± 0.49	3.405[**]	0.001
	母亲	1.99 ± 0.44		
不一致型	父亲	2.60 ± 0.50	3.405[**]	0.001
	母亲	2.41 ± 0.51		

注：*p* < 0.05，**p* < 0.01，***p* < 0.001

二、父母教养方式、同胞冲突处理策略与同胞关系的相关分析

通过相关分析发现，父母的教养方式与同胞关系相关系数介于 $-0.262 \sim 0.390$，且 $p <$ 0.01，其中民主型与温暖的相关系数最高 $r=0.039$，$p < 0.01$；父母的教养方式与父母对同胞冲突处理策略的相关系数介于 $-0.268 \sim 0.451$，且 $p < 0.01$，其中民主型与以幼儿为中心的相关系数最高 $r=0.451$，$p < 0.01$；父母对同胞冲突处理策略与同胞关系相关系数介于 $-0.166 \sim 0.528$，$p < 0.01$，其中温暖与以幼儿为中心的相关系数最高 $r=0.528$，$p < 0.01$。由此可以看出，父母的教养方式、父母对同胞冲突的处理策略与同胞关系存在显著相关关系。

三、父母的教养方式、同胞冲突的处理策略与同胞关系的中介效应分析

根据温忠麟和叶宝娟提出的中介效应检验流程[1]，首先检验父母的教养方式（自变量）对同胞关系（因变量）的总效应，也就是系数 c 是否显著。结果表明，父母的教养方式对同胞关系的总效应显著，$\beta=0.161$，$t=3.607$，$p < 0.001$。其次，检验父母的教养方式对处理策略的效应，也就是系数 a 是否显著。结果表明，父母的教养方式对同胞冲突的处理策略的效应显著，$\beta=0.164$，$t=5.913$，$p < 0.001$，验证了假设 1；接下来，再检验父母对同胞冲突的处理策略对同胞关系的效应，也就是系数 b 是否显著；以及加入父母对同胞冲突处理策略中介变量之后，父母的教养方式对同胞关系的直接效应，也就是系数 c' 是否显著。结果表明，父母对同胞冲突处理策略对同胞关系的效应显著，$\beta=0.770$，t=14.173，$p < 0.001$；父母教养方式对同胞关系的效应不显著 $\beta=0.037$，$t=0.903$，$p > 0.05$。由于 c' 不显著，说明父母对同胞冲突处理策略在父母教养方式与同胞关系之间起到完全中介作用，验证了假设 2（见表 3–3 和表 3–4）。中介效应占总效应比值（ab/c）= 78.61%，中介效应解释了因变量 46.69% 的方差变异。综合以上分析得到图 3–1 所示模型。

表3-3　父母教养方式、同胞冲突处理策略与同胞关系的回归分析（$n=649$）

因变量	自变量	β	SE	Beta	t
同胞关系	教养方式	0.161	0.045	0.140（c）	3.607***
处理策略	教养方式	0.164	0.028	0.226（a）	5.913***
同胞关系	处理策略	0.770	0.054	0.487（b）	14.173***
同胞关系	教养方式	0.037	0.040	0.032（c'）	0.903

---

[1] 温忠麟，叶宝娟. 中介效应分析：方法和模型发展[J]. 心理科学进展，2014，22（05）：731-745.

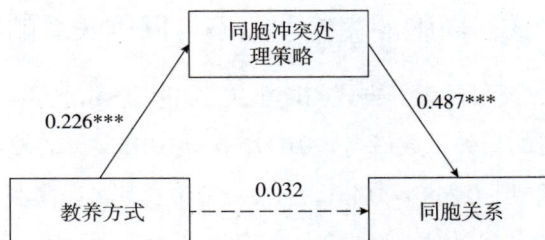

图3-1 父母教养方式、同胞冲突处理策略与同胞关系的中介模型

表3-4 父母教养方式、同胞冲突处理策略与同胞关系的相关矩阵（ *n*=649 ）

维度	溺爱型	民主型	放任型	专制型	不一致型	温暖	对抗	竞争	以幼儿为中心	父母的控制	被动不介入
溺爱型	1										
民主型	−0.191**	1									
放任型	0.541**	−0.285**	1								
专制型	0.274**	0.023	0.260**	1							
不一致型	0.415**	−0.083*	0.530**	0.352**	1						
温暖	−0.208**	0.390**	−0.262**	−0.018	−0.160**	1					
对抗	0.194**	−0.054	0.172**	0.197**	0.257**	−0.207**	1				
竞争	0.182**	−0.070	0.126**	0.221**	0.168**	−0.052	0.636**	1			
以幼儿为中心	−0.189**	0.451**	−0.237**	−0.072	−0.143**	0.528**	0.013	0.078*	1		
父母的控制	0.082*	0.002	0.080*	0.296**	0.176**	0.024	0.444**	0.404**	0.186**	1	
被动不介入	0.267**	−0.268**	0.351**	0.204**	0.269**	−0.166**	0.438**	0.349**	−0.066	0.363**	1

第三节 父母教养方式与幼儿同胞关系的特点

一、父母教养方式以民主型为主

本研究发现，二孩家庭父母的教养方式以民主型为主，这与以往的研究结果是相一致的[①]。民主型教养方式的家长重视培养幼儿独立自主的能力，能够通过沟通的方式帮助

————————

① 徐浙宁. 城市"二孩"家庭的养育：资源稀释与教养方式[J]. 青年研究，2017（06）：26-35+91-92.

幼儿解决问题，这也为幼儿建立友好的同胞关系树立了榜样。父母对大宝的溺爱程度显著高于二宝，尤其是父亲的溺爱程度更高，相比于年龄较大的同胞，父母更溺爱年龄较小的幼儿。父母对大宝的民主程度显著高于二宝；相比较于母亲，父亲放任与不一致的程度更高。根据排行理论，每个孩子在家庭组织中的排列各有其特殊地位，父母对于不同的排行会有不同的角色期待[1]。大宝作为家庭中的第一个孩子，在二宝没有出生之前，有过一段"唯我独尊"的时光，父母的重点全部集中在大宝身上；二宝出生以后，父母本能会对二宝有更多的照顾行为，为了不忽视大宝，可能会出现更多的补偿行为[2]。因此，父母对大宝的溺爱程度更高一些。但是，大宝又被期待表现出更多的利社会行为，承担更多的责任与压力，父母又期待大宝能够正确接纳二宝，与二宝建立友好的同胞关系，因此父母的教养方式中对大宝的民主程度相对较高。相比于母亲，父亲更多的是承担家庭的经济责任且形象严肃[3]，在照顾幼儿成长的过程中存在一定的角色缺失，因此在教养方式中父亲放任与不一致的程度更高一些。

二、父母的教养方式能显著预测幼儿的同胞关系

本研究发现，父母的教养方式对同胞关心有显著正向预测作用。教养方式越民主，同胞关系中温暖的程度越高；教养方式越放任、越溺爱，同胞关系中温暖的程度越低；教养方式越专制、不一致，同胞关系中竞争与对抗的程度越高。依据社会学习理论，榜样或者示范者行为会对观察者行为动机产生重要影响，幼儿的很多行为是通过观察、模仿、直接学习而来的[4]。因此，父母在教养幼儿中出现的行为和语言，能够被幼儿习得，进而延伸至同胞关系中。父母采取民主的教养方式，幼儿会习得沟通、民主的处理方式，从而获得温暖的同胞关系；父母采取溺爱、放任的教养方式，会增加幼儿之间的嫉妒与不公平心理，从而导致更多的对抗与竞争；父母采取专制与不一致的教养方式，会导致幼儿习得父母的行为，从而增加攻击行为的发生[5]。由此可见，父母的教养方式对同胞关系有着重要影响。

---

① 凯文·莱曼，郭红梅，刘圆圆. 排行的秘密：出生顺序如何影响人的一生[M]. 崔艺楠，译. 杭州：浙江人民出版社，2014，51-66.

② 景萌萌. "二孩"家长育儿观念的个案研究[D]. 沈阳：沈阳师范大学，2019.

③ 刘琴，周世杰，杨红君，等. 大学生的父母教养方式特点分析[J]. 中国临床心理学杂志，2009，17（06）：736-738.

④ 洪显利，冉瑞兵. 班杜拉观察学习理论对家庭教育的意义[J]. 宁波大学学报（教育科学版），2000（05）：15-18.

⑤ PERLMAN M, GARFINKEL D A, TURRELL S L. Parent and sibling influences on the quality of children's conflict behaviors across the preschool period[J]. Social Development, 2007, 16 (4): 619-641.

三、父母对同胞冲突处理策略在教养方式与同胞关系间存在完全中介效应

父母对同胞冲突处理策略是父母面对两个孩子在行为与语言上的对抗而采取的措施。同胞冲突作为家庭中普遍存在的现象，表现了幼儿对同胞特质的适应过程，其中的坚持、妥协、沟通与处理过程，都是幼儿将来适应社会生活所需的技能[①]。父母的教养方式与对同胞冲突处理策略都是父母育儿观念的体现，其外显的行为与语言都会潜移默化地影响幼儿的行为与语言。父母在处理同胞冲突时，主要以幼儿为中心的策略，说明父母倾向民主地解决问题的方式，站在幼儿的立场，帮助幼儿与同胞友好相处。父母采取控制的方式介入同胞冲突，体现了父母的专制，剥夺了幼儿自主解决冲突的权利，年长幼儿也会较多使用此方式对待年幼幼儿，从而增加同胞之间冲突。父母采取被动不介入的方式解决冲突问题，体现父母放任的态度，默认同胞之间冲突的处理方式。对于年幼幼儿而言，这会带来更多的委屈与不公平，从而使他们出现更多的攻击性行为。因此，父母的教养方式直接决定父母对同胞冲突处理策略，进而影响幼儿同胞关系。

父母作为幼儿的第一任教师，对幼儿的发展有至关重要的作用。二孩的出生，必然导致家庭系统的改变，家长的教养方式也势必要适应更复杂的家庭环境。首先，家长应该树立正确的教养观念，保持家庭内部的和谐，积极参与家长培训活动，咨询育儿专家，坚持公平公正、沟通协调的处理方式。其次，家长要关注大宝的心理变化，二宝对大宝而言是生活中的压力，大宝需要不断地适应这个变化。此时需要家长关注大宝的心理，及时与大宝深度沟通，缓解大宝的不良情绪。与此同时，父亲应承担起养育者的角色，给予大宝更多的关心与爱护，使大宝在母亲不能随时关心的情况下，获得父爱的补偿，感受家的温暖。家长要帮助幼儿获得温暖的同胞关系。首先，家长应树立正确处理同胞冲突的观念。同胞冲突问题是不可避免的，家长应以幼儿为中心，将冲突作为发展的契机，帮助幼儿学会协调、沟通、谦让与合作。其次，家长应选择合适的时机介入同胞冲突。家长不要着急介入，提供幼儿自然学习的机会，通过平和的提问与幼儿沟通，共同讨论解决的方式，引导幼儿站在他人的立场思考问题，给予适宜的引导。第三，家长应坚持公平公正的原则，避免偏袒行为的出现。家长应关注每一个孩子的心理需要。除此之外，家长要营造充满爱与关怀的家庭氛围，表达对幼儿的喜爱，鼓励同胞之间的友好互动，以形成良好的同胞关系。

---

① SMITH J, ROSS H. Training parents to mediate sibling disputes affects children's negotiation and conflict understanding[J]. Child development, 2007 (78): 790-805.

参考文献

[1] CICIRELLI V G. A measure of caregiving daughters' attachment to elderly mothers[J]. Journal of Family Psychology, 1995 (9): 89–94.

[2] FURMAN W, BUHRMSTER D. Children's perceptions of the qualities of sibling relationships[J]. Child Development, 1985 (56): 448–461.

[3] DUNN J, KENDRICK C. Social behavior of young siblings in the family context: Differences between same–sex and different–sex dyads[J]. Child Development, 1981, 52 (4): 1265–1273.

[4] PARKE R D, BURIEL R. Socialization in the family: Ethnic and ecological perspectives[J]. Emotional and personality development, 1998: 463–552.

[5] MODRY–MANDELL K L, GAMBLE W C, TAYLOR A R. Family emotional climate and sibling relationship quality: Influences on behavioral problems and adaptation in preschool–aged children[J]. Journal of child & Family Studies, 2007, 16 (1): 59–71.

[6] KATZ L F, KRAMER L, GOTTMAN J M. Conflict and emotions in marital, sibling, and peer relationships[J]. New York: Cambridge University Press, 1992: 122–149.

[7] 张文新. 城乡青少年父母教育方式的比较研究 [J]. 心理发展与教育，1997（03）：46–51.

[8] 邹荣，陈旭. 家庭情景中的儿童关系攻击行为研究述评. 江苏教育学院学报 [J]. 2012，28（1）：54–59.

[9] COLEY R L, VOTRUBA–DRZAL E, SCHINDLER H S. Trajectories of parenting processes and adolescent substance use: Reciprocal effects[J]. Journal of Abnormal Child Psychology, 2008, 36 (4): 613–625.

[10] HOWE N. The dynamics of reciprocal sibling interaction: are context and maternal behavior important. Canadian Journal of Behavioural Science, 1997, 29 (2): 92.

[11] DUNN J, MUNN P. Sibling quarrels and maternal intervention: individual differences in understanding aggression[J].Journal of Child Psychology and Psychiatry. 1986: 583–595.

[12] STOCKER C M, BURWELL R A, BRIGGS M L. Sibling conflict in middle childhood predicts children's adjustment in early adolescence[J]. Journal of Family Psychology, 2002, 16 (1): 50–57.

[13] VOLLING B L, MCELWAIN N L, MILLER A L. Emotion regulation in context: The jealousy complex between young siblings and its relations with child and family characteristics[J]. Child Development, 2002 (73): 581–600.

[14] KRAMER L, PEROZYNSKI L A, CHUNG, T.Y. Parental responses to sibling conflict: The effects of development and parent gender[J]. Child Development, 1990 (70): 1041–1414.

[15] VANDELL D L, BAILEY M D. Conflicts between siblings[M]. New York: Cambridge University Press, 1992.

[16] CUMMINGS EM, DAVIES PT. Effects of marital conflict on children: Recent advances and merging themes in process-oriented research [J]. Child Psychiatry, 2002, 43 (1): 31–63.

[17] 劳拉·马卡姆.平和式教养法 [M].孙璐，译.上海：上海社会科学院出版社，2016.

[18] 李月琦.4—6岁幼儿攻击性行为与父母教养方式的关系研究[D].石河子：石河子大学，2018.

[19][20] 张嘉伦.母亲对手足冲突处理策略、手足关系与幼儿同伴互动行为之研究 [D].台南：台南大学，2010.

[21] 周浩，龙立荣.共同方法偏差的统计检验与控制方法 [J].心理科学进展，2004，12（6）：942–950.

[22] 温忠麟，叶宝娟.中介效应分析：方法和模型发展 [J].心理科学进展，2014，22（05）：731–745.

[23] 徐浙宁.城市"二孩"家庭的养育：资源稀释与教养方式 [J].青年研究，2017（06）：26–35+91–92.

[24] 凯文·莱曼.排行的秘密：出生顺序如何影响人的一生 [M].郭红梅，刘圆圆，崔艺楠，译.杭州：浙江人民出版社，2014：51–66.

[25] 景萌萌."二孩"家长育儿观念的个案研究 [D].沈阳：沈阳师范大学，2019.

[26] 刘琴，周世杰，杨红君，等.大学生的父母教养方式特点分析 [J].中国临床心理学杂志，2009，17（06）：736–738.

[27] 洪显利，冉瑞兵.班杜拉观察学习理论对家庭教育的意义 [J].宁波大学学报（教育科学版），2000（05）：15–18.

[28] PERLMAN M, GARFINKEL D A, TURRELL S L. Parent and sibling influences on the quality of children's conflict behaviors across the preschool period[J]. Social Development, 2007, 16 (4): 619–641.

[29] SMITH J, ROSS H. Training parents to mediate sibling disputes affects children's negotiation and conflict understanding[J]. Child development, 2007 (78): 790–805.

第四章　幼儿同胞关系类型与同伴交往能力

同胞关系是幼儿自出生到死亡持久不变且相依相存的亲属关系，是对幼儿具有长久影响力的关系，在幼儿社会化的过程中起到重要的作用。关于同胞关系类型和幼儿同伴交往能力之间的复杂关系，以及二者关系之间的调节变量，成为研究者们越来越关注的热点问题。已有研究结果表明，同胞关系类型与幼儿社会化过程关系紧密且复杂，并不是所有的同胞关系都有利于同伴交往能力的发展。这取决于众多因素，其中父母对同胞关系的处理和干预具有不容忽视的作用，需要进一步细致、系统地予以探讨。本研究将就上述问题进行研究与分析。

第一节　研究设计

一、研究对象

研究对象为 4 ~ 6 岁幼儿及其父母，且幼儿家庭中有年龄相差 1 ~ 5 岁的兄弟姐妹。在填写问卷的父母中，母亲有 112 人（占 80.58%），年龄主要集中在 31 ~ 40 岁（占 65.47%），超过半数的幼儿家长没有兄弟姐妹（占 56.12%），大多数家长具有硕士以上学历（占 64.75%，其中硕士占 43.17%，博士占 21.58%）。

参加调研的幼儿为 139 名，其中男孩 74 名（占 53.24%），女孩 65 名（占 46.76%），男孩人数略多于女孩，他们均来自二孩家庭。小班幼儿有 17 名（占 12.23%），中班幼儿有 53 名（占 38.13%），大班幼儿有 69 名（占 49.64%）。幼儿的基本情况详见表 4-1。

六位妈妈受邀参与问卷访谈，她们都育有两个孩子。其中两个家庭的孩子是姐弟关系，姐姐上幼儿园；两个家庭的孩子是兄弟关系，弟弟上幼儿园，哥哥上小学；一个家庭的孩子是姐妹关系，其中妹妹上幼儿园，姐姐上小学；还有一个家庭是姐弟关系，其中弟弟上幼儿园，姐姐上小学。

表4-1　幼儿被试中各年级男生和女生人数及所占百分比

年龄阶段	全体	男生	女生
所有年级	139（100%）	74（53.24%）	65（46.76%）
小班	17（12.23%）	10（58.82%）	7（41.18%）
中班	53（38.13%）	27（51.92%）	26（48.08%）
大班	69（49.64%）	37（53.62%）	32（46.38%）

二、研究工具

采用《幼儿同胞关系量表》考察幼儿的同胞关系类型，父母一方填写，将同胞关系分为温暖、对抗和竞争三个维度。

采用《幼儿同伴交往能力量表》，考察 4 ~ 6 岁幼儿的同伴交往能力，父母一方填写，包含社交主动性、语言和非语言交往、亲社会行为、社交障碍四个维度。

采用大课题组编制的《父母对同胞冲突处理策略量表》，父母一方填写，包含以幼儿为中心、父母的控制、被动不介入三个维度。

采用自编半结构化访谈问卷，深入了解二孩家庭中父母同胞冲突处理的具体细节，挖掘父母适宜的教养方式。包含父母基本信息、孩子信息、同胞冲突情境举例、父母处理的具体操作以及孩子反应如何等。

第二节　幼儿同伴交往能力与同胞关系质量的关系

一、幼儿同伴交往能力和同胞关系的基本情况

幼儿同伴交往能力的描述统计结果显示（见表 4-2），参与调研的 139 名幼儿，同伴交往能力的平均值为 3.88，表明父母评价的幼儿在总体上具有较好的同伴交往能力。从性别上看，女孩（3.97）的得分高于男孩（3.80），但二者的差异在推理统计上没有达到显著性（$p = 0.058$）；从年级看，中班幼儿得分最高（3.90），小班幼儿得分最低（3.75），大班得分居中（3.89），但三个年龄段之间的差异在推理统计上没有达到显著性（$p = 0.580$）。上述结果说明，在同伴交往能力方面，并不是我们印象中的男孩弱于女孩，女孩更善于同伴交往，很有可能是二者交往行为表现特点不同。在三个年龄段中，中班幼儿得分之所以较高，可能是因为相比于小班时，他们表现出更高的交往技能，使得父母愿意给予更高的评价。从总体上说，幼儿同伴交往能力的差别更多地存在于不同的个体之间，而不是因为不同的性别和不同的年龄。

表4-2　幼儿同伴交往能力一览表

幼儿	平均值	人数	标准偏差
总体	3.8798	139	0.51515
女	3.9679	65	0.45678
男	3.8024	74	0.55295
小班	3.7574	17	3.7574
中班	3.9017	53	3.9017
大班	3.8931	69	3.8931

幼儿同胞关系质量的描述统计结果（见表4-3）显示参与调研的139名幼儿同胞关系质量总体平均值为0.93，表明幼儿具有较为积极的同胞关系。从性别上来看，女孩的得分（1.08）高于男孩（0.79），但二者的差异在推理统计上没有达到显著性（$p = 0.085$）。在温暖行为上，女孩的得分（3.79）高于男孩（3.67），但二者的差异在推理统计上没有达到显著性（$p = 0.229$）。在冲突行为上，女孩的得分（2.49）低于男孩（2.64），但二者的差异在推理统计上没有达到显著性（$p = 0.241$）。在嫉妒行为上，女孩的得分（2.93）低于男孩（3.10），但二者的差异在推理统计上没有达到显著性（$p = 0.121$）。结果显示，女孩同胞关系质量更高，有更多的温暖行为，更少的冲突行为和更少的嫉妒行为。尽管在数据上，这些结果与我们的日常观察和主观感受比较一致，但在统计上并没有达到显著性差异。

表4-3　男孩和女孩同胞关系质量一览表

	幼儿	平均值	标准偏差	人数
同胞关系质量	男	0.7944	0.93891	74
	女	1.0832	1.02332	65
	总计	0.9294	0.98635	139
温暖行为	男	3.6667	0.60412	74
	女	3.7932	0.62819	65
	总计	3.7258	0.61651	139
冲突行为	男	2.6432	0.74999	74
	女	2.4892	0.79059	65
	总计	2.5712	0.77030	139
嫉妒行为	男	3.1014	0.57326	74
	女	2.9308	0.71467	65
	总计	3.0216	0.64654	139

从年级上看（见表4-4），在同胞关系质量上，大班的得分（1.00）最高，小班的（0.85）最低，但三个年级的差异在推理统计上没有达到显著性（$p = 0.700$）。在温暖行为上，大班的得分（3.74）最高，小班的（3.67）最低，但三个年级的差异在推理统计上没有达到显著性（$p = 0.896$）。大班在冲突行为上的得分（2.49）和嫉妒行为上的得分（3.00）都是最低的。在冲突行为上，中班的得分（2.66）高于小班的得分（2.60）。在嫉妒行为上，中班的得分（3.04）低于小班的得分（3.06），但三个年级的差异在推理统计上没有达到显著性（$p = 0.500$；$p = 0.921$）。结果显示，随着年级的升高，幼儿的同胞关系质量和温暖行为有所提升，但在统计上并没有达到显著性差异。在冲突行为上，中班幼儿最为突出。

表4-4　不同年级幼儿同胞关系质量一览表

	幼儿	平均值	标准偏差	人数
同胞关系质量	小班	0.8503	1.01153	17
	中班	0.8616	1.14313	53
	大班	1.0010	0.85090	69
温暖行为	小班	3.6797	0.69819	17
	中班	3.7107	0.64323	53
	大班	3.7488	0.58225	69
冲突行为	小班	2.6000	0.75166	17
	中班	2.6604	0.86521	53
	大班	2.4957	0.69757	69
嫉妒行为	小班	3.0588	0.67621	17
	中班	3.0377	0.74420	53
	大班	3.0000	0.56230	69

二、幼儿同伴交往能力和同胞关系的相关性

上述统计结果显示，不同性别幼儿在同伴交往能力和同胞关系（含各维度）上的差异均不显著，只是在以下条目上存有显著差异，显著性水平 $p < 0.05$（见表4-5）。各年级班幼儿在各条目上不存在显著性差异。为此，在后续的分析中，将不再分别进行分析，而只是将幼儿性别和年龄阶段作为控制变量，考察各因变量之间的相关性。这部分差异，将在最后的讨论和建议部分给予考量和分析。

表4–5　男孩和女孩存有显著差异内容一览表

内容	男生（标准差）	女生（标准差）	显著性（p 值）
语言和非语言能力	4.11（SD=0.64）	4.33（SD=0.50）	0.037
亲社会行为	3.77（SD=0.59）	3.98（SD=0.53）	0.034
同伴 3	3.65（SD=0.88）	3.94（SD=0.75）	0.040
同伴 12	4.09（SD=0.91）	4.38（SD=0.70）	0.039
同伴 24	3.20（SD=0.57）	3.48（SD=0.85）	0.026
同胞关系 14	2.89（SD=0.90）	2.58（SD=0.90）	0.049
同胞关系 15	5.0（SD=0.76）	3.12（SD=0.91）	0.009

首先进行双变量相关性考察，结果如表 4–6 所示。同伴交往能力与同胞关系质量存有正相关 $r = 0.347$，属于中等相关。说明二者确实存有一定的相互关系。

表4–6　同伴交往能力与同胞关系质量之间的相关性

		同胞关系质量
	皮尔逊相关性	0.347**
同伴交往能力	Sig.（双尾）	0.000
	个案数	139

三、同伴交往能力中不同维度与同胞关系质量不同组分的相关性

为进一步了解同胞关系中不同内容与同伴交往能力的关系，继续进行相关性考察，结果如表 4–7 所示，同伴交往能力与温暖行为存有中等程度的正相关（$r = 0.356$），同胞间的温暖行为越多，幼儿同伴交往能力越高；与冲突行为存有低程度的负相关（$r = -0.176$），同胞间的冲突行为越多，幼儿同伴交往能力越低；与嫉妒行为存有低程度的负相关（$r = -0.171$），同胞间的嫉妒行为越多，幼儿同胞交往能力越低。由此可见，不是所有的同胞相处经验都与幼儿较高的同伴交往能力相关，只有同胞关系中的温暖行为才具有这一相关性。

表4–7　同伴交往能力与温暖行为、冲突行为和嫉妒行为之间的相关性

		温暖行为	冲突行为	嫉妒行为
同伴交往能力	皮尔逊相关性	0.356**	−0.176*	−0.171*
	Sig.（双尾）	0.000	0.038	0.044

继续考察同伴交往能力中不同维度与同胞关系质量之间的相关性，结果如表 4–8 所示，社交主动性与同胞关系质量存在中等程度的正相关（$r = 0.318$），表明同胞质量越好，幼儿社会主动性越强；语言和非语言能力与同胞关系质量存在中等程度的正相关（$r = 0.316$），表明同胞质量越好，幼儿语言和非语言能力越强；亲社会行为与同胞关系质量存在中等程度的正相关（$r = 0.356$），表明同胞质量越好，幼儿亲社会行为越多；社交障碍与同胞关系质量相关不显著。由此可见，同胞相处经验并不是都与幼儿较高的同伴交往能力相关，只与社交主动性、语言和非语言能力、亲社会行为存有相关性。

表4–8　同伴交往能力中四个维度分别于同胞关系质量之间的相关性

同胞关系质量	社交主动性	语言和非语言能力	社交障碍	亲社会行为
皮尔逊相关性	0.318**	0.316**	−0.153	0.356**
Sig（双尾）	0.000	0.000	0.072	0.000

**. 在 0.01 级别（双尾），相关性显著。

考察同伴交往能力中不同维度与同胞关系质量不同组分之间的相关性，结果如表 4–9 ~ 表 4–12 所示。

从表 4–9 中可以看出，社交主动性与温暖行为存在中等程度的正相关（$r = 0.307$），表明同胞间温暖行为越多，幼儿在同伴交往中主动性越高；社交主动性与嫉妒行为存在低程度的负相关（$r = -0.207$），表明同胞间嫉妒行为越多，幼儿在同伴交往中主动性越低。

表4–9　社会主动性与同胞关系质量不同组分之间的相关性

		温暖行为	冲突行为	嫉妒行为
社交主动性	皮尔逊相关性	0.307**	−0.148	−0.207*
	Sig.（双尾）	0.000	0.083	0.014

从表 4–10 中可以看出语言和非语言能力与温暖行为存在中等程度的正相关（$r = 0.428$），表明同胞间温暖行为越多，幼儿在同伴交往中语言和非语言能力越强。

表4–10　语言和非语言能力与同胞关系质量不同组分之间的相关性

		温暖行为	冲突行为	嫉妒行为
语言和非语言能力	皮尔逊相关性	0.428**	−0.077	−0.056
	Sig.（双尾）	0.000	0.366	0.514

从表4-11中可以看出亲社会与温暖行为存在中等程度的正相关（$r = 0.387$），表明同胞间温暖行为越多，幼儿在同伴交往中亲社会性越多。

表4-11　亲社会行为与同胞关系质量不同组分之间的相关性

		温暖行为	冲突行为	嫉妒行为
亲社会行为	皮尔逊相关性	0.387**	−0.161	−0.156
	Sig.（双尾）	0.000	0.059	0.066

从表4-12中可看出社交障碍与冲突行为存在低程度的正相关（$r = 0.180$），表明同胞间冲突行为越多，幼儿在同伴交往中越容易出现社交障碍。

表4-12　社交障碍与同胞关系质量不同组分之间的相关性

		温暖行为	冲突行为	嫉妒行为
社交障碍	皮尔逊相关性	−0.067	0.180*	0.125
	Sig.（双尾）	0.432	0.034	0.143

第三节　幼儿同伴交往能力、同胞关系质量与父母同胞冲突处理策略类型的关系

在详细考察了同伴交往能力与同胞关系质量二者之间的复杂关系后，我们接下来探讨父母同胞处理策略在二者之间的关系中，存在哪些调节性的作用。

一、幼儿同伴交往能力、同胞关系质量分别与三个处理策略之间的相关性

如表4-13所示，同伴交往能力与以幼儿为中心策略存在中等程度的正相关（$r = 0.351$），表明同胞间发生冲突时，父母越采取以幼儿为中心的策略，幼儿同伴交往能力越高；同伴交往能力与被动不介入策略存在低程度负相关（$r = −0.272$），表明同胞间发生冲突时，父母越是不介入，幼儿同伴交往能力越低。同胞关系质量与以幼儿为中心策略存在中等程度的正相关（$r = 0.306$），表明同胞间发生冲突时父母越采取以幼儿为中心的策略，同胞间关系质量越高；同伴交往能力与父母控制策略（$r = −0.199$）和被动不介入策略存在低程度负相关（$r = −0.211$），表明同胞间发生冲突时父母越是采取控制和不介入策略，幼儿同伴交往能力越低。

表4-13　幼儿同伴交往能力、同胞关系质量分别与三个处理策略之间的相关性

		幼儿为中心策略	父母控制策略	被动不介入策略
同伴交往能力	皮尔逊相关性	0.351^{**}	-0.106	-0.272^{**}
	Sig.（双尾）	0.000	0.216	0.001
同胞关系质量	皮尔逊相关性	0.306^{**}	-0.199^{*}	-0.211^{*}
	Sig.（双尾）	0.000	0.019	0.012

二、在控制父母对同胞处理策略条件下幼儿同伴交往与同胞关系质量之间的相关性

将父母对同胞冲突处理策略作为控制变量，再次考察幼儿同伴交往能力与同胞关系质量之间的相关性。如表4-14所示，将同胞发生冲突时父母处理策略作为控制变量时，同伴交往能力与同胞关系质量依然存在低程度的正相关（$r = 0.207$），说明幼儿的同胞关系质量越好，幼儿的同伴交往能力越强，这种关系并不受父母在处理同胞冲突时所采取的策略的影响。但与前述相关性相比，相关程度有所下降，由之前的0.351降为0.207。这说明父母同胞冲突处理策略不是唯一的调节因素，还存在其他的调节因素影响着幼儿同伴交往能力和同胞关系质量之间的复杂关系，有待于在以后的研究中进一步探讨。

表4-14　控制变量后同伴交往能力与同胞关系质量之间的关系

控制变量			同胞关系质量
幼儿为中心策略 & 父母控制策略 & 被动不介入策略	同伴交往能力	相关性	0.207
		显著性（双尾）	0.016
		自由度	134
	同胞关系质量	相关性	1.000
		显著性（双尾）	0
		自由度	0

第四节　同胞关系质量、父母对同胞冲突处理策略对幼儿同伴交往能力的预测作用

基于上述分析，幼儿同伴交往能力与同胞关系质量之间确实存在显著相关，而且这种相关在控制了父母对同胞冲突处理策略的基础上依然存在。基于此，我们继续探讨，两个变量之间是否存在预测作用，即同胞关系质量是否能够预测幼儿的同伴交往能力。家中多子女是否如我们所期望的，有利于幼儿社会性的发展？是否有利于同伴交往能力的提升？

同胞相处的经验，能否有效地迁移到与同龄伙伴之间的互动中？

为此，我们采用线性模型，将同伴交往能力作为因变量，将同胞关系质量中的三个维度（温暖行为、冲突行为和嫉妒行为）和父母对同胞冲突处理策略（以幼儿为中心策略、父母控制策略和被动不介入策略）作为自变量（共计6个因素），进行回归分析。结果如表4–15 ~ 表4–17所示。

由回归分析结果可以看出，上述变量对于幼儿的同伴交往能力具有一定的预测作用，达到24.2%，即6个预测变量总体上能够有这样的预测能力，同胞关系质量越高，父母越多采用以幼儿为中心的处理策略，其养育的孩子同伴交往能力越强，预测效果将近25%，这对于我们给予父母养育建议提供了数据支持，也指明了努力的方向。

表4–15 回归分析结果一

模型	R	R 方	调整后 R 方	标准估算的错误
	0.492①	0.242	0.208	0.45852

a. 预测变量：（常量），被动不介入策略，冲突行为，温暖行为，父母控制策略，幼儿为中心策略，嫉妒行为
b. 因变量：同伴交往能力

表4–16 回归分析结果二

模型		平方和	自由度	均方	F	显著性
1	回归	8.870	6	1.478	7.032	0.000^b
	残差	27.751	132	0.210		
	总计	36.622	138			

a. 因变量：同伴交往能力
b. 预测变量：（常量），被动不介入策略，冲突行为，温暖行为，父母控制策略，以幼儿为中心策略，嫉妒行为

表4–17 回归分析结果三

模型		未标准化系数		标准化系数	t	显著性
		B	标准错误	Beta		
	（常量）	2.555	0.499		5.115	0.000
	温暖行为	0.195	0.069	0.233	2.835	0.005
	冲突行为	−0.031	0.064	−0.047	−0.492	0.624
	嫉妒行为	0.010	0.077	0.012	0.124	0.902
	幼儿为中心策略	0.364	0.114	0.276	3.198	0.002
	父母控制策略	−0.088	0.072	−0.103	−1.214	0.227
	被动不介入策略	−0.138	0.067	−0.167	−2.054	0.042

上述预测作用，在我们的访谈部分得到了证实，当父母采取不同的冲突处理策略时，幼儿也将会获得不同的同伴交往技能。

比如，对于年龄接近的同胞，避免冲突最重要的两个条件是人力和物力，即一定要有人陪伴和看护两个孩子，冲突主要是为了争抢玩具。父母可以让两个孩子根据兴趣选购自己的玩具，讲好玩玩具的规则，这样能在很大程度上避免冲突。即使发生了冲突，也可以把这个规则再次重复，帮助孩子化解矛盾，这基本都采用了以幼儿为中心的解决策略。父母还要注意孩子之间的情感培养，比如一个孩子在选购玩具时，要能想到给自己的兄弟姐妹也选购一个。

但是，并不是同胞关系质量越好，幼儿的同伴交往能力越高，需要维持在一个适宜的程度内。对于那些同胞年龄差距比较大，孩子之间心智发展水平也存有较大差异时，同胞共处时间过长，会导致年幼的孩子丧失挑战性交往的锻炼。两个孩子的发展水平不同，会失去一定的促进作用。

比如，在我们访谈的一个案例中，姐弟的年龄差距在两岁以上。姐姐习惯于包容弟弟，即使跟自己的同伴玩耍，也会带上弟弟。这样的次数多了，就会影响到姐姐自己的社会交往。比如玩捉迷藏游戏时，姐姐带着弟弟一起玩，每次都会输，会感到很伤心，而且弟弟也会总追着姐姐，离不开姐姐，影响自己的社会交往。第二个案例是兄弟组合。两个孩子各有不同的学习要求，哥哥需要在家上网课，家里的空间不是很大，这就需要弟弟配合哥哥的学习，因此，弟弟感到很不开心，喜欢争抢，而哥哥也总是感到被打扰。第三个案例也是兄弟组合。兄弟间会出现争抢妈妈的情况，妈妈偏重于辅导哥哥的学习，较少陪伴弟弟，弟弟会一直等待，浪费了时间；第四个案例是姐妹组合。姐姐和妹妹也会争抢妈妈，但是姐姐主动让着妹妹，会跟爸爸一起做游戏。因为妹妹从小不在父母身边，所以全家会尽量多陪伴妹妹。在上述四个家庭的案例中，第一、二案例中的两个弟弟的社会交往表现出不同的特点。习惯于跟着姐姐的弟弟，自己的朋友圈比较小，社交几乎都围绕着姐姐；跟哥哥争抢的弟弟，与同伴相处较好，但发生冲突时，会比较强势、厉害，喜欢用武力解决问题。第三个案例中的弟弟跟同伴相处比较随和温柔，很少发生冲突。

此外，父母地位平等、价值观一致、家庭氛围民主、共同参与养育，这样家庭的孩子之间相处得比较友好，冲突较少，孩子们有各自的玩具和朋友。发生冲突时，父母较多地采取以幼儿为中心的解决策略。父母的温暖行为比较多，比如分别陪伴不同的孩子，开展很多亲子活动，全家共同游戏等。这样高质量的家庭关系，更容易孕育出高质量的同胞关系，使同胞之间有更多机会习得有效的互动经验和技能，从而获得更高水平的同伴交往能力。

第五节　讨论与建议

很多"80后"的独生子女都深有体会，从小到大的所有事情都没有同胞一起分享。家里有了二宝，同胞之间就可以彼此倾听，不再孤单，遇到问题也有人可以商量。

与我们的研究结果一致，朱文婷等人研究表明，独生属性对幼儿退缩性和攻击性行为有显著预测作用，二孩家庭的幼儿表现出更高的人际交往能力。该研究中幼儿的人际交往能力采用《儿童人际交往能力量表》评定一孩与二孩家庭幼儿的人际交往能力。此量表是根据Schaffer的研究，对幼儿人际交往能力的考察主要从亲社会性、退缩性和攻击性三个维度出发，并结合《4~7岁儿童社会性发展量表》中的具体项目，形成《儿童人际交往能力量表》，包含亲社会性、退缩性、攻击性三个维度。

徐露等人对302名3~6岁大宝同伴交往能力与同胞关系进行问卷调查发现，大宝同伴交往能力总体处于中等偏上水平，且语言和非语言交往能力最强；大宝同伴交往能力对同胞关系有显著预测作用，且语言和非语言交往能力的影响最大。据此，建议重视大宝同伴交往能力对同胞关系的影响，强化儿童的亲社会行为，培养儿童的语言交往能力，提高儿童的社交主动性。

无论是本研究的数据结果，还是访谈结果，都表明二孩政策对于个体社会性发展起促进作用。但同时值得注意的是，不是有了同胞，孩子就会提高同伴交往能力。高质量的同胞关系和父母智慧地处理同胞之间的冲突与矛盾，才能提高孩子的交往能力。

我们的研究结果也得到一些其他研究的支持。譬如，杨丹华在硕士论文中提出，同胞出生对4~5岁头胎幼儿在社会适应方面会产生积极和消极影响。主要表现为：头胎幼儿在二宝出生6个月以内时，外在情绪问题、内化问题、学校态度、社交性与二宝出生前比较均呈现显著差异或十分显著差异；与同期家庭中没有二宝出生的独生幼儿在外在情绪问题、内化问题、学校态度、攻击、社交性中呈现十分显著差异。其中外在情绪问题、内化问题、学校态度、攻击均呈现消极影响，而社交性呈现积极影响。

在二孩家庭中，两个孩子可能会受到父母的差别对待。差别对待是指父母在情感、物质投入或者管教方面等更多地偏向某个孩子，更少地偏向另外一个孩子的养育方式。有研究显示，父母差别对待的情况越多，同胞之间的亲密程度越差。

亲子关系质量会对同胞关系产生影响，和谐的亲子关系会对同胞关系产生积极的影响，而父母的差别对待与高比率的同胞冲突是相关的。可见家庭教养方式对同胞关系发展有着重要的影响。孙丽华和张安然对314名二孩家庭子女家庭教养方式和同胞关系进行问卷调查，同时选择 32 名家长和子女进行访谈。结果表明，不同的家庭教养方式对同胞关系、同胞冲突有显著影响，对同胞权利对比、同胞竞争无显著影响。权威型对同胞关系有积极影响，专制型不能深层次促进同胞关系积极发展，纵容型对同胞关系的危害较大，未参与型对同胞关系产生无法弥补的消极影响。

徐露等研究者对 649 名幼儿进行调查，深入探讨大宝亲子关系与二宝亲子关系在父母对同胞冲突处理策略与同胞关系之间的链式中介作用。研究结果表明，父母对同胞冲突处理策略既可以直接影响幼儿同胞关系，也可以通过亲子关系间接影响幼儿同胞关系。

陆杰华和韦晓丹的研究结果提示，在"单独一孩"和"全面一孩"生育政策的影响下，中国已经出现且还将出现一批同胞年龄差距较大的二孩家庭。在这些家庭中，父母和第二个孩子之间、第一个孩子和第二个孩子之间的年龄差都远大于一般二孩家庭，由此也形成了更为复杂的家庭关系，产生一些新的特点和问题。父母不仅要为平衡一大一小两个孩子的亲子关系付出更多的努力，还要思考在生理年龄增长的压力下，如何应对父母可能面临的困难。对于一孩而言，既要积极面对被打破的情感和经济资源的独占，又要努力克服可能的代沟造成的阻碍，还要在未来的某个时期承担起作为长女／长子带来的多重社会角色的负担。

对于二孩而言，其社会化过程是"从零开始"，具有相对较强的可塑性和可调整性，更容易从小习得关于如何与兄姐相处的规范；而对于父母和一孩而言，新出现的同胞关系和复杂化的亲子关系给他们带来了新的挑战。

同胞关系对个体心理和行为发展的影响也受出生顺序、性别组合、年龄差距等多种结构性因素的影响。实证研究发现，同胞冲突与女孩在浪漫关系中较差的亲密性有关。同胞冲突会增加年龄差距较小的同胞的焦虑和抑郁情绪。

幼儿可以在同胞相处中获得社会理解、观点采择能力，从而促进社会情绪的发展，这些都有助于幼儿建构和发展其他社会关系，提升社会交往能力。同胞出生和亲子关系对 4～5 岁幼儿社会适应有交互作用，亲子关系是同胞出生和幼儿社会适应之间的调节变量。亲子关系各维度水平不同，同胞出生后对幼儿社会适应的预测力也不同。冲突性较高的亲子关系，对幼儿外化情绪问题、攻击问题有正向的预测；亲密度较高的亲子关系，对幼儿社交性有正向的预测；依赖性较高的亲子关系，对幼儿内化问题有正向预测作用、对学校态度有负向预测作用。

综上所述，本研究得出以下结论：

（1）幼儿同胞关系中的温暖行为和父母在同胞冲突时采取的以幼儿为中心的处理策略，能够较好地预测幼儿的同伴交往能力，温暖行为越多，父母越多地采用以幼儿为中心的处理策略，幼儿越能有更高水平的交往能力。

（2）拥有良好同胞关系的幼儿，能够表现出更高水平的同伴交往能力。

（3）父母采取以幼儿为中心的同胞冲突处理策略，不仅有助于幼儿获得高水平的同伴交往能力，也会使幼儿收获良好的同胞关系。

（4）良好的同胞关系和父母适宜的同胞冲突处理策略，能够有助于幼儿在同伴交往中表现出更高水平的主动性、更多的亲社会行为以及更高程度的语言和非语言水平。

附：自编半结构化访谈问卷

现诚邀您参与本项研究访谈，我们将围绕以下五个话题展开交流：

（1）请介绍一下您家孩子的性别和年龄。

（2）您觉得两个孩子的关系怎么样？他们是否经常出现矛盾冲突？矛盾和冲突主要在什么事情或什么情境下出现？请您举些具体的例子，说明您是怎么处理他们之间的矛盾或冲突的？

（3）请您逐个评价一下孩子的同伴交往能力。

（4）对于养育两个孩子的其他父母，您会给出哪些建议？

（5）在养育两个孩子的过程中，您目前还有哪些困惑？

参考文献

[1] 陈斌斌，赵语，韩雯，等.手足之情：同胞关系的类型、影响因素及对儿童发展的作用机制[J].心理科学进展，2017，25（12）：2168-2178.

[2] 董颖红，陈迪，付美云.同胞关系对儿童青少年心理发展的影响[J].中国学校卫生，2018，39（07）：1110-1114.

[3] 李燕，刘田田，赵锦娟，等.儿童早期同胞关系质量问卷（父母版）的编制[J].现代基础教育研究，2019，36（04）：166-174.

[4] 陆杰华，韦晓丹."全面两孩"政策下大龄二孩家庭亲子/同胞关系的调适机理探究[J].河北学刊.2017，37（06）：204-209.

[5] 苏婧，彭博，徐露，等.父母教养方式对幼儿同胞关系的影响[J].中华家教，2022（01）：33-41.

[6] 孙丽华，张安然.不同家庭教养方式下二孩同胞关系的调查研究[J].上海教育科研.2018（08）：59-63.

[7] 徐露，陈思慧，靳秀贞，等．二孩家庭大宝同伴交往能力现状及其对同胞关系的影响[J]．幼儿教育，2020（09）：52-56．

[8] 徐露，田彭彭，陈思慧．父母对同胞冲突处理策略对同胞关系的影响：亲子关系的链式中介作用[J]．少年儿童研究，2020（06）：56-62．

[9] 杨丹华．同胞出生对4—5岁头胎幼儿社会适应的影响研究 ——亲子关系的调节作用[D]．上海：上海师范大学，2020．

[10] 朱文婷，张明珠，洪秀敏．一孩家庭与二孩家庭幼儿人际交往能力的差异分析——基于倾向值匹配模型估计[J]．中国临床心理学杂志，2020，28（04）：793-798．

第三编　同胞关系支持与促进策略

第五章　家庭层面：二孩家庭同胞冲突处理及利他行为培养

未来，非独生子女家庭将会逐年增加，同胞关系也将成为重要的家庭关系。同胞关系再好，同胞冲突也是不可避免的。同胞冲突可视为一种对他人特质的适应过程，其中的坚持、妥协、沟通与处理过程，都是个人将来适应社会关系时可能经历的。幼儿和同胞发生冲突之后，会有沮丧和焦虑的感受，从社会学习理论的角度来看，幼儿在同胞冲突中会有许多负向行为，而他们会模仿彼此的行为，这会导致更多的行为问题。

在二孩家庭中，关于同胞冲突的骇人听闻的新闻近年来屡见不鲜。因此，同胞冲突这一严肃话题倍受关注。父母如何应对同胞冲突成为一个迫切需要解决的问题。研究发现，父母采取以幼儿为中心的策略与较少发生同胞冲突有紧密的联系；父母若采取控制的策略则可能带来更多的冲突；当父母不介入冲突时，年幼幼儿会有较多的敌意行为。因此，研究父母对同胞冲突处理策略有重要的现实意义。

第一节　研究设计

一、研究对象

本研究以北京市幼儿园 249 个二孩家庭为研究对象。基本信息可见表 5-1。在父母身份中，爸爸占 15.3%，共 38 人，妈妈占 84.7%，共 211 人；在父母的年龄中，21～40 岁的父母占 61.4%，共 153 人，41 岁及以上的父母占 38.6%，共 96 人；在父母的学历中，本科及以下占 26.9%，共 67 人，硕士占 42.6%，共 106 人，博士占 30.5%，共 76 人；幼儿在家中的排行，老大占 17.7%，共 44 人，老二占 81.1%，共 202 人，老三占 1.2%，共 3 人；在同胞类型中，哥哥占 43.8%，共 43.8%，姐姐占 36.1%，共 90 人，弟弟占 11.2%，共 28 人，妹妹占 8.8%，共 22 人；同胞年龄差距，小于 4 岁占 41.8%，共 104 人，大于等于 4 岁占 58.2%，共 145 人。

表5-1　基本信息

变量		频率	百分比（%）
父母身份	爸爸	38	15.3
	妈妈	211	84.7
父母年龄	21～40岁	153	61.4
	41岁及以上	96	38.6
父母学历	本科及以下	67	26.9
	硕士	106	42.6
	博士	76	30.5
幼儿在家排行	老大	44	17.7
	老二	202	81.1
	老三	3	1.2
同胞类型	哥哥	109	43.8
	姐姐	90	36.1
	弟弟	28	11.2
	妹妹	22	8.8
年龄差距	小于4岁	104	41.8
	大于等于4岁	145	58.2

二、研究方法

本研究使用《幼儿同胞关系量表》《父母对同胞冲突处理策略量表》《幼儿同伴互动量表》收集相关数据。

通过自编访谈提纲，对二孩家庭的父母、幼儿进行访谈，了解父母对同胞冲突的认识、解决冲突的策略以及背后的原因；了解幼儿对同胞冲突的认识。

第二节　二孩家庭同胞冲突处理策略现状

一、九成以上二孩家庭存在同胞冲突

通过数据调查发现，二孩家庭中同胞冲突的频次，从不占0.8%，很少占20.5%，偶尔占36.9%，常常占37.3%，总是占4.4%。由此可以看出，在二孩家庭中99.2%的家庭会出现同胞冲突，其中常常出现同胞冲突的家庭占41.7%。二孩家庭中同胞冲突的频次整体比较多，在二孩家庭中同胞冲突是不可避免的（见表5-2）。

表5-2　幼儿在家中与同胞冲突的频次

变量	频率	百分比（%）	有效百分比（%）
从不	2	0.8	0.8
很少	51	20.5	20.5
偶尔	92	36.9	36.9
常常	93	37.3	37.3
总是	11	4.4	4.4

二、同胞关系以温暖为主，父母对同胞冲突的处理策略以幼儿为中心居多

通过表5-3可以看出，在二孩家庭幼儿同胞关系中温暖均值为3.60，对抗/竞争均值为2.93，说明二孩家庭中的幼儿同胞关系以温暖为主，幼儿与同胞之间能够建立相对和谐的同胞关系。父母对同胞冲突处理策略以幼儿为中心的均值为3.52，父母的控制均值为2.91，被动不介入均值为2.32，由此可以看出父母对同胞冲突处理策略以幼儿为中心居多，父母普遍能够从幼儿的视角处理同胞冲突问题。在二孩家庭幼儿同胞互动中攻击行为均值为1.53，利社会行为均值为3.55，退缩行为均值为2.11，被排斥均值为1.52，由此可以看出，二孩家庭中的幼儿同伴互动以利社会行为为主，大多数幼儿能够与同伴友好相处。

表5-3　描述统计

维度	最小值	最大值	平均值	标准差
温暖	1.80	5.00	3.60	0.57
对抗/竞争	1.08	4.92	2.93	0.61
以幼儿为中心	2.00	4.50	3.52	0.46
父母的控制	1.00	4.80	2.91	0.69
被动不介入	1.00	4.50	2.32	0.64
攻击行为	1.00	4.00	1.53	0.66
利社会行为	1.71	5.00	3.55	0.72
退缩行为	1.00	4.70	2.11	0.68
被排斥	1.00	3.43	1.52	0.57

父母作为与幼儿关系最密切的养育人，其一言一行对幼儿的影响极为重要。父母对同胞冲突的处理策略间接反映父母的教养方式，父母如何处理同胞冲突，幼儿也会以同样的

方式处理同胞冲突甚至同伴冲突问题。通过父母对同胞冲突处理策略的现状调查发现，以幼儿为中心的处理策略居多，父母的控制与被动不介入为辅。父母没有处理同胞关系的经验，但还是会选择以幼儿为中心的处理方式，帮助幼儿建立和谐的同胞关系。这与我国"以和为贵"的家庭文化密不可分。但是无论如何，冲突都是不可避免的。家长采取"控制"的方式，会直接剥夺了幼儿自己处理冲突的机会，也失去了了解冲突真实情况的机会，将会促使冲突再次发生，甚至会导致幼儿出现极端行为，从而影响家庭的和谐。与此同时，被动不介入的方式，是父母回避冲突的表现，任由冲突继续恶化。虽然这给予幼儿自己解决冲突的机会，但是幼儿并不知道正确解决冲突的方式，将会进一步激化矛盾。

第三节　父母对同胞冲突处理策略及其影响

一、父母对同胞冲突处理策略与幼儿同胞关系、同伴互动行为存在显著相关

由表 5-4 可以看出，父母对同胞冲突的处理策略与同胞关系之间存在显著性正相关（$p < 0.01$），以幼儿为中心与温暖呈显著正相关（$r = 0.477$，$p < 0.01$），表明父母对同胞冲突的处理策略在以幼儿为中心上得分越高，幼儿在同胞关系中温暖的程度就越高。父母的控制与对抗竞争（$r = 0.399$，$p < 0.01$）存在显著正相关，说明父母的控制程度越高，同胞关系中对抗和竞争的程度就越高。被动不介入与对抗竞争（$r = 0.308$，$p < 0.01$）存在显著正相关，表明被动不介入的程度越高，幼儿同胞关系中对抗和竞争的程度越高。因此，父母处理同胞冲突策略与幼儿同胞关系密切相关，父母倾向采取正向的策略将会促进幼儿同胞温暖关系的形成；父母倾向以负向的策略处理同胞冲突问题，幼儿的同胞关系则会以竞争和对抗为主。

幼儿同伴互动情况与幼儿同胞关系、父母对同胞冲突处理策略存在一定的相关性。利社会行为与温暖呈显著正相关（$r = 0.191$，$p < 0.01$），被排斥（$r = -0.180$，$p < 0.01$）、攻击行为（$r = -0.127$，$p < 0.01$）、退缩行为（$r = -0.141$，$p < 0.01$）与温暖呈显著负相关。表明同胞关系中温暖的程度越高，幼儿同伴互动中利社会行为就越多，攻击行为、被排斥以及退缩行为就越少。以幼儿为中心与攻击行为、被排斥呈显著负相关（$r = -0.218$，$p < 0.01$）、（$r = -0.166$，$p < 0.01$），表明父母在同胞冲突处理策略中以幼儿为中心的程度越高，幼儿在同伴互动中攻击行为与被排斥就越少。

影响幼儿同胞关系的因素有很多，不仅包含幼儿自身的因素，也包含家庭因素，本研究从父母对同胞冲突处理策略方面研究其对同胞关系、同伴互动行为的影响。父母处理同

胞冲突策略与幼儿同胞关系呈显著正相关。因此，父母处理同胞冲突策略是影响幼儿同胞关系的因素之一。同胞冲突对于幼儿和父母都具有挑战性，但关键在于父母是将冲突看作不可接受的、需要制止的行为还是对幼儿发展有帮助的、学习的机会。这也进一步验证了本研究的研究假设，父母对同胞冲突的处理策略与幼儿同胞关系是密切相关的。

表5-4　各维度的相关矩阵

维度	温暖	对抗竞争	以幼儿为中心	父母的控制	被动不介入	攻击行为	利社会行为	退缩行为	被排斥
温暖	1								
对抗竞争	−0.393**	1							
以幼儿为中心	0.477**	−0.018	1						
父母的控制	−0.222**	0.399**	−0.055	1					
被动不介入	−0.078	0.308**	−0.074	0.463**	1				
攻击行为	−0.127*	0.027	−0.218**	0.053	−0.046	1			
利社会行为	0.191**	−0.097	0.051	−0.024	0.018	−0.299**	1		
退缩行为	−0.141*	0.016	−0.063	−0.092	−0.045	0.205**	−0.734**	1	
被排斥	−0.180**	0.032	−0.166**	0.070	0.012	0.660**	−0.535**	0.610**	1

注：$N = 249$，** 表示 $p < 0.01$，* 表示 $p < 0.05$

二、父母对同胞冲突处理策略对幼儿同胞关系、同伴互动行为存在显著影响

通过以上分析发现，父母对同胞冲突的处理策略与幼儿同胞关系之间存在显著相关关系，与幼儿同伴互动行为存在一定的相关性。为进一步探究父母同胞冲突处理策略各维度对幼儿同胞关系、幼儿同伴互动的影响，本研究对父母同胞冲突处理策略与幼儿同胞关系、幼儿同伴互动行为进行回归分析，结果如表 5-5 所示。模型 1 主要是由幼儿性别、所在班级、排行、同胞类型、年龄差距、父母身份、父母年龄、父母学历、人口变量组成。VIF 介于 1.01 ~ 1.347 之间，均符合小于 10 的标准，因此，排除共线性问题。模型 1 的 $R^2 = 0.112$，$F = 3.774$，$p < 0.001$，表示人口变量对幼儿同胞关系、幼儿同伴互动有显著的解释力。其中幼儿排行（$p = 0.013$，$p < 0.05$），年龄差距（$p = 0.001$，$p < 0.01$）、父母身份（$p = 0.005$，$p < 0.01$），由此可以看出幼儿排行、年龄差距以及父母身份对幼儿同胞关系以及同伴互动行为存在显著影响。

模型 2 是控制人口变量后，父母处理同胞冲突策略三个维度对幼儿同胞关系、幼儿同伴互动行为的解释力。VIF 介于 1.056 ~ 3.29 之间，均符合小于 10 的标准，因此排除共

线性问题。模型 2 显示，将父母处理同胞冲突策略三个维度加入方程式，其模型解释力为 $\Delta R^2=0.336$，$F=7.861$，$p<0.001$，表示父母处理同胞冲突策略三个维度投入后，模型 2 的增加量具有统计学意义，也就是说，在控制人口变量的解释力下，父母处理同胞冲突策略三个维度能额外贡献 22.4% 的解释力。

父母对同胞冲突处理策略与幼儿同伴互动有一定的相关性，以幼儿为中心的处理策略会增加幼儿同伴互动中的利社会行为；控制与忽视的处理策略会增加幼儿同伴互动汇总的攻击行为、退缩行为以及被排斥行为。因此，应重视同伴互动对同胞关系的影响。学前期是个体友谊质量和社交能力飞速发展的时期，多数儿童在四五岁时已与同伴建立了亲密关系。二宝的出现对大宝而言既是压力也是成长的机会。我们应当重视同伴交往能力对同胞关系的影响。对家长而言，应当树立正确的教育意识，鼓励幼儿主动与同伴交流，积极参与各种活动，引导儿童采取适宜的策略解决同伴冲突问题。对幼儿园教师而言，应当帮助儿童正确处理同伴冲突，引导儿童与同伴友好相处，多鼓励儿童的合作、谦让行为。

表5-5　父母对同胞冲突处理策略、幼儿同伴互动与幼儿同胞关系的回归分析

变量	模型 1				模型 2			
	β	t	p	VIF	β	t	p	VIF
幼儿排行	5.891	2.428	0.246	2.790	4.196	2.177	0.175	2.907
同胞类型	0.978	0.971	0.100	2.703	0.751	0.862	0.077	2.762
年龄差距	−4.023	1.217	−0.217	1.171	−3.495	1.078	−0.189	1.191
父母身份	4.487	1.570	0.176	1.037	3.764	1.403	0.148	1.073
父母年龄	−.962	1.286	−0.051	1.275	−.770	1.142	−0.041	1.303
父母学历	0.083	0.742	0.007	1.027	−.512	0.662	−0.042	1.060
以幼儿为中心	—	—	—	—	1.399	0.182	0.426	1.079
父母的控制	—	—	—	—	0.262	0.166	0.098	1.361
被动不介入	—	—	—	—	0.421	0.147	0.176	1.325
攻击行为	—	—	—	—	0.205	0.136	0.118	2.135
利社会行为	—	—	—	—	0.163	0.151	0.090	2.438
退缩行为	—	—	—	—	0.085	0.127	0.063	3.133
被排斥	—	—	—	—	−0.308	0.218	−0.134	3.163
ΔR^2	0.110				0.223			
R^2	0.110				0.333			
ΔF	4.984				11.256			
F	4.984***				11.256***			

注：$n=249$，*** 表示 $p<0.001$，** 表示 $p<0.01$，* 表示 $p<0.05$

第四节　幼儿同胞利他行为的培养

在心理学中，利他行为主要是指自觉自愿、对别人有好处、以帮助他人为目的、不期望他人回报或奖赏的行为，如帮助、安慰、救援、保护他人、与人分享等。利他行为是人与人交往中的一种亲社会行为，在儿童建立友谊和维持同伴关系中起着重要作用。研究者发现儿童在发育早期就会表现出自发的提供帮助的利他冲动，利他行为倾向高的儿童在人际交往方面优于利他行为倾向低的儿童，他们在集体中会更热情、更愿意参与活动；相反，利他意识缺乏的儿童，经常会与同伴产生冲突，遇到有人摔倒会漠然避开，性格容易孤僻。因此，利他行为被认为是培养孩子健全人格的基础，是社交能力发展的催化剂。

在儿童社会化进程中，家庭结构与环境、家庭关系以及家庭养育都深刻影响着儿童的利他行为，家庭为儿童利他行为的养成提供了最早的启蒙和最生动的演练环境。随着全面二孩政策的实施，我国二孩家庭日益增多，据国家统计局统计，全国出生人口中"二孩"占比由 2013 年的 30% 左右上升到 2017 年的 50% 左右。如今国家又新推出一对夫妻可以生育三个子女的政策，多子女的出现将直接打破独生子女独占家庭情感资源和经济资源的局面，新出现的同胞关系、复杂化了的亲子关系为儿童的社会化提出新挑战。新闻媒体和社交平台都曝光过大宝因二宝的到来出现性情大变、行为倒退的现象，甚至会出现伤害事件。这些"危险"信号既是萦绕在众多二孩父母心头的困扰和重负，严重影响了亲子关系、同胞关系，也成为一些年轻父母拒绝生二孩的隐忧之一，不利于我国人口调控政策的有效实施。

另外，笔者通过对多个幼儿园走访了解到，一些幼儿园的二孩家庭占比已超 50%，成为如今幼儿园开展家园共育和家庭教育指导工作中不可忽视的重要群体。据教师和家长反映，在"二孩"出生后，不少头胎儿童会产生失落、嫉妒、恐惧、害羞等心理，表现得更依恋母亲或老师，期望得到更多关注，出现退行性行为，如需要家长或老师喂饭、陪着上厕所、陪睡觉，喃喃自语等，还有的会出现同伴攻击性行为或社交退缩行为，对幼儿的身心健康带来影响。以上问题不仅是每个家庭在家庭教育过程中需关注的新挑战，也成为幼儿园提升家校工作、满足家长需求的重要课题。

本研究期望从儿童利他行为培养的视角出发，基于同胞关系的影响因素，探究儿童同胞利他认知、情感和行为的家庭教育培养路径，为二孩家庭或三孩家庭能够创设积极同胞关系提供有益参考。

一、家长对儿童同胞利他行为的态度和认识

家长对于儿童广泛意义上的利他行为的态度和认识与社会环境、家长自身的道德发展水平以及生活经验有关。家长普遍认为利他虽然是在帮助别人，但最终还是利己的，孩子乐于助人能使他们有更多朋友，更受欢迎，更自信，从而精神愉悦、身心健康。家长选择生二孩往往出于"给孩子找个伴儿"的朴素初衷，是家长希望孩子之间友好相处、彼此扶持、相助陪伴的美好愿望。虽然大多数家长对"找个伴儿"同时带来的"同胞战争"有些始料不及，但他们依然认为关爱互助是同胞相处的主流状态，而且随着年龄增长，同胞亲情一定会"血浓于水"。确实也有研究发现现实生活中积极的同胞互动要多于消极、冷漠、逃避的同胞互动。

年长儿童往往被家长寄予厚望，被要求在照顾二孩的过程中，表现得更像"大哥哥"或"大姐姐"，能够积极参与、提供帮助、关爱谦让。"让着弟弟妹妹"，成为对年长儿童利他行为最基本的要求，许多家长还认为年长儿童的利他行为会给弟弟妹妹树立榜样，赢得弟弟妹妹的尊重和利他反馈。然而，这样美好的理想在现实生活中却面对着三重障碍。

第一重障碍，年长儿童在弟弟妹妹出生前如果被家长过度娇惯溺爱、保护偏袒，过度以自我为中心，就容易养成爱哭、任性、自私、无视规则、不爱交往、易攻击等习性，不利于他们顺利适应新的角色，面对同胞难以产生更多利他行为。

第二重障碍，虽然一些年轻父母会有意识地多尊重年长儿童的需要，更倾向于采用鼓励的方式促进同胞之间的相互谦让，使用不偏袒的冲突解决办法，但仍有大量父母，尤其是普遍参与到二孩养育中的祖辈家长还是习惯通过发号施令、批评指责等简单粗暴的方法强迫年长儿童一味地谦让，引起年长儿童更强烈的对抗情绪，从而降低他们的利他动机，或者导致他们对自我的否定与抑制，不利于健康人格的形成。

第三重障碍，大多数家长虽然认同也愿意让孩子在同伴交往的过程中分享、谦让，但是真正关乎利益时又希望自己的孩子不能吃亏，甚至是"占便宜"。在家里，要求同胞间要相互谦让，在外面，又要求和其他小朋友"计较"，这种相互矛盾的价值引导容易引起儿童的认知混乱，不利于利他行为的养成。

二、儿童同胞利他行为的培养路径

当前，将同胞互动与儿童利他行为结合的研究较为缺乏，本文从儿童利他行为培养的视角出发，探讨同胞互动利他行为的发生机制和影响因素，并以此为基础进一步探索同胞互动利他行为的培养路径。该路径将进一步回应和揭示影响儿童同胞互动利他行为的家庭

因素、个体因素以及外界社会因素的作用机制，尝试在家庭、学校或幼儿园、社会等不同环境下，培养儿童在动机、情感、认知与行为不同层面的利他经验，从而真正促进儿童在同胞互动中利他行为的养成（见图 5-1）。

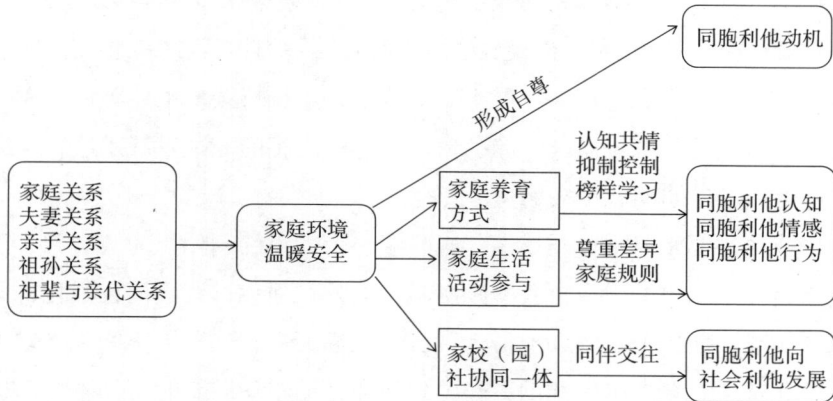

图 5-1　同胞利他行为培养路径

（一）建立和谐的家庭关系

个体的内隐自尊与内隐亲社会行为密切相关，当个体自我价值得到实现，自尊提高时，对他人需要的感知会显著提升，从而促使个体的利他动机变得积极活跃并转化为利他行为[11]。在二孩家庭中，有些头胎儿童在同胞出生后会启动退行性行为、压抑、逃避等防御机制应对冲突性心理需求，按照弗洛伊德精神分析理论，这些行为源于他们的自我是脆弱的、不成熟的、较少自尊的。

儿童自尊的形成首先依赖于健康、和谐、稳定的家庭关系，尤其是亲子关系。家庭关系是指不同家庭成员之间相互的联系方式和互助方式，考虑到当前祖辈较为普遍参与二孩家庭养育的现状，家庭关系主要包含夫妻关系、亲子关系、祖孙关系以及祖辈父母与年轻父母的关系。其中亲子关系对儿童的影响最为直接。

支持型的亲子关系会营造积极温暖的养育氛围，让儿童感受到他们被关注、被接纳、被理解，有助于同胞之间建立温暖的关系与安全依恋。相反，消极、冷漠的亲子关系则会影响儿童安全感的建立，导致同胞之间的敌意冲突。有研究者发现父母差别对待子女会影响同胞互动与利他行为的产生。差别对待包括情感差别、纪律规范差别、同胞特权差别、家务分配差别以及与父母一起活动时的差别等。父母不公平的差别对待会引起同胞间的嫉妒、冲突、抵触、敌意等消极行为，从而抑制利他意识与行为的产生[12]。

儿童在家庭中感到被关注、理解和信任更有利于其自我意识的形成和发展，会使他们更有行动力，也更具有自我效能感和价值感，其在和谐的环境中得到的支持更容易转化为利他动机。自我效能感是个体对自己控制事件能力的信心程度，与自我价值感共同成为激发个体主动性与产生利他行为的重要因素。自我效能感较低的儿童在面对助人情境时会选择逃避和拒绝；自我效能感较高的儿童，更有可能积极尝试助人行为。例如，当看到弟弟拉不上衣服拉链时，哥哥如果有自己熟练拉拉链的经验且自我效能感较高，就更容易产生主动帮助弟弟拉拉链的利他行为。对于头胎儿童，家长持续的敏感关注、倾听回应、陪伴与适度放手，可改善儿童独立与依赖、责任感与内疚感的心理发展矛盾，帮助他树立信心，从而有能力适应年幼同胞带来的生活变化。

自尊的形成还需要及时强化与反馈。当儿童一个微小的利他行为被看到、被鼓励和被感恩后，他就会产生相应的内在自我奖励倾向，从外在强化过渡到内在强化，利他行为就会得到巩固。相反，如果儿童的利他行为被成人冷漠无视，甚至因某些原因遭到讥讽、训斥，比如头胎儿童由于缺乏足够的助人经验导致在帮助年幼同胞时行为不当而被惩罚，那么，头胎儿童的自尊和自我价值感会受到伤害，利他行为就会被削弱。

（二）采取积极的家庭教养方式

家庭教养方式是指家长在子女的教养问题上表现出来的、具有一定的内部一致性和稳定性的看法、态度和方式。良好的教养方式有助于儿童利他行为的强化，霍夫曼指出，儿童利他倾向的形成，是父母对其进行利他价值观教育并以身作则的结果。刘文等学者研究发现，权威型教养方式下的幼儿利他行为任务总分高于专制型教养方式下的幼儿，溺爱型教养方式下的幼儿利他行为任务总分最低[13]。

在权威型教养方式下，父母能主动了解儿童的心理，满足家里每个儿童的正当需求，同时也能约束其行为并进行说服教育，以更公平、民主的方式促进儿童的认知与道德发展，有效地使同胞关系密切，引发更多的共情和利他行为。在专制型教养方式下，父母总是强行制止冲突，被要求忍让的儿童表面上服从、妥协，内心会抗拒、憎恨并厌恶同胞，反而不利于共情与利他行为的形成。在溺爱型教养方式下，父母没有相应的原则和规范标准，使得儿童无法及时反思和调节自己的认知、行为，容易形成任性、自私、依赖、冲动、缺乏自制力等特点，也不利于积极的社会性情感和利他行为的形成。

在积极的教养方式下，父母可以通过提升儿童的道德认知水平、培养共情能力、增强抑制控制能力和榜样示范来培养儿童的利他行为。

1. 提升道德认知水平

认知发展是指个体在适应环境的活动中，对事物的认知及面对问题情境时的思维方式与能力表现，认知发展理论认为利他行为是认知发展的结果。随着智力的发展，儿童能够获得重要的认知技能，这对他们关于利他行为问题的推理和为他人利益着想的动机形成都有重要影响。研究表明，角色采择能力发展良好的儿童，通常会比相应技能较差的同伴表现出更好的推断别人需要帮助或安慰的能力。

另外，儿童利他行为与道德推理水平密切相关。快乐主义水平的儿童更倾向于以自私的方式做出决策；超过快乐主义水平的儿童则更有可能做出利他行为，帮助他人并自愿分享有价值的物品。艾森博格及其同事在一项为期17年的追踪研究中发现，那些在四五岁时表现出较多自主分享行为且道德推理水平相对成熟的儿童，在整个儿童期、青春期以及成年早期之后，仍然会乐于助人、为他人着想，对亲社会问题和社会责任的推理也更加复杂[14]。

科尔伯格道德发展理论认为，年幼儿童处于前习俗道德水平阶段，是以避免惩罚或获得个人快乐为行为出发点，此时的利他动机主要依赖于外在的反馈或回报。如"我要是不给弟弟玩我的玩具，爸爸就会把我的玩具拿走"。父母常常借助撤销奖赏或惩罚，给儿童营造强烈的心理冲突压力，迫使儿童审视自己原有的道德观念或行为。父母如果能够通过解释、说服、引导等积极的方式向儿童表述道德推理，则更有利于儿童提升道德认知，知道什么样的行为是受欢迎的，什么样的行为会给别人带来伤害，为什么应该对不好的行为感到内疚或羞愧等，从而帮助儿童逐渐内化相应的秩序与规则，提高道德水平。当儿童的道德推理水平达到一定的成熟水平时，儿童就更容易将有关利他的认知和动机转化为内心的道德标准，自愿遵守相应的规范，承担社会要求的职责，实现利他的知行合一。

2. 培养共情能力

共情，是指站在他人的角度进行思考和认识，是一种与他人分享情绪体验的能力，是维系人际关系、解决冲突的重要管理技能。良好的共情能力可以促使个体无私地关爱和帮助处于困境的人，从而抑制自己的需要，做出利他行为。大脑镜像神经元为同胞利他行为提供了共情与模仿的神经基础，随着儿童的成熟和角色采择能力的发展，他们会更多表现出同情，并提供安慰和帮助。有研究发现，年长儿童比年幼儿童更容易觉察抽象的悲伤和细微的情绪线索，更多表现出共情倾向和亲社会行为[15]。如果头胎儿童的共情能力强，他就能够理解年幼的同胞更需要得到父母的照料与关怀，而不会担忧年幼同胞的威胁，更能站在父母的角度设身处地理解父母的行为，甚至主动做出参与照顾和陪伴同胞的利他行为。

气质作为个体在行为和情绪反应及调节等方面具有生物基础的个体差异特征，与共情能力和社会适应密切相关。福克斯等人从趋近和抑制两个角度去区分不同的气质。趋近气质的儿童有较多的积极情绪和较好的社交能力，表现出更高的社会竞争力和更多的亲社会行为；而抑制气质的儿童则有较多的消极情绪和较多的行为抑制，具有更多的内化性问题行为。研究进一步发现，抑制气质儿童认知共情的能力并不比趋近气质儿童差，只是他们更多关注和体验自身的痛苦[16]。例如，对他人的悲伤他们可能会感到心烦意乱，选择逃避，并不会做出积极的安慰、陪伴行为。真正促进利他行为产生的是同情式的共情唤起，而不是自我定向的悲伤。

父母要重视并善于用基于儿童自身的气质特点的方式来启发培养儿童的共情能力，当同胞间发生冲突或伤害，父母的斥责或惩罚并不能引发儿童的共情感受，培养他们的同情心，反而会加重抑制气质儿童对自身情绪体验的消极感受，进一步抑制共情倾向。有效的方法是父母自身要富有同情心，结合冲突情境与儿童进行充分讨论，使每个儿童都有机会充分表达自身的情绪和需要，促进他们了解对方的感受，理解自身行为与后果之间的关系，并鼓励儿童敢于承担责任，积极思考解决冲突的办法，这样更有利于儿童走出自我中心。除此之外，还应结合同胞间出现的利他情境向儿童描述和解释利他行为带来的积极效果，强化同胞之间对温暖关爱之情的敏感、喜爱与反馈，从而进一步增强共情能力。例如，访谈中的家长举例，姐姐参加拔河比赛输了，回到家伤心地哭了，妹妹赶忙递纸巾安慰姐姐，还给姐姐讲笑话，给姐姐的手上药，姐姐特别感动。家长抓住契机，认可并鼓励妹妹的共情行为，同时也促进了姐姐对妹妹利他行为的感知和积极反馈。

3. 增强抑制控制能力

抑制控制是执行功能的核心成分，有研究者认为抑制控制是推动利他行为（包括分享行为）的潜在认知因素[17]，儿童需要抑制自身的需要和冲动，放弃当前满足的机会。当然，这也需要有一定的想象能力和灵活调节能力做支撑。例如，当只有一块糖果的时候，姐姐如果要做出让给妹妹吃的行为，她需要抑制自己想吃的冲动，策略可以是想象曾经吃糖果的美好体验，或者想象明天妈妈会买更多的糖果等。

家长常常为孩子的自私、任性苦恼，比如妈妈这边正在陪二宝睡觉，大宝过来让妈妈给他讲故事。妈妈说等二宝睡着就去给他讲。有的大宝能控制好情绪，做到延迟满足，耐心地等妈妈；但有的大宝就不能等，不但不能等，还哇哇大哭，甚至动手打二宝。诸如此类的情境轮番上演，即使儿童具备一定的道德认知、共情能力，也会因缺乏抑制冲动、灵活调节、延迟满足的能力，使得同胞之间减少冲突、互助利他变得没有那么容易。

在溺爱和专制中长大的孩子，很难学到真正的自制，只有在民主并具有规则设定的教养模式下，儿童才可以学会自主选择判断，独立承担责任，真正发展出自主自律的能力。另外，角色假扮游戏可以为儿童提供体验不同社会角色、遵守规则的机会，是提高儿童抑制控制、延迟满足能力的有效方式。

4. 促进榜样学习

根据社会学习理论，儿童大部分学习来自于其主动仿效和模仿他人的言行，当观察模仿的对象是那些有一定主导力、爱自己，或者与自己相近的人时，这种社会学习的作用会更强。利他儿童的父母往往也是利他者，而且同胞之间的相互支持和互惠互利也能为儿童观察模仿提供机会，特别是当年长同胞在照顾年幼同胞时表现出来的温暖亲密性，会促使年幼同胞认同并模仿年长同胞的行为、态度和信念[18]。家庭环境中的积极利他行为越多，儿童进行榜样学习的机会就越多。

榜样学习的过程包含 5 个功能要素，分别是注意、记忆编码、记忆保持、实施动作行为和动机，这使得榜样学习更像是一个基于大脑信息加工的主动学习过程，而不是随意或者偶然的行为[19]。因此，父母要注意给儿童必要的语言提示，使他们对利他榜样行为的具体表现给予注意，例如告诉孩子同胞为他分享了什么，帮助做了什么事等，这样他们会把所见的榜样行为进行视觉表象和语义编码，储存在记忆中，以备在某个恰当的时机和情境中练习使用，并积累更多的经验。另外，父母在儿童进行利他榜样学习时，如果能同时将所蕴含的道德原则和社会规范加以说明，会更有利于儿童的内化学习。

（三）开展适宜的家庭生活活动

家庭是儿童参与社会生活活动最初的也是最主要的环境，同胞之间互动的时间与空间会由于共同参与家庭活动而增加，为建立亲密同胞关系奠定基础，儿童也有更多的机会内化兄弟姐妹角色的各种规范和行为方式。有研究发现，家庭活动频率越高，家庭成员更积极地参与家庭活动，更清晰的角色分工、一起商讨活动计划都会使得儿童的同胞关系质量更好[20]。

关于这个方面需要注意两个问题。一是父母要客观看待并尊重子女之间的个性差异，主动倾听他们的声音，让每个孩子都能找到属于自己的空间。同胞之间的差异有时会影响他们对家庭活动有共同的兴趣和热情，有时又会导致意见不统一。父母也常常会对同胞之间的争执难下决断，无奈之下或者强行让一方妥协，或者让他们分别行动。强行妥协的情况有可能降低同胞间利他行为的动机，而分别行动也会由于关系疏离而减少利他行为产生的可能性。这就需要父母调动智慧，在尊重的基础上让孩子充分参与家庭活动决策和讨论，在这个过程中学习倾听与表达、沟通与协商，共同制定计划、解决问题并承担责任。决策讨论环节的利他意识可以成为具体活动中利他行为的重要前提和基础。二是发挥家庭规则的调节作用。研究发现，同胞共同参与家庭规则指导下的家庭活动可以有效减少冲突。家庭规则是基于家庭成员全员参与讨论而制定的，要体现公平合理、尊重关怀、友善利他的价值原则，通过解释、可视化等方式让儿童理解并坚持执行。成人要避免过多的强行干预，多发挥规则的作用，给儿童和同胞之间独立自主解决问题的机会。

（四）家校（园）社协同教育

同伴关系是儿童社会化进程中非常重要的社会资源，儿童在与同伴交往过程中感受、适应、协调和处理同伴关系的能力有助于他们摆脱"自我中心"，正如科尔伯格所言，来自同伴的质疑更能引发儿童的认知冲突，比成人权威地单向讨论更能促进儿童道德的发展[21]。同伴之间的相互作用和反馈能够影响儿童的交往策略，他们在同伴关系中通过利他行为获得的友谊和愉悦心情，会进一步激发他们对同胞产生利他动机，并将在同伴互动中成功的利他经验应用到在家庭中与同胞互动的情境中。

儿童走出家门，来到社区、幼儿园、学校，或者加入到一定的社会群体组织中，便会有更多机会进行同伴交往，建立人际关系，遵守群体规则，进行行为调控，积累更多的交往经验，从而适应社会。同伴交往给儿童提供了更多利他行为的榜样示范、经验学习与行动练习的情境，有利于增强儿童的自我认同与自我效能感，有利于激发儿童在家中与同胞之间产生更多利他行为。

父母要帮助儿童树立和增强社会交往的自信心和主动性，鼓励儿童积极参与学校、幼儿园或社区的同伴活动，学习合作、谦让与分享，采取适宜的策略解决冲突。在这个过程中，父母尤其需要提高自身道德修养，以平和的心态和科学的方法面对儿童与同伴互动过程中的各种问题，并支持儿童随时回顾和梳理同伴交往中的经验，鼓励他们在同胞互动中的迁移和运用。父母还要善于主动与学校和幼儿园等教育机构沟通，寻求合作，形成一致的鼓励态度，为儿童提供丰富多彩的环境和活动，促进儿童产生更多利他行为。如访谈中有些幼儿园会通过"大带小"生活活动和游戏活动，组织大班幼儿为小班和中班幼儿提供关心、帮助和服务；通过"我和弟弟妹妹的生活趣事""我会照顾弟弟妹妹"等话题开展分享活动，树立儿童在班级同伴中的自信与自我认同感。随着儿童道德水平的提高，儿童会逐渐接受并遵守社会规范，产生社会责任感，从而推动狭隘的亲缘利他向更广泛的社会利他发展。

大多数家长主张让孩子自己解决同胞冲突问题，同时会采取将孩子分开、讲道理、协商、分析问题、安抚情绪等方法。这些方法是否能够真正达到良好的效果还需要商榷。在家长面临的困难中，有孩子动手打架、不讲道理，同胞间年龄差距大、问题反复出现，家长时间精力不够、理念不统一、不公平对待以及孩子个性特点引发的问题等，这也进一步反映了家长面临的问题比较多。鉴于上述问题，家长迫切需要能够解决同胞冲突的方法与策略，并得到能够更好控制冲突的指导。家长同时希望幼儿园能够正确引导幼儿，帮助幼儿解决同胞冲突问题，并且给予一些疏解情绪的方法与策略，帮助幼儿学会关心关爱等。

参考文献

[1] SMITH J, ROSS H. Training parents to mediate sibling disputes affects children's negotiation and conflict understanding[J]. Child development, 2007 (78): 790–805.

[2] VOLLING B L, MC ELWAIN N L, MILLER A. L. Emotion regulation in context: The jealousy complex between young siblings and its relations with child and family characteristics[J]. Child Development, 2002 (73): 581–600.

[3] KRAMER L, PEROZYNSKI L A, CHUNG T Y. Parental responses to sibling conflict: The effects of development and parent gender[J]. Child Development, 1999 (70): 1041–1414.

[4] VANDELL D L, BAILEY M D. Conflicts between siblings. In C U Shantz W W Hartup (Eds.), Conflict in child and adolescent development[M]. New York: Cambridge University Press, 1992: 242–269.

[5] CUMMINGS E M, DAVIES P T. Effects of marital conflict on children: Recent advances and merging themes in process–oriented research [J]. Child Psychiatry, 2002, 43 (1): 31–63.

[6] 王文婷. 高中生同胞关系与孤独感的关系：同伴关系的中介作用 [D]. 烟台：鲁东大学，2014 [2014–06–01].

[7] YUCEL D, YUAN A V. Do siblings matter? the effect of siblings on socio–emotional development and educational aspirations among early adolescent [J]. Child Indicators Research, 2015, 8 (3): 671–697.

[8] GASS K, JENKINS J, DUNN J. Are sibling relationships protective? a longitudinal study[J]. Journal of Child Psychology and Psychiatry, 2007, 48 (2): 167–175.

[9] GARCIA M M, SHAW D S, WINSLOW E B, et al. Destructive sibling conflict and the development of conduct problems in young boys [J].Developmental Psychology, 2000, 36 (1): 44–53.

[10] 徐露，田彭彭，陈思慧. 父母对同胞冲突处理策略对同胞关系的影响：亲子关系的链式中介作用 [J]. 少年儿童研究，2020（06）：56–62.

[11] 张文新. 城乡青少年父母教育方式的比较研究 [J]. 心理发展与教育，1997（03）：46–51.

[12] 邹荣，陈旭. 家庭情景中的儿童关系攻击行为研究述评 [J]. 江苏教育学院学报（社会科学）.2012，28（1）：54–59.

[13] 马源. 利他行为养成过程：儿童从认知向认同阶段的转化 [J]. 吉林省教育学院学报（下旬），2013（06）：99-100.

[14] 顾燕娜."全面二孩"新政下长子女心理状况调查及应对之策 [D]. 杭州：杭州师范大学，2019.

[15] 孙丽华，张安然. 不同家庭教养方式下二孩同胞关系的调查研究 [J] 上海教育科研，2018（8）：59-63.

[16] 顾燕娜."全面二孩"新政下长子女心理状况调查及应对之策 [D]. 杭州师范大学，2019 [2019-11-01].

[17] 陈斌斌，赵语，韩雯，等. 手足之情：同胞关系的类型、影响因素及对儿童发展的作用机制 [J]. 心理科学进展，2017，25（12）：2168-2178.

[18] 张晓娟，芦珊，刘松涛，等. 不同年龄段青少年同胞关系的调查 [J]. 中国健康心理学杂志，2018，026（002）：305-308.

[18] R. 默里·托马斯，儿童发展理论 [M]. 郭本禹，王云强，译. 上海：上海教育出版社，2009：280-281

[19] 伍思琪. 家庭规则与同胞关系质量对 4～6 岁头胎儿童狭隘利他行为的影响 [D]. 南充：西华师范大学，2020.

[20] LAMB M E. Interactions between eigh-teen-month-old and their preschool-aged siblings [J]. Child Development, 1978, 49 (1): 51-59.

[21] 顾燕娜."全面二孩"新政下长子女心理状况调查及应对之策 [D]. 杭州师范大学，2019.

[22] 谢莉莉，谭雪晴. 学前儿童利他行为的内在动机探析 [J]. 长春教育学院学报，2017（02）：73-76.

[23] 徐浙宁. 城市"二孩"家庭的养育：资源稀释与教养方式 [J]. 青年研究，2017，（6）：26-35.

[24] 方玉莹. 二孩家庭儿童同胞互动个案研究 [D]. 南京：南京师范大学，2018.

[25] 戴维·谢弗. 发展心理学 [M]. 邹泓，译. 北京：中国轻工业出版社，2009：514.

[26] 温国旗，刘文. 儿童共情发展及其与利他行为的关系 [J]. 辽宁教育行政学院学报，2014（03）：25-29.

[27] 吴伟泱. 趋近—抑制气质儿童的观点采择与共情能力 [D]. 杭州：浙江大学，2018.

[28] 房贝贝. 3—5 岁幼儿执行功能和延迟满足的发展对分享行为的影响 [D]. 杭州：浙江理工大学，2019.

[29] 陈斌斌，赵语，韩雯，等 . 手足之情：同胞关系的类型、影响因素及对儿童发展的作用机制 [J]. 心理科学进展，2017，25（12）：2168–2178.

[30] R. 默里·托马斯 . 儿童发展理论 [M]. 郭本禹，王云强，译 . 上海：上海教育出版社，2009：116–117

[31] 伍思琪 . 家庭规则与同胞关系质量对 4 ~ 6 岁头胎儿童狭隘利他行为的影响 [D]. 南充：西华师范大学，2020 [2020–04–01].

[32] 戴维·谢弗 . 发展心理学 [M]. 邹泓，译 . 北京，中国轻工业出版社，2009：525.

第六章 园所层面：利用二孩家庭资源开展社会性主题活动

第一节 研究背景

自从 2015 年 10 月中国共产党第十八届中央委员会第五次会议公报指出"坚持计划生育基本国策，积极开展应对人口老龄化行动。"实施全面二孩政策以来，"二孩"作为一个独特的群体呈现在研究者面前。政策颁布以来，二孩的人数不断递增。以丰台第一幼儿园东大街园为例，2019 年，12 个班级在园幼儿为 365 名，其中家中有弟弟妹妹的幼儿为 39 名；2021 年，12 个班级在园幼儿为 335 名，家中有弟弟妹妹的幼儿人数为 78 名，二孩家庭数量呈上升趋势。国家政策从"双独"到"单独"，逐渐放开生育二孩，使中国的二孩家庭越来越多。伴随而来的两个孩子的养育问题也必将越来越引起人们的重视，尤其是引起幼儿园等专业机构以及家长的重视。

在课题开展之初，丰台第一幼儿园东大街园采用"问卷星"形式，对整个教育集团（包括 6 所分园，15 个班级）大班幼儿的社会性发展情况进行调查，共有 436 组家庭参与问卷填写，其中独生子女家庭有 256 组，二孩家庭有 180 组。该问卷针对 16 个问题，涉及情绪管理、同伴关系、与人相处三个方面进行描述性判断，结果发现相比于独生子女，二孩家庭的幼儿表现出更喜欢与同伴相处，对新环境的适应能力更强的特质，但是冲突性行为更凸显，对指令的完成度较低。

丰台第一幼儿园东大街园从 2018 年开始尝试利用二孩家庭资源开展"二胎宝贝走进幼儿园"的活动，解决幼儿的社会性发展问题。该活动邀请有弟弟妹妹的幼儿参与，参与活动的幼儿对比未参与活动的幼儿在同理心、亲社会行为等方面有显著提升，例如更愿意礼让、协商和分享，更愿意把自己心爱的玩具和物品赠送给自己的弟弟妹妹等。该园在开展活动的过程中也积累了大量的社会性主题案例，总结了相关理论经验。之后，幼儿园对研究进一步拓展，将研究对象扩大到非二孩家庭的幼儿，并扩大范围邀请社区的弟弟妹妹入园，旨在借助以往开展相关活动经验，探究如何发挥幼儿园等教育机构的专业力量，重点利用二孩家庭独特的资源特性，在园内开展社会性主题活动的研究，为不同出生顺序的幼儿提供有针对性的教育方式和教养策略，促进其社会性发展。

第二节　研究过程

第一步，通过问卷调查了解园所二孩家庭头胎幼儿的社会性发展的现状和问题。参考幼儿社会性发展评价量表，结合大班幼儿发展的阶段性特点，制定家长调查问卷，了解二孩家庭中头胎幼儿的社会性发展与独生子女家庭的差异，为后期针对性开展主题活动提供研究依据。

第二步，发掘二孩家庭资源的独特性。在研究初级阶段，通过观察、谈话、对比等方式分析二孩家庭资源，包括二胎幼儿（即第二个出生的孩子）的性别、年龄、性格特点、受教养方式，与幼儿园内、班级内小朋友的关系等相关信息，通过对二胎幼儿的分析总结出二胎幼儿群体的特征和特质。

第三步，利用二孩家庭资源探索幼儿社会性主题活动的组织形式。以"请进来""走出去"两种方式邀请"二胎幼儿群体"参与幼儿园的社会性主题活动，探索幼儿与二胎幼儿互动的内容以及活动组织形式。

第四步，总结并推广对二孩家庭教育的指导策略。在研究的基础上梳理并提升幼儿社会性发展的策略，有针对性地进行宣传教育，提升家庭教育的质量。

第三节　二孩家庭资源的发掘与利用

在本研究中的二孩家庭资源主要指家庭中二胎幼儿及一切可以被幼儿园合理利用的家庭中的其他资源，包括二胎幼儿的性别、年龄、气质类型、依恋关系、同伴交往能力、家庭氛围和父母教养方式等。

一、"弟弟妹妹"资源分析与社会领域目标对接

考虑到幼儿园实际情况，本研究选用 1.5 岁到 2.5 岁的幼儿资源。此阶段的幼儿家庭照料者主要为祖辈，有时间和精力带二胎来到园所。此阶段幼儿的发展特点以及与幼儿园大班小朋友的社会能力发展对接分析见表6-1。

表6-1　有"弟弟妹妹"资源发展特点分析

维度	社会能力发展目标对接	"弟弟妹妹"发展特点
具有自尊、自信、自主的表现	能主动发起活动，或在活动中出主意、想办法	会独立走路，并且能够行走一段距离，交替使用双脚爬楼梯，需要借助扶手保持平衡
		小肌肉力量增强，能捏住较小的物体，并能在左右手之间传递，但是不稳定，容易掉落
	能主动承担任务，遇到困难能够坚持，并积极想办法解决	喜欢熟悉的环境和稳定的照料者，走到不熟悉的环境中，会有抗拒情绪，大哭大闹

表6-1　有"弟弟妹妹"资源发展特点分析　　　　　　　　　　续表

维度	社会能力发展目标对接	"弟弟妹妹"发展特点
与他人友好相处	能想办法吸引同伴或他人与自己共同游戏	能够意识到他人在场，愿意和他人一起玩，但是不会直接加入，会选择观看或以不适宜的方式加入
	知道别人的想法有时和自己不一样，能够倾听别人的需求，不接受的时候会耐心说明理由	能够持续走或者移动，能够接近渴望的物体或者人，这个过程中伴随着简单的拟声词或者词汇，但表达不清晰
关心尊重他人	能够关注别人的情绪和需要，并给予力所能及的帮助	喜欢重复同样的行为，当行为不能满足内心的需要时，便会借助动作或者简单词句向他人求助
		多用肢体接触表达自己的情绪情感，类似亲、咬、抱、拍打等。有积极情绪，也有消极情绪
遵守基本的行为规范	能认真负责地完成自己所接受的任务	与其他人有冲突，或者自己的意愿没得到满足时，会发泄情绪或者采用武力的方式解决
		在游戏时喜欢探索简单的工具，按照自己的想法进行触摸、敲打、口尝等

二、"哥哥姐姐"资源分析与社会领域目标对接

幼儿园中是家里二胎的幼儿，家中的哥哥姐姐年龄段处在7～18岁之间，在70组家庭中，有20组左右。相对于大班阶段的幼儿，哥哥姐姐的年龄跨度较大，与幼儿园孩子生活学习相接近的是小学生。因此发展幼儿社会性，可以把哥哥姐姐"请进来"，有针对性地开展活动（见表6-2）。

表6-2　大宝发展特点分析

维度	社会能力发展目标对接	"哥哥姐姐"发展特点
愿意与人交往	有问题愿意向别人请教	1.知道小学生、中学生的生活和学习情况与幼儿园的一日生活有许多差异 2.有专长，比如种植、绘画、音乐、科技等 3.知道幼儿园以前的样子，并有相应的照片 4.关注社区、国家等发生的重大事情，并有自己的见解 5.能清晰地表达自己的观点，有初步的价值判断 6.与3～6岁幼儿生活在一起，知道与此阶段幼儿沟通的方法 7.在处理同胞矛盾时，有相对多样的策略
具有自尊、自信、自主的表现	自己的事情自己做，不会的愿意学	
	与别人的看法不同时，敢于坚持自己的意见，并说出理由	
关心尊重他人	能礼貌地与人交往	
	尊重为大家服务的人，珍惜他们的劳动成果	
	接纳、尊重与自己生活方式或习惯不同的人	
喜欢并适应群体生活	对小学生活有好奇和向往	
遵守基本的行为规范	爱护环境，注意节约资源	
具有初步的归属感	能感受到家乡的发展变化并为此感到高兴	
	知道自己的民族，知道中国是一个多民族的大家庭，各民族之间要相互尊重，团结友爱	
	知道一些国家重大成就，爱祖国，为自己是中国人感到自豪	

三、二胎资源挖掘与利用研究

（一）观察与了解——相处状态

在邀请班中个别小朋友的弟弟妹妹来园的过程中，观察同胞之间的互动，可以发现幼儿普遍懂得要照顾比自己幼小的孩子。安安的弟弟是两岁，妈妈把弟弟带到幼儿园，交给安安后，反复叮嘱："记得给弟弟喝一次水。"弟弟上楼梯的时候，安安拉着他的手；弟弟把玩具往嘴巴里放时，安安懂得及时干预。

（二）尝试与照料——身份转化

扩大范围邀请弟弟妹妹来园时，由原来一次来一两个的弟弟妹妹增加为 6 名，即同时有 6 名低龄幼儿来到班级。刚开始，幼儿园孩子们会兴奋，表现为"不停地打招呼""冲弟弟妹妹做夸张的动作""摸摸他们的头""拉拉他们的手"等，但是持续 20 多分钟，得不到弟弟妹妹的正面回应，孩子们便专注去做自己的事情了。

（三）分组和游戏——小组照顾

在第二阶段的基础上，让与弟弟妹妹相处和谐的小朋友分享经验，讲述"如何和弟弟妹妹玩"，归纳出"听懂简单的话语""顺应他们手指的方向""及时回应他们的话语""模仿弟弟妹妹发音""用有声响的玩具吸引看着自己""说话要慢"等与弟弟妹妹相处的方法。在第三阶段，邀请弟弟妹妹来园，分小组进行照顾，分组方法包括弟弟妹妹的性别、年龄、喜欢的食物、喜欢的游戏等。将小朋友分组进行照顾两个小时，针对接待的方式、玩的游戏场地、小组分工等方面进行详细地商议和计划（见图 6-1）。此阶段，孩子们在实施计划的过程中，社会性发展明显提高，尤其是"控制和表达自己情绪"的能力。例如，孩子们准备了白色的毛绒地毯让一名两岁的小弟弟在上面玩耍，豆豆反复说要把鞋子脱下来，可是小弟弟直接跑上去，白色的地毯上有了脚印，豆豆很生气地说："都脏了，脱下鞋！"可是小弟弟还是不脱，豆豆便把小弟弟抱下来，叹口气说："我帮你把鞋脱下来吧。"

（四）顺应与尊重——方法多样

在接待本班级弟弟妹妹的基础上，孩子们开始接待园所周边社区的弟弟妹妹来园参观，为秋季入园做准备。孩子们到社区张贴通知，梳理群里报名等，一系列活动都可以提升他们"与人交往"的能力。报名的幼儿为 3 岁左右，与大班即将毕业的幼儿年龄相差 3 岁。为了让新幼儿喜欢幼儿园、爱上幼儿园，需要把以往"主导性互动方式"进行改变，变成"顺从性互动方式"。于是孩子们认真倾听并且尝试重复弟弟妹妹的话语，了解弟弟妹妹的需求，给予及时的帮助（见图 6-2）。例如，弟弟妹妹来园后，第一件事就是奔向门口的风车，摸一摸，碰一碰，孩子们原本准备让弟弟妹妹消毒小手的事情就向后顺延了。

图 6-1　在园幼儿分组照顾"弟弟妹妹"的计划

图 6-2　在园幼儿顺应"弟弟妹妹"需求，一起游戏

（五）展示与呈现——向上生长

根据班杜拉社会学习理论，个体通过观察模仿他人的行为或者被强化去学会大量的社会行为、态度和信念，尤其当被观察和模仿的对象有一定的主导力，这时社会性学习作用更加强烈。在班中，如果有哥哥姐姐，那么幼儿在园会向同伴介绍自己哥哥姐姐的厉害之处，或者是自己羡慕的地方，并且在潜移默化中会以此为标杆进行行为模仿。例如，多多的哥哥是初中生，喜欢物理实验，多多在班中玩耍时选择科学区居多，并且会把哥哥常说的"重力""惯性""加速度"等词汇加以运用。

限于客观原因，小学生、中学生和幼儿园上学时间一致，邀请难度大，因此可以利用节假日的一天，学校提前放学的时候邀请哥哥姐姐来园和弟弟妹妹进行互动交流。主题多为学校学习生活介绍，或者哥哥姐姐特长的展示。

总之，二胎资源的利用多以"请进来"为主，在这个过程中，逐步完善方式方法，更好地促进大班幼儿社会性的发展。

第四节　利用二孩家庭资源探索社会性主题活动组织形式

肯尼迪与克雷默基于提高情绪调节能力研究如何提高同胞关系质量，他们创立了由一个年龄在 4 ~ 8 岁的孩子组成的，称为"有哥哥姐姐弟弟妹妹在一起更快乐"的预防性干预项目，根据不同年龄段儿童的发展特点，进行情绪和社会能力方面的训练。其内容包括辨别和区分不同的情绪，调节情绪和处理愤怒的感受等。训练形式可以是模仿、角色扮演、表现反馈等。训练之后，儿童同胞关系的质量得到提高。此干预项目和幼儿园开展的幼儿社会性主题活动有类似之处，主要通过社会性主题活动的开展，提高幼儿与人相处的能力，使幼儿懂得处理社会情绪的方法，进而不断提高其适应社会需要的心理能力。

一、节日庆祝活动——主题里程碑

节日是从古至今日常活动精华的浓缩，蕴含着丰富的文化底蕴，当然，节日中的社会性目标也体现在各个方面，节日的来源一般都体现出尊重他人，节日的庆祝过程是与人交往，节日的仪式感是对周围的感恩的体现。在利用二胎资源的过程中，我们充分挖掘节日的内涵价值，实现与大班幼儿社会性发展的融合。例如，在教师节，采访教师，了解教师过节的期待，得知白老师的期待是"和家中小宝贝一起过节"，于是邀请小宝贝来幼儿园，让大班孩子照顾一天，不仅完成了老师心愿，更体现出孩子们社会责任意识（见图6-3）。在劳动节前夕，邀请弟弟妹妹来园参与游园活动，更体现出孩子们的社会责任感。

二、有效阅读书籍——社会经验传递

绘本是社会经验传递的有效载体，孩子们在阅读绘本的过程中了解到一些关于弟弟妹妹的有趣的事情，感受到有兄弟姐妹的快乐，比如《我的妹妹是跟屁虫》，让孩子们觉得妹妹是如此可爱，令人忍俊不禁。除了已有绘本，很多小朋友会自制绘本，里面有弟弟妹妹发生的有趣的事、照料弟弟妹妹的小游戏、爸爸妈妈写给班级的话语等，这样孩子们的情感就会有所释放。（见图6-4）

幼儿园中有多本相册，里面是孩子们拍摄的照顾弟弟妹妹的照片，它们是最受欢迎，在弟弟妹妹不来园的时候，孩子们会翻看相册谈论来园时发生的有趣的事。亲社会情感的发展体现在一本本小册子中，也体现在一本本被记录的小书中。

图6-3　邀请"弟弟妹妹"来幼儿园过节日

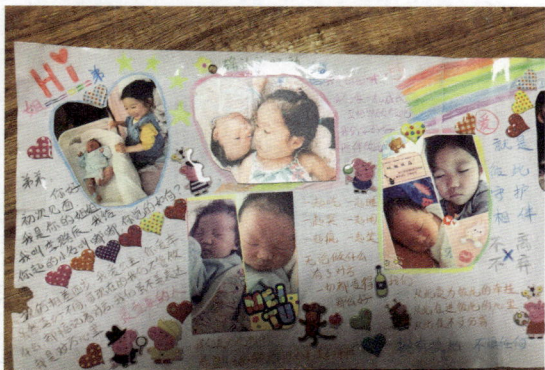

图6-4　幼儿照顾"弟弟妹妹"的自制绘本

三、混龄区域游戏——角色体验

二胎弟弟妹妹来园活动,以实验班为重点进行开展,同时辐射到全园各个班级。幼儿园依托于活动区混龄、混班的形式,开展更大年龄段的融合,创设类似于"家"的组织。例如在"果汁店"活动区域,弟弟妹妹需要喝多少果汁,温度如何,实验班小朋友会提前和果汁店沟通;在"照相馆"区域,实验班小朋友需要和摄影师一起敲击、逗乐,吸引幼儿以拍摄出满意的照片(见图6-5)。幼儿园为幼儿提供各种活动和机会,使孩子们在各种活动中得到各种"体验",大班幼儿的责任意识(助人、坚持、负责)、组织能力、合作能力以及共情能力都会得到很好的发展。

图6-5　在园幼儿与"弟弟妹妹"一起游戏

四、社区实践活动——多维度感知

在邀请社区里的小弟弟妹妹来园的时候,孩子们设计出海报,找到社区的工作人员,与之沟通活动的目的,并且询问他们粘贴的场地,还要牢记社区人员的提示,类似"入园需要携带哪些物品""家长在哪个区域等待""大约多长时间""要是弟弟妹妹哭得太厉害,怎么办"等。海报张贴出去之后,孩子们还要回答社区照顾宝贝的爷爷奶奶的咨询。孩子们走出幼儿园,多层次、多维度地进行活动,应对不确定的状况和问题,提高了人际交往和社会适应能力(见图6-6)。例如,心怡小朋友在面对照顾宝宝的奶奶提问"多大孩子可以去幼儿园?""你会怎么照顾我家孩子啊?""怎么和你们老师联系啊?"等开放性问题时,能够与之进行四个回合的对话,并且向老人传递正确的育儿理念"小弟弟可以自己

跑，不会摔倒的，我弟弟就跑得可快了。"（见图 6-7）

图 6-6　社区咨询活动

图 6-7　幼儿解答老人育儿疑问

　　除了在活动招募阶段与社区工作人员进行沟通，在活动结束后，需要把宣传展板拿回来的时候，孩子们也需要考虑如何感谢社区叔叔阿姨的支持，后面还会有哪些活动等。孩子们还尝试向陌生成年人请教知识和经验，以丰富自己的认知。例如，一位社区叔叔就提示孩子们可以走到小区广场，那里小朋友多。利用社区开展有关二胎资源的社会实践活动，让孩子实现真正意义上的交流互动，从而助推其社会性发展。

　　总之，利用二胎资源开展大班社会性主题活动，不仅对大班幼儿亲社会行为的发展起促进作用，还有利于二胎幼儿的发展。

第五节　二孩家庭家长教育指导策略

　　利用二胎资源开展幼儿园社会性主题活动的研究，与家庭教育密切相关，尤其是家庭成员之间相互依赖并相互影响。亲子关系和同胞关系是重要的家庭内部关系，以家庭内部关系为核心，外扩到其他社会关系，因此只有温暖、幸福、舒服的家庭成员关系才会有助于孩子社会性的发展。社会性主题活动来源于家中有弟弟之后，姐姐来园哭泣，导致妈妈发脾气的事件，在这个过程中，逐步让孩子感受到家有手足的快乐和幸福，最终促进家庭关系和谐，并且间接传递处理同胞冲突的方法。本研究以此课题为出发点，引导家长正确育儿，主要通过以下方式：

　　首先，利用自媒体平台宣传科学育儿的经验。以公众号和视频号为载体，陆陆续续录制上百个家庭指导游戏，包含科学实验、古诗诵读、手工制作等内容，丰富家长的育儿经验。

其次，每学期举办家长课堂进行专题讲解。每学期的家长课堂针对不同年龄阶段二孩家庭容易出现的问题，从园所角度进行案例分享，讲解正确处理同胞之间问题的方式，确保家庭温馨和谐，这有利于培养孩子健康的心理，同时也丰富孩子们解决问题的策略。

对个别家庭追踪。班级中特殊的二孩家庭包括二孩之间年龄差过大或者过小、父母和教师交流较少、祖辈对孩子期待较高、家庭矛盾较多等。教师对个案进行观察并追踪记录，以协助家庭开展科学育儿。

第七章　家园共育：同胞关系质量提升协同行动

第一节　研究背景

随着二孩政策全面放开，越来越多的家庭选择生养二孩。二孩的出生让原本稳定的家庭结构发生改变，新成员的加入，使父母投入更多精力与时间在二孩身上，这对头胎子女的身心会造成较大的影响。大宝开始产生与二宝对立的行为，在外显行为上会出现退化、攻击及失调的行为。父母对同胞冲突的处理策略可以正向预测同胞关系，父母对同胞冲突处理策略的选择与幼儿同胞关系质量紧密相关。幼儿园作为社会因素，能够直接影响幼儿的同胞关系，幼儿教师在幼儿对同胞关系的适应机制中起到引导的作用，帮助儿童建立良好的同胞关系，促进同胞间的亲社会行为，缓和同胞之间的紧张关系，找到适应同胞关系的方法。同时，幼儿教师还能引导家长使用正向积极的语言、行为方式解决同胞冲突，帮助幼儿及家长适应家庭关系的新变化，实现家园合作。

近两年来，北京市 H 幼儿园的二孩家庭数量显著增长。2021 年 5 月，该园有 152 名幼儿身处二孩家庭，其中小班 52 人，中班 50 人，大班 50 人，二孩家庭的幼儿数量占全园幼儿总数的 43.4%。而到了 2022 年 9 月，该园有 169 名幼儿身处二孩家庭，其中小班 45 人，中班 67 人，大班 57 人，二孩家庭的幼儿数量占全园幼儿总数的 48.2%，较 2021 年提高近 5 个百分点。因此，在入园的二孩比例日益增长的情况下，该园教师在引导幼儿和家长正确处理同胞冲突方面，还需要一些切实可行的指导策略。

第二节　行动过程

一、背景分析

（一）关于同胞关系的理论分析

同胞关系大致可以分成三种类型：第一种是温暖和谐型，同胞之间存在 50% 的基因相似性，因此演化心理学家从基因相似性的角度提出家庭中的同胞关系具有合作性的特点。儿童如果拥有积极的同胞关系，会更善于用妥协的方式解决遇到的矛盾，用建设性的策略去解决同胞间的问题。第二种是敌意冲突型，敌意冲突型同胞关系的主要表现形式是相互间有攻击行为。在低龄同胞间，相互攻击是普遍现象。另外，同胞间的嫉妒也是同胞冲突的一种重要表现形式。嫉妒是情绪、认知和行为的综合体，往往发生在三方关系中，即，嫉妒者、爱的人和竞争对手之间。第三种则是温暖与敌意并存的同胞关系，由于同胞关系是生活中情感最强烈的社会关系之一，同胞在密切的互动中，既有相互合作，又有可能出现不可避免的冲突，因此同胞关系往往是和谐与冲突共存的。

（二）家园合作促进同胞关系的可能性

在教师指导方面，二孩的出现不仅是家庭成员要面对的挑战，也给幼儿教师带来挑战。幼儿在二孩家庭中的心理及行为状态和行为独生子女有显著的不同。幼儿教师承担着引导幼儿同时对家长提供帮助的责任，但是缺乏指导策略的参考，是幼儿教师面临的新挑战。

在父母处理同胞冲突方面，父母对同胞冲突处理策略的选择与幼儿同胞关系质量紧密相关，并且父母对同胞冲突的处理策略可以正向预测同胞关系。父母采取以幼儿为本的策略处理同胞冲突问题，能够从"解决问题"的角度看待同胞冲突，从而帮助幼儿正确认识和解决同胞冲突问题。幼儿教师在幼儿对同胞关系的适应机制中起到缓解引导作用，在培养幼儿感受、适应、协调和处理同伴关系中找到适应同胞关系的方法。同时幼儿教师也要引导家长的语言和行为方式等，实现家园合作，共同帮助幼儿及家长适应家庭关系的新变化。

二、调查与分析

（一）二孩家庭总体情况家长问卷调查

H 幼儿园展开了针对全园二孩家庭的详细调研，一共发放 153 份《幼儿同胞关系量表》问卷，将调查结果与家园沟通相结合，根据同胞间的年龄差和家长的配合度，从 153 个家庭中抽取了适合参与本研究的 24 个二孩家庭，作为追踪研究的被试。

（二）二孩家庭教养方式家长问卷调查

为了对二孩家庭家长教养方式有更加详细的了解，H 幼儿园向挑选出的 24 个二孩家庭发放了《家庭教养方式问卷》。该问卷由苏州大学教育学院邓诗颖编制，问卷共有 28 项，包含四种因素：信任民主、不一致性、溺爱放纵、专制权威。问卷采用 Likert 自评式 5 点量表法计分。

研究结果显示，在追踪研究的 24 个二孩家庭中，家长的教养方式虽然以信任民主为主，但溺爱放纵和不一致性方面的得分也很高。很多家长会溺爱孩子，总是以孩子为中心，由此导致孩子依赖性太强，自理能力差，且以自我为中心，不会处理与兄弟姐妹之间的同胞关系，长此以往，产生很多同胞冲突。大部分家长在家中没有达成一致的教育观。通常是一方在管孩子，另一方很少参与孩子的教育问题；当孩子犯错时，一方要批评，而另一方认为无所谓；在满足孩子提出的要求时，夫妻会有分歧；当夫妻之中有一个责骂孩子时，另一个会阻止。这些教育观念方面的差异会导致孩子态度混乱，在处理同胞关系也会不知所措，得不到正确的引导。

（三）二孩家庭教养方式家长访谈

H 幼儿园 24 名教师在分析完问卷后，参考邓诗颖编制的《二胎家长访谈提纲》与所追踪的家长进行一对一访谈，从家庭氛围、教育方法、教养要求和互动方式四个维度对 24 个家庭进行了深入了解。通过访谈，教师得知大部分家长要二孩是想让两个孩子相互做伴，将来在面对重大人生转折、赡养父母和亲人离世等情况时，能够相互依靠。还有一部分家长要二孩是因为喜欢孩子或意外怀孕。有少部分家长要二孩是因为家里老人的意愿。在家庭成员对生育二孩的态度方面，有 88% 的家庭持支持态度，持有反对或中立态度的家庭仅占 12%。在生育前，有 83% 的家长与大宝进行了沟通，并且会征求大宝的意见。在二孩家庭中，有 84% 的家庭夫妻之间有明确的分工，有 16% 的家庭没有明确的分工。在教育方法上，大部分二孩家长都采用比较民主的教养方式，尊重孩子的意愿；另一部分家长采用"权威与民主相结合"的教养方式；有 50% 的二孩家庭采用完全鼓励式的教育，另有 50% 的家庭采用鼓励式与挫折式相结合的方式。

（四）二孩家庭中的偏爱现象家长问卷

为了解二孩家庭中家长对孩子的偏爱现象，H 幼儿园对全园二孩家庭发放了偏爱研究问卷 156 份，回收 139 份。调查发现，82% 的二孩家长认为夫妻双方均没有偏爱，11% 的家长表示夫妻都会偏爱二宝，7% 的家长表示夫妻一方会对大宝或二宝有偏爱。当被问到"是否认为大宝应该无条件让着二宝"时，4.3% 的家长表示赞成，42.4% 的家长表示不太赞成，53.2% 的家长选择了"完全不赞成"。对于大宝和二宝发生矛盾和打斗的情况，有 38.85% 的家长选择同时批评两个孩子，有 28.6% 的家长还会教导两个孩子互相关爱，有 18.71% 的家长会分别与两个孩子单独沟通，找出问题并解决。

（五）二孩家庭中偏爱现象儿童访谈

为了了解孩子对偏爱现象的看法，H 幼儿园面向全园二胎幼儿进行抽样访谈，共抽取 35 名幼儿作为被试。访谈过程由两位老师和孩子在轻松的游戏场景中完成，一位老师跟孩子聊天，另一位记录聊天内容。聊天围绕以下几个问题展开：你认为爸爸妈妈对你和哥哥/姐姐/弟弟/妹妹有区别吗？（更爱谁多一点儿？）如果家里有好吃/好玩的东西，爸爸妈妈通常会优先给哪个孩子？如果出去旅游，你愿意带哥哥/姐姐/弟弟/妹妹一起吗？如果兄弟姐妹之间起了冲突，都犯了错误，爸爸妈妈会怎样处理？

在心理感受层面，有72%的孩子认为爸爸妈妈会偏爱其中一个孩子，研究者由此推测，虽然二孩家长在生活中尽力做到公平对待，但是大多数的家长并没有让孩子在心理层面上感受到"爸爸妈妈的爱是平均的"。在行为层面，几乎所有的家长都认为他们在购买礼物时可以做到公平，但幼儿访谈结果却显示，只有9%的家长能做到公平分配，有91%的家长会直接把好吃、好玩的东西给其中一个孩子。他们的这种行为会给孩子一种心理暗示，会让孩子感觉到爸爸妈妈很有可能对某个孩子怀有偏爱之心，从而引发后续的同胞之间的嫉妒情绪和争宠行为。除此之外，访谈结果还显示，当家里的两个孩子发生冲突时，能够做到公平解决冲突的家长仅为42%，而批评大宝的家长占比高达39%，由此我们可以推断，还是有部分家长受"大宝应该谦让二宝"的传统观念影响，在解决冲突时，会偏向二宝，要求大宝更加懂事。

（六）幼儿画中的二孩家庭关系调研

幼儿园采用家庭动力绘图测试的方式，探究了二孩家庭内的成员关系。家庭绘图测试（KFD）是投射测试的形态之一，由美国心理学家布朗和考夫曼发明。此测试要求孩子画出每个家庭成员正在做的事情，由此推断出孩子与身边人的关系。课题组共收集145幅儿童画作品。大班41幅、中班48幅、小班56幅。作画过程中，教师的指导语为"请你横着用画纸，画出家庭中的每一个人，可以画出他们正在做的事情。"教师将幼儿的绘画顺序和幼儿对作品的描述进行记录。绘画分析的结果显示：从绘画的场景中可见，多数家庭氛围比较温馨；幼儿对父母的依赖程度较高；父亲是家庭地位最高的成员，也是缺失度最高的成员；同胞是幼儿互动较少的家庭成员，是幼儿最想忽视和疏离感最强的成员；幼儿希望得到父母的关注，想要与父母进行沟通和互动，少数幼儿存在负面情绪，存在被忽视的情感。

三、学习与研修

（一）图书共读

1. 共读《中国儿童情绪管理》

《中国儿童情绪管理》是由清华大学早教专家、中国教育学会家庭教育专业委员会常务理事晏红所著，以现代情绪心理学和早期教育理论前沿研究成果为依据，结合现实生活中0～6岁宝宝情绪管理问题的各种表现，介绍了与儿童一生发展紧密相连而又容易被忽视的情绪因素，并有针对性地提出了具体而实用的教育方法。

在读书交流会上，教师们了解到情绪管理的含义、14 种情绪管理法、15 种积极情绪的培养、15 种消极情绪的疏导等内容，集体讨论了中国父母最常见的 10 大教养误区，分析父母不当行为与孩子负面情绪的关系。由此，教师们对儿童情绪管理有了更深刻的认知。

2. 共读有关二胎教养方法专业书籍

参与课题的 24 位老师挑选了关于二胎教养的书籍，通过教师自主学习与分享学习，实现共读、共学，达成了以下共识：

第一，父母要平等对待每个孩子，给予每个孩子同样的关注和爱，在面对孩子的时候采取同样的标准，在家庭生活中坚持同样的规则，对两个孩子提出同样的要求。

第二，家长要和大宝一起养育二宝，培养大宝呵护二宝的习惯，注重使大宝形成"爱别人是一种能力"的理念。夸奖二宝时，可以从大宝的角度出发，适当弱化父母的存在感，用不经意的言语增进他们的感情，建立起他们的小世界。等孩子大一点儿后告诉他，有同胞陪伴是很温暖的事。孩子与孩子之间可以互相温暖，他们彼此能拥有一份更加坚固、可靠的支撑。

共读、共学结束后，大家形成了共同的疑问：有哪些切实可行的策略可以解决二胎之间的行为冲突？

3. 读书分享会

24 位教师将理论转化为实践，每人自选了一本图书（家庭教育类书籍或绘本），认真阅读并总结其中精华，录制图书视频，分享给全园的二孩家长。教师向家长传递理念并努力与之达成共识：

第一，兄弟姐妹的关系非常重要，他们对彼此的命运有着强有力的影响。家长要帮助同胞建立起互爱互助的关系，学会互相倾听、尊重彼此的不同。

第二，家长应该允许孩子宣泄情绪，但不允许互相伤害，家长要教会孩子正确表达自己的感受和调节不良情绪的方法。

第三，父母可以通过调节自己的情绪、与孩子保持温暖联结、教导而非控制孩子这三大途径，成为平和的父母。真正把平和教给孩子，需要父母引导孩子互相倾听，训练孩子基本的情商技巧。

第四，以二胎为主题的绘本可以让孩子体验到妈妈十月怀胎的辛苦，并拥有一颗感恩的心，让孩子在阅读中明白每一个生命的背后都有爱的付出，从而珍惜生命。

第五，发脾气的孩子最需要共情，共情可以让孩子心动并产生共鸣，可以用"你现在的感受是……因为……""你的意思是……""你想说的是……"等句式，帮助孩子说出心里话，鼓励幼儿表达自己心声。

第六，高效能陪伴孩子需要时间，还需要鲜明的成长观，孩子的成长需要在父母建构的家庭成长环境中获得。爱能让孩子笃定地自我探索，接纳家庭新成员。

第七，孩子们之间的关系是动态的，时刻变化并不断地发展。在人生的不同时期，同胞之间有着不同的相处状态。父母需要具备配合技巧与善念，移除破坏孩子们和谐关系的障碍。当孩子们奔向彼此时，他们面前将是一片坦途。

第八，做日常记录，坚持记下和孩子在一起的欣喜和考验，是最好的陪伴方式之一。父母对生活的热爱，对家人的关心，对梦想的坚持，是对孩子最好的言传身教。

（二）确定研究对象，制定研究方案

经过集体讨论，教师们认为合适的被试家庭需满足两个条件：第一，家庭二孩间频繁发生冲突，便于教师收集典型案例；第二，家长态度积极，愿意配合幼儿园教师的调查研究。幼儿园采用的《幼儿同胞关系量表》由克雷默与巴伦编制、张嘉伦修订，适用于评估学龄前幼儿及小学低年级（14个月至8岁）的同胞关系，从温暖、对抗、竞争三个维度调查二孩家庭同胞关系的状况，其中包含以下具体内容：大宝亲子依恋、大宝同胞关系、父母对同胞冲突处理策略、父母教养方式、二宝亲子依恋、大宝同伴交往能力、二宝同胞关系、二宝同伴交往能力。

课题组从全园152个二孩家庭中筛选出24个家庭作为被试，进行进一步的研究；收集园内大量二孩家庭同胞关系案例，通过集体讨论确定研究方法。在收集和集体讨论过程中，教师们从三个方面了解3～6岁幼儿典型的心理发展特点，了解儿童同胞关系产生温暖、对抗、竞争关系的原因，了解二孩家庭同胞关系的常见问题。在集体研究过程中，教师们达成了共识：研究二孩同胞关系的关键在于教师对大宝在幼儿园的处境、情感体验及行为习惯进行长期观察，并且通过持续深入的家园沟通，分析父母的教育观及教育行为。只有这样，教师才能够利用儿童心理学和教育学的相关理论知识，对二孩家长进行有效的指导。

教师们集体学习用白描法撰写个案追踪观察记录。根据《中国儿童情绪管理》书中所附的《儿童情绪管理追踪表》，收集被试家庭的二孩冲突实例，对二孩家庭幼儿性别组合、气质类型及家庭教养方式进行分析，对幼儿在不同环境产生的行为变化进行对照，分析幼儿语言和行为，根据家长的困惑给予针对性的引导与建议，并依据指导的实际情况撰写幼儿园二孩家庭冲突型同胞关系支持策略实践案例集。教师通过观看视频《小马修的故事》和张瑜、王晓彤两位教师的追踪对象所提供的视频资料共同讨论白描记录法的观察及描述重点。在分享和讨论中，教师们明确了观察记录需要用白描的方式客观地进行；要明确观察对象是发生冲突时的哪一位幼儿；要多一些家长处理冲突的细节，了解家长在冲突发生时具体做了哪些事情，以及冲突是否对家长产生了一定的影响和困扰。教师在追踪表上还要明确冲突发生的频率以及教师的指导策略，包括动作发生的具体情境、动作或语言发生的频次，以及幼儿当时所处的环境等。教师们在集体教研中找出已有的观察记录中不恰当的地方并进行了修正。通过对 24 份《二孩冲突个案追踪表》进行汇总和梳理，我们发现，被试家庭二孩间的发生频率最高的冲突类型是：哭闹、攻击和嫉妒。例如，哥哥和妹妹会因为争抢玩具发生冲突；姐姐和弟弟会因为都想得到大人的夸奖而产生嫉妒心理；妹妹会因为想要哥哥上课得到的小橡皮奖励，而对哥哥大打出手。

四、家园共育

（一）教师对孩子的个别指导

在幼儿园里，教师会着重观察班内的二孩幼儿，关注幼儿与同伴相处时的行为动作、语言和情绪状态，并根据其家庭的具体情况，适时地介入指导。例如，有的幼儿在家里经常与弟弟争宠，养成了唯我独尊，"所有人都必须服从于我"的不良习惯，因此在幼儿园也经常与同伴发生冲突。教师在班内会抓住时机，利用绘本和一对一谈话，引导幼儿学会尊重他人，学会谦让与合作，与同伴友好相处，借此也改善了幼儿与弟弟的关系。

（二）教师利用多种途径与家长沟通共学

1. 家园共学转变二孩家庭教育指导观念

课题组成立"二孩家庭同胞冲突解决策略"的家长群，推送教师录音视频学习内容共计 22 个，教师录制视频讲解资料 5 个，向家长推送相关书籍 10 本。精心准备的推送内容受到家长的欢迎。通过学习，家长开始重视营造良好的家庭氛围，知道自己要树立榜样，率先垂范，要求孩子做到的，自己要首先做到。也就是说，父母要为孩子树立思想和行为的榜样，让孩子效仿。父母的榜样作用，能影响到孩子的人格与品行，而孩子在成长过程中的思想和行为模式，也会反过来影响父母，引发他们深入思考和剖析，从而不断完善自己的思想和行为，不断改进家庭教育方法。因此，形成良好的家庭氛围的前提，就是家庭中的每一个人都要为彼此树立良好的思想和行为的榜样，清楚地知道什么是对的，什么是错的，在自我约束的同时，潜移默化地影响家庭的每一个成员。整个家庭都浸润在和谐、温馨的氛围之中，家庭中的每一个人就会变得越来越好。

2. 入园与离园时间沟通

在早入园和晚离园环节，站在门口的教师可以与二孩家长就幼儿近期的情况进行沟通，也可以抓住某些关键的时机进行指导。比如有幼儿来园时情绪不好，甚至哭泣，教师第一时间在幼儿园门口与家长沟通后得知，孩子哭泣的原因是早晨出门时与姐姐争宠。于是教师及时安抚了幼儿的情绪，并就这个问题给予家长一些简单的解决策略。

3. 与家长进行电话沟通

教师还可以利用微信、电话与家长沟通，及时解决幼儿的情绪问题和家长的烦恼。例如，幼儿在来园后向教师反映，爸爸妈妈只给姐姐买漂亮的铅笔，而不给自己买，幼儿感到很难过，感觉爸爸妈妈只爱姐姐。教师就这个问题，与家长进行了电话沟通，了解到姐姐上了一年级，需要准备一些学习用品，妹妹还在上幼儿园，暂时不需要。教师给予家长适时的指导，告诉家长在家中要及时疏导妹妹的消极情绪，把容易产生误会的事情解释清楚，避免幼儿产生嫉妒心理。

4. 分析家长家庭观察记录

家庭观察记录即《幼儿个案追踪记录》，此表格由家长和教师共同填写，家长负责在家中观察幼儿的情绪变化和行为表现，并把最具代表性的事件用白描法记录在表格相应位置，然后提交给教师。教师填写相应的分析和教育建议，再反馈给家长，以指导家长正确处理同胞间的矛盾和冲突。

（三）开展家长经验交流会

园所可以利用腾讯会议线上教研的契机，邀请全园的家长共同参与二孩家庭育儿经验的分享，并请几位家长代表发言。家长们表达了参与二孩同胞关系课题的收获及观念的转变，并将日常生活中解决二孩冲突的方法分享给了其他家长。教师也分享了日常观察中采用的方法及策略，为了解幼儿真实想法提供了有效的思路。家长代表分享经验如下：

家长一（妈妈）：家有两个男孩，年龄相差两岁，两个孩子在家经常争抢玩具、争第一、抢妈妈。经过和教师的沟通，家长学到了一些有效的处理方法，如分开沟通，引导哥哥跟弟弟讲道理；告诉哥哥谁是第一都没有关系、输赢也没有关系，开心就好；争抢妈妈时，父母配合一人陪一天，公平对待。当孩子发生矛盾时，教师能主动与家长沟通并持续引导和关注幼儿，提高幼儿思想认识。给哥哥一些指导弟弟的机会，多鼓励哥哥，让哥哥独立照顾弟弟。这样既能提升幼儿的责任感、也能让幼儿体会到家长的辛苦，提高共情的能力。

家长二（妈妈）：妹妹出生后，姐姐跟奶奶回老家了，父母的主要精力都在妹妹身上，姐姐认为父母偏心。妹妹很粘妈妈，跟姐姐抢妈妈，家里人也经常要姐姐让着妹妹。在家里俩人什么都会抢。经过和老师沟通，家长学到了一些有效的处理方法，如公平、公正、讲道理，帮助孩子形成亲密的姐妹关系；不断学习了解不同年龄段孩子的特点，采用不同的方法对孩子进行引导；多关注孩子的想法；建立姐妹间关系的桥梁；有意识培养孩子的独立性等。

家长三（妈妈）：哥哥敏感焦虑，上中班时在幼儿园的表现也不是很稳定，教师与家长沟通找到处理二孩问题的办法。例如：对待两个孩子要公平，给妹妹买东西的时候给哥哥也买一份，让哥哥感受到妈妈也非常爱自己。当妈妈无法兼顾两个孩子时，爸爸的参与就很重要，也许今后还会有新的问题，但是有爱、讲公平，孩子肯定会更加健康地成长。

五、开展亲子游戏

二孩家庭普遍存在家长工作忙、压力大的情况，家长往往疏忽了对孩子的陪伴。如何面对和处理同胞关系，成为多子女家庭面临的挑战。为此，幼儿园发起了"亲亲我的宝贝"亲子协作游戏征集活动，通过设计简单易玩、助力健康的互动游戏，来促进有效亲子陪伴，构建和谐的亲子关系。幼儿园通过活动倡导亲子间的快乐互动和有效的陪伴，提升多子女家庭父母处理同胞冲突的能力，改变家长教育理念，协助幼儿园做好家园共育工作，共同建立和谐的亲子关系。

第三节　同胞冲突个案及家园协同指导策略

H幼儿园结合班级二孩家庭情况，通过线上问卷的形式对家长进行调查，结合自我为中心型、嫉妒型、家长偏爱型三种类型帮助二孩家庭解决同胞冲突问题。教师从与幼儿的交谈中，了解孩子的心理状态，并对冲突类型进行初步分类，同时在班中有针对性地对孩子进行同伴交往的观察，随后会在与家长的交谈中，进一步对家庭教育状态以及同胞关系相处的细节追踪，从而有针对性地指导家长与幼儿。家长们从传统教育思想"大让小"到"相对公平"，从"听信一方"到"促成沟通"有了改变，教师也从中梳理出针对家长在面对两个孩子冲突时的解决策略。基于同胞关系的类型及在园幼儿同胞冲突实际案例，幼儿园对同胞冲突类型的梳理及案例进行了总结。

一、自我为中心型

自我为中心，指一切都从个人的人生观与价值观出发考虑问题，个人的欲望和利益至上，不顾及他人与大众的利益和感受，一切以个人得失展开思维与行为的模式。

（一）典型表现

以自我为中心，不愿主动与他人交流，强加自己的意愿在别人身上，做任何事以自己为标准，不会换位思考，听不进去别人的意见，不能服从他人，将错误责任推给别人，同样的话经常重复，总是从自己的观点出发看事物，自尊心过强，过度防卫。

（二）个案描述与分析

小福（化名）是弟弟，今年 6 岁，有一个 8 岁半的哥哥，爸爸妈妈在要二孩时与哥哥进行交流，在哥哥的同意下要的弟弟，哥哥和弟弟平时相处的大多数时间比较和谐。小福作为家里的老二，很受家里人照顾，所以在园与其他幼儿相处时有些唯我独尊。

（三）家园协同指导策略

教师与家长沟通，引导家长用共情的方法让同胞进行交流。比如：你们俩都很苦恼，我们该怎么解决这个问题呢？哥哥该怎么道歉，弟弟该怎么道歉呢？在引导的过程中，家长一定要注意，对待孩子的态度要公平公正，就事论事，绝不能有"大的就应该让着小的"的想法。另外，也不必强求孩子们讲和，可以给他们时间，让他们真正冷静下来，再去思考这个事件，真正学会该如何处理。家长要营造和谐的家庭氛围，不要围着孩子转，把握孩子分享的"度"，遇到问题时要及时进行教育。科学育儿，家长首先要放平心态，让家庭教育有原则。

二、同胞嫉妒型

嫉妒是一种愤怒而激动的焦虑状态，是对任何人都可能产生的情绪，当然，对同胞也不例外。嫉妒是害怕同胞的成功令自己相形见绌，甚至害怕同胞会做出某些伤害自己的行为，嫉妒心会让人过分担心来自同胞的威胁，他们没有恶意的简单举动也会被误认为是人身攻击。

（一）典型表现

嫉妒表现为独占性嫉妒、敌对性嫉妒、排斥性嫉妒，你有的我也要有，对你的成功感到难受，喜欢攀比，抢夺父母的爱，有意无意地制造麻烦，以引起父母的关注。

（二）个案描述与分析

小艺是一个 5 岁的女孩，她是二孩家庭中的姐姐，下面有一个刚刚 1 岁的弟弟。小艺突然来园哭闹得厉害，教师跟家长沟通后得知，小艺妈妈因为照顾小弟弟，没时间管她。小艺就像变了个人，整天黏着妈妈不放，晚上只要妈妈不搂着她睡，她就能哭一宿，直到把嗓子哭哑，还吵着说妈妈骗人。妈妈一抱弟弟她就发脾气，嚷着要把弟弟扔了，有时趁没人注意，她还偷偷用指甲掐弟弟，往弟弟身上坐；有一次甚至故意把弟弟推下床去，妈妈大为恼火，严肃地批评了她。后来，小艺的脾气越来越坏，不听家人的话，常常因为一点儿小事而大哭大闹，也不肯好好吃饭，时常生病，隔三差五请假。

在小艺对弟弟排斥的问题中，教师发现小艺父母针对二胎问题和小艺没有任何沟通，这是非常不妥的。一方面，家长要保证大宝有绝对的心理安全感，让孩子明白爱是可以分享的，小弟弟的到来不但不会剥夺父母对她的爱，而且还会多一位亲人，为家庭增加幸福和欢乐。另一方面，要让大宝和父母一起照看弟弟，让她学会责任和担当。针对小艺，教师也要在幼儿园一日生活中给予更多关注，要让孩子参加尊长爱幼等集体活动，让孩子学会交流与合作。

（三）家园协同指导策略

教师与家长沟通，引导家长给予大宝更多的关爱，家长要正视大宝的心理活动，不要忽视大宝的感受，及时做好疏通工作。很多家里的大宝之所以不喜欢或排斥二宝，都是因为感觉自己被忽视了，觉得爸爸妈妈不爱自己了，这是家长需要注意的事情。家长要留出专门的时间给大宝，因为单独陪伴对于大宝来说非常重要，这能够让他感受到自己在妈妈的心目当中依然是独一无二、无人替代的。同时，家长要让大宝体验到有了同胞的好处，让大宝感觉自己可以做许多事情，而小宝因为是小婴儿，许多事情都不能做。教师也可以采取一些措施，比如，让小朋友们互相介绍自己的兄弟姐妹。轮到小艺时，教师可以特意表扬她懂事，能帮弟弟取奶瓶，还给弟弟讲故事，是一个超级棒的姐姐。

三、家长偏爱型

年纪小的孩子容易被父母认为是弱势，会给予更多关爱，或者更偏爱符合自己理想的一方，父母对孩子的性别也可能存在主观的情感偏爱。

（一）典型表现

受传统思想的影响，父母可能会更偏心于年纪小的、讨人欢心的孩子，或者更偏心男孩。

（二）个案描述与分析

石头今年 5 岁，是家中老二，他有个上小学的姐姐。妈妈觉得对两个人还是很公平的，但通过描述的事情来看，她有时会更加偏爱弟弟，会认为姐姐得让着弟弟。当两个孩子出现矛盾时，经常是一人一屋，父母也不知怎样更好地处理问题，只好选择淡化不提，认为过两天就好了。

（三）家园协同指导策略

教师与家长沟通，引导家长尊重差异，满足孩子不同的需求。每个孩子都有自己不同的需求，家长要做的正确的处理方法并不是息事宁人或者让大一点儿的孩子让着弟弟或妹妹，而是要看到每个孩子的需求，引导他们在满足自己需求的同时，也要考虑别人的想法，学会尊重他人。家园要协调一致，共同促进幼儿关爱他人品质的养成，在班级和家庭中对幼儿的点滴进步要及时表扬。家长与幼儿沟通时要注意自己的言行举止，和孩子进行正确的交流，在对待两个孩子时要做到公平。

第四节　协同提升同胞关系质量的三层路径思考

一、幼儿园层面

《幼儿园教育指导纲要（试行）》中明确指出："家庭是幼儿园重要的合作伙伴。应本着尊重、平等、合作的原则，争取家长的理解、支持和主动参与，并积极支持、帮助家长提高教育能力。"本次研究发现，当前二孩家庭中大致存在两种问题：第一，部分家长没有意识到同胞关系的重要性，没有意识到同胞关系对儿童成长的影响，从而导致同胞关系质量不佳；第二，部分家长在同胞发生冲突时束手无策，或者未通过正确的方式来处理同胞冲突。因此，幼儿园可以通过建构"家园共同体"来帮助家长，提高家长的养育能力。

第一，开展专家讲座。帮助教师和家长认识到同胞关系的重要性，是建立良好同胞关系的前提和基础。对于未认识到同胞关系重要性的父母，幼儿园可以举办专家讲座，或者通过微信群、公众号等平台推送相关的理论知识，向家长宣传科学、正确的育儿理念，引起家长对同胞关系的重视。

第二，开展二孩家庭沟通交流会。对于二孩家长养育中存在的困惑，幼儿园可以开展二孩家庭沟通交流会。二孩家庭的父母虽然养育过一孩，但缺乏养育二孩的经验，沟通交流会为家长和幼儿园创建了一个互动平台，家长可以通过它提出困惑，幼儿园也可以通过它了解家长的内在需求，之后再利用已有资源，有针对性地开展二孩家庭的教育知识讲座，为家长提供有效的解决策略。在交流会上，家长之间也可以进行对话，分享自己的育儿小妙招和解决同胞冲突的小智慧，这可以使家长们在积极互动的氛围中相互学习，共同成长。

第三，开展形式多样的同胞活动。家园合作的工作不能仅仅停留在形式主义层面，幼儿园还可以组织开展各式各样的活动，如亲子 / 同胞户外活动、亲子 / 同胞阅读等。幼儿园利用微信公众号来开展同胞阅读活动，比如"幼听"有声活动。该活动每周选定一个主题和三组家庭，让同胞一起阅读打卡，之后发布在公众号中与教师、其他家庭分享交流。该活动不仅加强了同胞之间的互动，还让他们感受到了同胞之爱和家庭的温暖。

第四，开展"友爱""尊重""责任"等主题的教育教学活动——从儿童角度入手，促进良好同胞关系的建立。幼儿园开展以"友爱""尊重""责任"等为主题的教育教学活动是让儿童从教育活动和实践活动中感受到手足之情。比如，"我当哥哥 / 姐姐了"的主题活动，通过混班教学活动或者角色扮演等方式，组织幼儿进行"大带小"活动，如为小班

的弟弟 / 妹妹制作礼物，帮助他们做一件事等。幼儿在活动中体验做哥哥 / 姐姐的乐趣，被激发出做哥哥 / 姐姐的自豪感和责任感，学会主动帮助弟弟 / 妹妹。"遇到问题怎么办"的主题活动是通过绘本教学或情境教学等方式，让幼儿在实践活动中探索解决矛盾与冲突的办法，在与人交往的过程中，学会换位思考，形成初步的规则意识。

二、家庭层面

（一）做好充分的准备工作

在二孩家庭中，父母需要更关注大宝。二宝的出生，会对大宝造成很大的心理影响。大宝原本享受父母全部的爱，弟弟 / 妹妹出生后，父母的爱、时间和精力一定会被分走，而二宝一出生面对的就是一分为二的爱，不存在被夺走的过程。因此，大宝的心理更值得父母重视。怎么缓解大宝的心理不适呢？父母在养育二孩前要做好充足的准备工作，让大宝有个心理适应的过程，为未来的生活做好准备，从而减少大宝情感上的不适。斯宾塞曾提出"教育准备生活说"，在他看来，教育应该为完满的生活做准备。他把教育排列成以下次序：准备直接保全自己的教育；准备间接保全自己的教育；准备做父母的教育；准备做公民的教育；准备生活中各项文化活动的教育。我们可以把这个观点应用到二孩家庭中，转化为准备做二孩父母的教育以及准备做哥哥 / 姐姐的教育。

第一，父母的准备。家长必须明确一个观点：养育一个孩子和同时养育二孩绝对不是简单的 1+1=2。二宝的到来，不仅是一个新生命进入家庭，还使得原本家庭关系的平衡被打破。家庭关系不再只是简单的夫妻关系和亲子关系，还出现了同胞关系。因此，面对新的教养环境，父母必须建立全新的教养模式，不能认为自己有养育经验而放松警惕。每个孩子都是独特的，尽管父母在某些事情上会面对一些相同的经历，但父母缺乏同时养育二个孩子的经验。而同时养育二个孩子是十分复杂的，父母如何应对老大的心理变化、如何引导同胞的相处，都是需要注意和重视的。

第二，老大的准备。生育二孩前，父母可以与老大进行沟通，询问老大的意见，否则很可能会使老大出现自卑、嫉妒等心理问题。即使大宝同意，在二孩出生前，父母也需要考虑老大自身的心理和年龄特点，提前帮助他做好心理准备，避免在二孩出生后，老大由原本的赞同转为悔恨、愤怒。对于年幼的头胎子女，父母可以提前打"预防针"，告知他们弟弟 / 妹妹是婴儿，不会说话，只能通过哭声来与我们"对话"。本研究发现，大宝产生紧张或厌恶等消极情绪，有时是因为弟弟 / 妹妹爱"哭闹"导致。除此以外，利用二孩主题绘本更能让大宝直观地看到在弟弟 / 妹妹到来后，他可能会面临的难题，能更适应家里发生的种种变化，更能理解弟弟 / 妹妹的到来意味着什么。

第三，祖辈的准备。随着时代的发展，越来越多的妈妈无法同时兼顾家庭和事业，导致隔代教养出现。受工作、生活节奏等因素的影响，父母养育一个孩子的时间和精力本就有限，二孩的到来让父母更是需要祖辈的帮助。在本次调研中，大部分的二孩家庭都是需要祖辈一起共同抚养孩子。有些老人仍持有传统的观念，比如"重男轻女""长让幼"等，因而在照顾孩子时存在差别对待，影响良好同胞关系的形成。因此，父母需要与祖辈进行沟通，转变祖辈的传统观念，为二孩的到来做好准备。

（二）科学的教养方式

对众多研究者的研究进行总结与归纳，可以发现学者们把父母教养方式大致分为四种：民主型、专制型、溺爱型、忽视型。在民主的教养方式下，父母把孩子当成独立自主的人，能平等地对待孩子，尊重和倾听孩子的想法，给予孩子表达自己的机会，而不是把孩子当作自己的附属品。这种教养方式有利于孩子形成包容、谦让、友爱的道德品质，设身处地地为他人着想，关心他人，从而提高对同胞的接纳度。而专制型、溺爱型、忽视型的教养方式，都不利于孩子身心发展。比如，溺爱型教养方式，会使幼儿的性格变得骄纵，自私自利，导致同胞之间冲突频频发生。因此，若想建立良好的同胞关系，家庭需要采取民主的教养方式，尊重和理解孩子，平等对待两个孩子，避免比较，给予孩子平衡的爱与关怀。同时，父母之间、父辈和祖辈之间应该提前沟通，保持教养方式的一致性。当观念不一致时，家长最好不要在孩子面前表现出来，尽量私下沟通解决，否则幼儿会因长辈的态度不同而更加混乱。

（三）处理同胞冲突的教育智慧

第一，理解与对话。通过研究发现，部分家庭的父母与孩子在同胞关系的认知上存在差异，父母没有了解幼儿的真实想法，误认为两个孩子是相亲相爱的，然而事实并非如此，从而导致同胞关系质量不佳。在二孩家庭中，父母与儿童的对话十分重要。对话能让父母走进儿童的内心世界，了解儿童的内心需要和同胞关系的真实情况，不会出现对同胞关系认知"错误"的问题。当同胞发生冲突时，父母能更好地理解孩子，探寻冲突的根本原因，从而缓解同胞冲突。此外，良好同胞关系的建立还离不开同胞之间的对话。

第二，正确的行为引导。同胞之间发生冲突是不可避免的，交往中的小冲突可以促进儿童的成长。当同胞发生冲突时，父母首先应该观察，觉得孩子都能保护自己时，父母应该放手让孩子自己解决，培养孩子独立解决冲突的能力。研究发现，父母常常在同胞争吵时担当"裁判"的角色，有时没弄清楚缘由就说谁对谁错，或者为了尽快平息战火而让一方妥协。其实，父母如果能给孩子们多一点儿时间，许多"战事"都能被孩子自己悄悄化解。当然，这种放手并不是忽视，父母要让孩子明白"你们是可以自己解决的"，而不是让孩子认为"随便你们吵不吵架、打不打架，无所谓"。

另外，当孩子中有一方不能保护自己时，父母应该及时介入，科学引导。当二孩年龄较小且无法保护自己，而老大又出现攻击性行为时，父母应该进行干预，对双方进行安抚。父母安抚老大，要让他明白失控会给自己和他人带来危害，应该避免该行为的发生。父母安抚老二，要让他学会自我保护，增强自信心。最后，父母弄清楚争斗的缘由，引导双方当场解决问题，让两人换位思考，互相体谅。

三、社会层面

第一，充分发挥文化价值作用。文化产业可以制作或引进以友爱、分享等手足之情为主题的动画片、电视节目或绘本。通过接触这些内容，头胎子女可以坦然面对二宝的到来，并从中学习如何与手足相处，明白同胞之间应该是亲密友爱的。比如，北京卫视的《二胎时代》、湖南卫视的《放学后》都真实地呈现了当代二孩家庭的日常生活，以及亲子、同胞相处时遇到的难题，为家长处理同胞之间的问题提供了借鉴方法。

第二，大力推进社区教育。随着经济的快速发展，生活压力的加大，双职工家庭与日俱增，家庭养育的担子越来越重。在全面二孩政策放开后，家庭养育问题愈加凸显。社区作为家庭密切接触的外部环境，需要协助家庭解决问题。社区工作人员可以逐个走访区域内的二孩家庭，对于有困难的二孩家庭予以登记。社区可以通过举办专家讲座等方式，解决群众的问题。此外，社区还可以利用社会公共资源，如图书馆、社区服务平台等为二孩家庭提供帮助。

第三，发挥大众媒介的正面导向作用。多媒体技术的快速发展拓宽了儿童的视野，让儿童接触到各种各样的信息。然而，大众媒介中也存在大量的负面内容，年幼的孩子还不具备分辨能力，这些负面内容会腐蚀孩子的心灵，影响他们的世界观、人生观和价值观。比如，儿童观看暴力视频过多，会对暴力行为麻木，或者认为暴力是解决问题的方式。比如，有的媒体报道家庭生育二孩后，爸爸妈妈会变得不爱老大，老大出现离家出走、"跳楼"等消极行为，从而影响头胎子女对二胎的接纳度，甚至当自己遇到同样情况时会效仿。因此，媒体应该发挥其正确的价值导向功能，传播中华传统美德，传播先进的知识、道德规范和价值观念，把大众朝积极的方向引领。

总之，在"全面二孩"政策背景下，正确对待儿童同胞关系对于儿童个体的身心健康具有重要的意义。要提升同胞关系质量，不仅需要幼儿园做出不懈的努力，也需要家庭、社会面的共同努力。

第五节　给家长的教育建议

一、关注幼儿心理，平衡爱与关注

二胎家庭的父母需要把握好一个关键原则：用平等的爱与尊重来对待每个孩子。从二宝出生开始就给两个孩子平等的爱与尊重，这一点非常重要。不管什么性别，不管有着多大的年龄差距，父母一定要给每个孩子平等的爱与关注。在平时的生活中，由于二宝的出生，家长会将全家的重心转移到二宝的身上，不少家庭会出现对年龄幼小的二宝照顾得更加多一些；两个孩子年龄差稍大的家庭，会对大宝的管束更加严格，认为大宝各方面教育得好，会在无形中带动老二成长。父母要做到当大宝在生活上需要的护理减少时，给予他们更多的心理呵护。母亲可能会将更多的精力放在二宝身上，父亲一定要多些时间照顾一下大宝。大宝心理健康，对二宝的生长发育同样有帮助。

二、在遵循两个孩子身心发展规律的基础上有针对性培养

教育人和种花木一样，首先要了解花木的特点，区别不同情况进行施肥、浇水和培育，即"因材施教"。父母要制定出合理、科学、有效的教育要求，不仅要了解、尊重两个孩子不同的天赋，帮助其发展，而且要了解孩子身心发展的其他方面，遵循其发展规律。两个孩子处于不同的年龄阶段，他们表现出来的特质也不同，需要父母区别认识与对待，在遵循两个孩子身心发展规律的基础上进行培养。

三、父母与孩子之间加强情感互动——鼓励孩子表达关心与爱

在当代家庭中，总是父母单方面照料与付出，忽视了子女对父母的关心与爱。在教养孩子的过程中，父母对孩子爱的表达要及时回应，要改变观念，把爱说出来，从行动、语言上都让孩子感受到爱。在这样温暖而开放的家庭中，孩子们也耳濡目染，模仿父母表达爱。关心与爱应该是相互的，父母可以转变角色，改变策略与观念，多鼓励孩子表达对自己的关心与爱。当孩子表达情感时，家长也要积极地回应，拥抱孩子，让孩子从小不仅能感受爱，还能积极主动地表达爱。父母可以向孩子表示自己也有无助的时候，也需要得到他们的关心和帮助，给孩子机会，就会激发孩子自身的潜能，同时，对父母的回馈也更能体现出孩子的感恩和孝顺之心。

四、孩子之间增强情感互动——支持大宝参与到教养中

父母要尽可能保持头胎子女之前的生活方式和节奏，不能因为二宝出生了，就把大量的时间与精力都花在二宝身上。大宝的生活方式被打破了，被父母忽视，感觉自己在家里的主角位置被弟弟/妹妹霸占了，心理难免有落差。父母要让大宝觉得自己也是家里的主角，可以让他参与到二宝的养育中，比如给弟弟/妹妹拿尿布、递衣服、挑选衣服、选玩具，学着逗弟弟/妹妹开心。这会使大宝很有成就感，认为自己在弟弟/妹妹的成长过程中起了很重要的作用，对大宝付出的关心与爱不断地加以鼓励与强化，使家庭形成良好的氛围。

五、给予更多的父爱与陪伴

在二孩家庭中，与母亲慈祥、温柔、细腻的特征不同，父亲常常表现出男性特有的坚毅、勇敢、有担当的形象。父亲对孩子们的支持是多方面的，在游戏时父亲可以充当有趣的玩伴，鼓励孩子去尝试不同的新鲜玩法；出现问题时，父亲可以与孩子一起积极思考并实践，用启发的方式让孩子知道解决问题的办法，锻炼孩子的自主性；同胞出现矛盾时，父亲要运用自己擅长的理性思维去了解事情的真相，做到公平公正，引导孩子自己制订规则并遵守，更好地加强孩子的规则意识。父亲给予孩子高质量的陪伴，孩子会更好地成长，在与父亲的相处中，男孩通常可以习得父亲果敢、坚毅的态度与行为，女孩能够看到父亲的责任与担当，使孩子从小有性别的意识，知道男性与女性的差异。这样，孩子的身心成长才会更加健康。

参考文献

[1] 陈斌斌，赵语，韩雯，等.手足之情：同胞关系的类型、影响因素对儿童发展的作用机制 [J].心理科学进展，2017（12）：2168—2169.

第八章　家园协同视角下对幼儿学习品质的培养研究

当前，世界处于以知识经济、信息化、全球化为特征的社会变迁和转型的巨大浪潮中，世界教育改革开始出现新的走向。以学科知识结构为核心的传统标准体系将逐步被以促进个人发展和终身学习为主的核心素养教育体系所取代，将儿童在当下"有意义的生活"和"面向未来的准备"统一起来成为国际性教育发展的潮流。在我国教育部发布的《中国学生发展核心素养》中，"学会学习"作为六大素养之一，成为一个人适应终身发展和社会发展需要的必备品格和关键能力。该素养从乐学善学、勤于反思和信息意识三个主要维度，分别强调了学生在学习态度、学习兴趣、学习习惯、学习方法、问题解决、信息获取等多方面的能力，为基础教育的人才培养指明了方向。而核心素养的形成并不是一蹴而就的，它具有一定的延续性与发展性，幼儿阶段是核心素养的萌芽时期，幼儿阶段"学会学习"将直接影响基础教育阶段"学会学习"核心素养的发展。

从学前教育阶段来看，在《幼儿园教育指导纲要（试行）》和《3～6岁儿童学习与发展指南》（以下简称《指南》）指导下，学前教育课程改革对幼儿身心发展规律特点以及幼儿学习方式特点的尊重和把握日益凸显，尤其重视培养幼儿的学习品质，并已成为我国新的儿童发展取向和儿童教育取向，成为落实《指南》，走出小学化误区，提高学前教育质量和促进学前教育转型的核心要素和关键抓手[1]。诸多国内外研究发现，学习品质中主动性、兴趣、专注、坚持、计划、调节、反思等高级认知能力在儿童入学准备中发挥着统领核心作用，掌握这些能力不仅能直接决定儿童未来不同阶段的学业成就，对儿童的同伴关系、社会能力的发展也具有显著影响，能显著降低儿童后期遇到的行为问题与学业困难方面的风险。[2]也有研究指出，片面强调知识和技能的强化训练，忽视幼儿在学习过程中所表现出的态度和行为的倾向性，可能会抑制、阻碍一些学习品质的发展，呈现出"L"形发展曲线，即随着幼儿年龄的增长，学习品质降低甚至消失。积极良好的学习品质在幼儿阶段如果没有形成，或是受到伤害而消失，则很难弥补和恢复[3]。本章结合对幼儿教师与家长的实证调研，分析当前幼儿学习品质培养的现状和问题，以脑科学、心理学为依据，梳理幼儿学习品质内涵与结构要素；以协同教育为视角，以自然化、生活化、游戏化的课程为依据，建构幼儿学习品质培养的家园协同课程框架，并对家园协同培养幼儿学习品质提供策略和建议。

第一节　幼儿学习品质培养的现状和问题

一、幼儿教师对学习品质日益重视，但在理解、识别与培养方面存在困难

随着对《指南》学习的逐步深入与对学习品质的日益重视，目前幼儿教师对"学习品质"的提法并不陌生，是否能够促进幼儿学习品质的发展已成为幼儿发展评价和幼儿园课程评价的重要指标。但教师是否真的理解和掌握了学习品质的内涵、要素？是否真的能够在实践中为幼儿学习品质的培养提供适宜的教育策略？是否还存在困惑与难点？本研究基于对 70 名幼儿教师的调查分析，发现教师的困惑问题主要集中在概念理解、观察识别和支持策略三个方面。

在概念理解方面，教师虽然能熟练记住《指南》中有关学习品质的表述，但对学习品质的内涵要素、特点并不了解；将学习品质与学习习惯、学习风格、学习力等其他相关概念混淆，不能清晰地进行区分；有的将遵守常规、亲社会性、阅读习惯等混同为学习品质，偏离学习品质的内涵。在观察识别方面，教师不能很好地将幼儿的行为与学习品质建立明确的关联，对幼儿学习品质的观察评估较为笼统、宽泛和模糊。在支持策略方面，教师对幼儿学习品质的培养时机和重点难以判断和把握，在具体复杂的情境中常常陷入两难的困境；同时缺乏支持幼儿学习品质发展的具体方法和策略，在进行家园共育时感到力不从心。

以上是幼儿教师在学习品质教育实践中所呈现出来的困惑问题，具有一定的代表性，也反映了当前相关研究与实践指导对幼儿教师的支持不足。多年来国内外学者虽然对学习品质的内涵界定和结构要素展开了大量研究，在有些方面达成了一定的共识，但在另一些方面仍存在分歧。我国对学前儿童学习品质的研究起步较晚，对幼儿学习品质的概念本质、构成要素、评价指标等问题也尚未形成清晰统一的认识。《指南》中有关学习品质的表述以要素列举方式呈现，并未阐述每种品质要素的具体内涵与行为指标，教师对学习品质的观察识别与评价缺少明确的依据，这些都不利于教师对学习品质的深度理解和实践应用。

二、家长对学习品质的培养持有朴素的观念与经验，仍存在重知识轻品质的倾向

为了了解家长对幼儿学习品质的认识和教育现状，本研究采用问卷调查法、访谈法和案例分析法收集幼儿与学龄儿童家庭教育的经验与问题。通过对调研访谈数据的整理与案

例分析，发现在家庭教育中家长对于幼儿学习品质的认识与培养表现出以下特点：

一是家长的观念行为与儿童学习品质的表现具有一致性。家长对于学习的认知理解和信念态度决定了他们为儿童学习活动提供什么样的环境、支持与反馈，进一步影响儿童学习品质的形成。学习品质较好的幼儿和学龄儿童，其父母更重视培养孩子的学习兴趣和学习习惯，更尊重孩子的探究行为，具有更丰富的经验方法；而学习品质不良的幼儿和学龄儿童，其父母往往对孩子的学习探究行为表现出漠视放任或否定制止两种极端态度，对孩子的好奇心缺乏回应和支持。

二是家长对学习品质的认识较为模糊朴素。大多数家长并不十分了解学习品质的概念、内涵和具体内容，甚至都没有听说过"学习品质"这个词，而是更习惯于用"学习兴趣""学习习惯"之类的说法。如果让家长解释什么是学习品质，他们较多将之理解为注意力集中、认真、主动、勤奋等，只有少数家长提到思维灵活、善于解决问题，喜欢创新。

三是家长在培养儿童学习品质方面有一定的经验和方法。比如，他们注重在游戏、生活中培养儿童独立自主、自己做决定的习惯；尊重儿童的好奇心与兴趣，鼓励儿童学习探究，回应儿童的问题，启发儿童想象与创造；常常通过亲子共读或与孩子共同完成幼儿园布置的亲子小任务培养儿童的专注力和坚持性；在灵活与创新、计划与反思方面还不太关注，教育方法上较多使用讲道理和鼓励的方式，缺乏更多有效的支持策略。

四是家庭关系和氛围是影响儿童学习品质养成的重要因素。儿童是否善于倾听、专注力强、具有解决问题的意识和能力，与家长是否以民主、平等、自主的模式相处有关；与父母有安全依恋关系的儿童，更具有主动性、坚持性、热情和好奇的品质，也更容易与教师建立亲密的关系，进而影响他们对活动的投入状态；三代同堂家庭中的教育观念不一致会影响儿童的主动性和坚持性。

总之，调研发现家长对学习品质的认识和培养经验较为粗浅、感性和零散，且仍有大量家长存在重知识轻素质、重结果轻过程等不利于幼儿学习品质的做法。基于当前幼儿学习品质培养的现状和问题，本研究假设从认知和行为两个层面进行干预，旨在厘清学习品质的内涵与结构要素，建构学习品质协同培养课程框架，为教师和家长培养幼儿学习品质提供理论指导和实践支架。

第二节　幼儿学习品质的内涵与结构要素

研究者指出，学习品质描述的是儿童在趋近学习的过程中和投入学习时表现出来的一系列行为、认知与态度倾向，是整合性的而非单一的，以行为和态度为核心的集合体[4]；是非智力因素在学习活动中的体现，具有综合性、相对稳定性、个体差异性、可塑性等特点，以间接的方式影响个体对知识、技能的获得以及使用[5]。

自 20 世纪末以来，国内外学者对儿童早期学习品质的要素和结构进行了大量探索与持续检验，通过查阅文献，对国内外研究中出现的高频要素进行排列整合，共得出 23 个要素，其中有 8 个是共同要素，频次由高到低分别是：专注、坚持、创造、好奇心、独立、合作、兴趣、问题解决，其他还有诸如灵活性、计划性、反思、抗挫折能力等[2]。可以看出，幼儿学习品质要素内容丰富而复杂，展示了学习品质的多样性、宽泛性。然而，正如以马里卢·希森为代表的研究者所认为的那样，仅仅将学习品质的要素以列表方式呈现出来，对教师没有实际意义，找到可以覆盖这些学习品质必备要素的框架可能更重要，这个框架应该从发展心理学和教育心理学的视角出发，并以一种有意义的方式进行组织。[6] 这就意味着研究者需要对学习品质中所包含的诸多零散、孤立的要素进行结构化，通过归类分组使要素之间的内在关联呈现结构层次性，更加有序。当知识以一种层次网络结构的方式进行储存时，可以大大提高应用知识时的检索效率，教师需要通过结构化思维来驾驭复杂的学习品质要素，更便于对学习品质的理解记忆，从而进一步在教育实践中加以应用。

希森从发展心理学和教育心理学的视角出发，将学习品质要素分为情感 / 动机维度和行动 / 行为维度，即"热情"和"投入"，热情包含兴趣、快乐和动机三个要素；投入包含专注、坚持、灵活和自我调节四个要素[6]。也有研究者将学习品质要素分为四个维度：情感维度，包含主动性、坚持性；认知维度，包含专注性、独立性、探究性；创意维度，包含想象力、创造性；社会维度，包含合作性。还有研究者将学习品质分为两类，一类是个体面对学习情境的意图和动机，包括好奇心，探究欲，主动性等要素；一类是以自我控制为核心，以执行功能为基础的学习品质，包括专注、坚持性和灵活性等要素。[7]

本研究在文献研究基础上，认为在一定心理学意义上，学习品质是幼儿学习的重要内在机制，是激发学习意识和调节学习过程的动力监控系统，既包含个体面对学习情境的意图和动机，"发起"学习，又包含对学习行为与情绪情感的控制和调节，"维持"学习。这其中，与学习相关的社会交往技能不容忽视。然而，与以往研究结论不同的是，本研究基于对大脑执行功能的理解和分析，并未将学习品质简单等同于学习过程中的非智力因素，相反，其中也包含着重要的智力因素。执行功能是指一个人能够集中保持注意力、对各种信息进行过滤干扰并控制转换的能力，它不是单一能力，而是一组能力，主要包含工作记忆、抑制控制、认知灵活性、目标设定（如计划、转换）等，而注意、记忆、思维等则是重要的智力因素。新近的研究也表明，大脑执行功能直接参与信息处理和认知控制，将认知与行动联系起来，是学业成就最强大的预测因素之一。[5]

基于以上分析，本研究尝试建构以执行功能为神经基础的学习品质结构要素框架，将学习品质分为动机意图与调节执行两个维度，各维度包含要素如下（见表8-1）。同时，本研究还对3～6岁幼儿学习品质各要素所包含的指标前期、中期、后期不同发展水平的具体表现进行梳理描述，为教师对幼儿学习品质的观察、识别、评估和教育支持提供参考依据，回应调研中教师所反映的实践需求。同时，该框架体系经过了幼儿园教师的实践检验与丰富完善，具有广泛的应用性和实际的操作性。

表8-1　幼儿学习品质结构要素指标框架

维度	要素	指标	维度	要素	指标
动机意图	好奇探索	对周围人和事物感兴趣	调节执行	专注投入	注意的集中持续抗干扰
		喜欢尝试新事物			注意转移
		好问追问		坚持抗挫	行为控制抗干扰
		喜欢操作			调节情绪
	自主主动	自发意愿和自主选择			解决问题
		自我实现		反思调整	回顾总结
	有意计划	计划有意性			调整修正
		计划可行性		合作参与	同伴互动
		计划的表达与执行			参与集体
	想象创新	有意想象			解决冲突
		创新灵活			

第三节　幼儿学习品质培养的家园协同课程框架

幼儿的学习和发展遵循整体性原则，而学习品质作为知识技能学习过程中反映出来的倾向性特征，也具有整体性的特点。这一特点，反映在不同的活动上，就是具有较广泛的适应性与迁移性[3]。也就是说，学习品质渗透于教育教学、游戏、日常生活等具体学习活动中，在健康、语言、社会、科学、艺术等各领域的具体学习行为中表现出来，这使得学习品质的培养与幼儿园课程相整合成为可能和必须，这也是学习品质在《指南》中作为四大原则之一被提出的原因。

幼儿园课程的目标之一就是要促进积极的学习品质的养成与发展[8]。相关研究也证实，很多学习品质都是幼儿在与材料和环境互动，或者在与成人和同伴进行互动时形成的。适宜的环境与活动方式，充分的感知操作体验，支持性的师幼互动和同伴互动，都是有利于学习品质发展的重要条件。本研究遵循以游戏为基本活动的教育原则，依照自然化、生活化、游戏化课程理念，结合五大领域核心经验，围绕慧学习、慧生活、慧交往、慧运动四大板块尝试建构"四慧"幼儿学习品质培养课程框架（见表8-2），将课程目标、内容与学习品质要素相联结，为幼儿学习品质培养提供实践支架。

表8-2　"四慧"幼儿学习品质培养课程框架

课程模块	课程目标和内容	学习品质	课程模块	课程目标和内容	学习品质
慧生活	生活兴趣与发现	好奇探索 自主主动 有意计划 想象创新 专注投入 坚持抗挫 反思调整 合作参与	慧运动	运动兴趣与态度	好奇探索 自主主动 有意计划 想象创新 专注投入 坚持抗挫 反思调整 合作参与
慧生活	生活照顾		慧运动	运动习惯	
慧生活	生命爱护		慧运动	运动方法	
慧生活	生活创造		慧运动	运动精神	
慧学习	学习兴趣与态度		慧交往	交往兴趣与态度	
慧学习	学习意志		慧交往	交往情绪	
慧学习	学习策略		慧交往	交往能力	
慧学习	学习能力		慧交往	社会适应	

然而，学习者的生活空间与时间不仅仅在幼儿园的室内室外，也在学习者所生活的社区里和家庭里。正如意大利瑞吉欧创始人洛里斯·马拉古齐所言：在丰富的日常生活中，儿童和成年人共同构建教育。丰富的日常生活不限于幼儿园，成年人也不限于教师，还包括家长以及一切与儿童发生连接、联系的人。学习者在不同场景中从事不同的活动内容，实践方式和形态也会有差异，如果其中缺乏有机的联系，缺乏沟通协调，学习者就容易形成分裂式的生存方式。[9] 所以，构建有利于个体发展的生态环境，形成教育过程中积极的关系，目标一致、协同开展幼儿学习品质培养课程，才能真正使幼儿健康、和谐、可持续地发展。

本研究在系统理论与协同理论基础上，对影响幼儿发展的环境因素进行了系统化梳理，即五个协同关系：家园协同——幼儿园教育理念与家庭教育理念相协同；亲子协同——良好的亲子关系与高质量亲子互动；师幼协同——良好的师幼关系与积极的师幼互动；幼小协同——幼儿园与小学遵循儿童学习与发展的连续性，形成课程与评价的一致性；家社协同——家庭教育适应社会发展趋势，利用社会有效资源，促进社会发展。协同教育必须坚定学习者立场，一切为了儿童的学习与发展服务。本研究依托五个协同关系，在幼儿学习品质培养课程框架下，重点围绕家园协同，整合幼儿园与家庭教育资源，进一步建构起幼儿学习品质培养的家园协同课程框架。

第四节　家园协同培养幼儿学习品质的策略建议

有关学习品质影响因素的研究表明，性别、气质、年龄等个体特征和父母教养方式、家庭背景特征、学校教育方式、社会文化模式与价值观等环境因素均会影响幼儿学习品质的发展。学习品质并非先天固有的人格特质，而是可塑的，是主客体因素相互作用的结果，发挥环境和教育的作用尤为关键。基于家园协同视角，笔者提出以下三个方面的培养建议。

一、遵循自然化、生活化、游戏化课程理念，在活动体验中培养学习品质

教育家约翰·杜威在课程哲学观点中指出，儿童个体心理经验是由实践的和情感的纽带连接在一起的直接经验，任何脱离儿童经验、情感与生活的僵死、贫瘠的无意义形式与符号，最终都将使儿童成为受到学科知识压抑的对象，要将学科知识与儿童直接经验结合起来，形成有机联系，这需要高超的教育智慧和课程开发艺术。[10] 本研究提出的"四慧"课程框架体系，力图摒弃将学习分领域、分学科的割裂做法，避免将学习片面、狭义地理解为在教室里、书桌前的"认知读写"，而是将学习品质培养目标与核心要素融入幼儿的生活、运动、学习、交往中。幼儿园与家庭都应为儿童提供宽松、自主的环境，充分利用好社会文化资源，提供与儿童兴趣和经验相联系、富有创新和挑战、能够吸引儿童积极参与和促进儿童社会交往的活动，使儿童的学习品质在活动探究和体验中得到发展。

研究者已证实根据儿童活动参与情况可以正向预测其学习品质的发展。儿童活动参与既包含儿童参与学校组织的活动，也包含参与家庭活动[11]。一项英国学前教育研究发现，与父母的职业、收入和受教育程度相比，家庭学习环境质量对幼儿的认知和社会性发展，尤其是幼儿的自我调节行为更为重要[12]。家庭学习环境包括家庭学习活动、家庭学习资源、生活经验三个部分。家庭学习活动是在家庭中开展的具有学习机会的亲子活动，如给孩子讲故事、亲子交流、做手工、做游戏等；家庭学习资源是家长为孩子提供的各种学习资源，如玩具、儿童读物、学习资料、学习用品等；生活经验是家长带孩子开展的各种日常亲子活动，如去博物馆、书店、公园玩耍等。[13]

幼儿园需要进一步鼓励和引导家庭资源深度参与到幼儿园的课程与活动中，帮助家

长掌握幼儿学习的特点和规律，提升对学习品质的重视，将先进的理念与方法运用到家庭情境中。幼儿园需要发挥课程活动的示范与拓展功能，帮助家长提升创设家庭学习环境的能力，在课程框架指导下，有意识、有计划地为幼儿提供有益的学习活动和丰富的生活经验，同时又不失家庭生活场域内源源不断自然生成的智慧，促进幼儿学习品质的发展。

二、发挥教师和家长对幼儿的重要影响，在积极关系中培养学习品质

教育本质的实现得益于积极关系的建立。此处的积极关系具有师幼关系、亲子关系与教师和家长的关系三层含义。儿童能够成为主动的学习者，是因为他们在学习中获得掌控感与自我效能感，这得益于正确的教师角色与适宜的师幼关系。教师的重要任务就是要充分了解儿童的发展能力和兴趣，呈现与他们能力和兴趣相匹配的课程，并充当他们的"脚手架"[14]。另外，教师对幼儿的情感支持也有利于激发幼儿学习动机，提高学习品质，并减少其他危险因素对幼儿学习品质的消极影响[15]。有研究者指出，对于家长来说，亲子关系在父母教养方式与学习动机之间起着部分中介作用，权威型教养方式既给予儿童自主和接纳，又以合理的方式进行指导和控制，使儿童产生稳定安全的情感依恋，成为其愿意主动探索、专注投入学习或解决问题的动力基础，更能使儿童表现出好奇、坚持性、热情等良好的学习品质，而且总是与亲社会倾向、良好的同伴关系、较高的自尊、强烈的道德感以及其他一些积极的发展结果相联系[16]。

如何构建一个有利于个体发展的生态环境，如何形成教育过程中积极的关系，对儿童和谐健康发展至关重要。无论教师还是家长，都应重视与儿童建立积极的关系，而且只有参与到他们的学习和活动中，才能使积极的关系真正发挥对儿童学习品质的影响作用。有研究发现，父母对孩子陪伴时间、互动交流、关注帮助程度的差异可能是造成幼儿学习品质发展差异的主要影响因素。教师和家长之间要建立密切合作的信任关系，教师通过与家长的交流，了解幼儿在参与家庭活动时的兴趣和学习行为，有助于教师对幼儿进行客观全面的评价，并与家长共同探讨如何为幼儿提供适宜的个性化支持；同时，教师也要鼓励和引导家长积极参与到幼儿的学习和活动中，针对家长在陪伴幼儿过程中的困惑和做法，教师可充分挖掘幼儿园课程实践与师幼互动的有效经验，指导家长在陪伴的过程中如何进行观察分析和介入支持，促进幼儿学习品质的培养。

三、聚焦科学幼小衔接难点，在入学准备中培养学习品质

2021年3月，《教育部关于大力推进幼儿园与小学科学衔接的指导意见》（以下简称

《指导意见》），成为"双减"政策背景下提升学前教育质量，促进学段衔接，建设高质量教育体系的重要举措。调研发现，家长面对幼小衔接普遍感到焦虑和担忧，将入学准备片面等同于小学知识准备，提前让幼儿背负升学压力，甚至与幼儿园教育产生冲突，从而增添了家园共育开展幼小衔接教育的障碍。

《指导意见》提出，入学准备教育要以促进幼儿身心全面和谐发展为目标，注重身心准备、生活准备、社会准备和学习准备几方面的有机融合和渗透，要把入学准备教育目标和内容要求融入幼儿园游戏活动和日常生活中；小学一年级则主要采取游戏化、生活化、综合化等形式实施课程教学，强化儿童的探究性、体验式学习。20 世纪 90 年代初，美国国家教育目标委员会（National Education Goals Panel，简称 NEGP）就已将学习品质与一般知识/认知发展、沟通/语言发展、身体健康/动作发展、社会/情感发展并列纳入入学准备领域[5]。本研究所建构的"慧生活""慧学习""慧运动""慧交往"学习品质培养课程框架理念与《指导意见》的精神主旨高度契合，为幼儿园科学做好幼小衔接提供了有力支撑，幼儿园应充分挖掘课程活动中所蕴含的四个准备的关键经验，为家园协同在入学准备中培养学习品质提供有力抓手。

入学准备教育是一个循序渐进的过程，而学习品质的发展也不是一蹴而就的。幼儿园需引导家长形成科学的入学准备观念和对学习品质的重视，摒弃家庭对大班幼儿以知识灌输为主的功利性做法，更要提防过度使用和依赖 APP 等数字化网络化学习资源为儿童提供学科知识教学的做法，以免导致儿童手脑心分离、影响阅读，更难以培养他们严肃复杂、持续深入、独立思考的能力[17]，这将是对学习品质严重的损害。幼儿园还需在幼小衔接家长指导与协同共育方面加强系统规划性，提升连续整合性，满足各年龄段幼儿的发展适宜性需求，同时更要与小学一年级的教育教学有效衔接，实现幼儿园、小学和家庭三方协同，共同促进幼儿学习品质的培养。

2021 年 10 月颁布的《中华人民共和国家庭教育促进法》规定，幼儿园要通过多种方式积极开展家庭教育指导服务和实践活动，本研究在尊重儿童学习与发展规律的基础上，科学制定幼儿学习品质结构要素发展框架与幼儿学习品质培养家园协同课程框架，将幼儿园先进的教育理念和教育方法与家庭生活和家庭教育常见情境相结合，并提出指导建议，是家园协同育人机制的一种有益尝试，是落实"双减"政策，以幼儿学习品质培养为切入点，深化家庭教育指导服务，推进科学幼小衔接的创新实践。

参考文献

[1] [美] 马里奥·希森 . 热情投入的主动学习者：学前儿童的学习品质及其培养 [M]. 霍力岩，房阳洋，孙蔷蔷，译 . 北京：教育科学出版社，2016：92–93.

[2] 彭杜宏 . 儿童早期学习品质的本质内涵，因素结构及学习效应 [J]. 学前教育研究，2020（3）：57–71.

[3] 索长清 . 论幼儿学习品质与知识、技能的关系 [J]. 教育导刊，2021（8）：5–11.

[4] CLAESSENS A, DUNCAN G J, ENGEL M. Kindergarten skills and fifth grade achievement: Evidence from the ECLS—K [J]. Economics of Education Review, 2008, 28 (4): 415–427.

[5] 索长清 . 幼儿学习品质之概念辨析 [J]. 学前教育研究，2019（6）：35–44.

[6] 黄爽，霍力岩，房阳洋 . 国外学习品质的本质与结构研究进展 [J]. 比较教育研究，2019，41（4）：108–114.

[7] 夏雪梅 . 打开儿童学习的秘密：国际儿童学习研究的新进展 [J]. 上海教育，2015（16）：14–17.

[8] KATZ L G. Another look at what young children should be learning[J]. ERIC Digest, 1999（6）: 1–7.

[9] 李家成 . 协同教育：实现教育的当代转型 [J]. 现代教学，2016（3）：10–13.

[10] 彭正梅 . 谁以易之：论杜威培养 "4C 公民" 的教育哲学 [J]. 华东师范大学学报（教育科学版），2021（6）：27–42.

[11] 杨晓静 . 父母教养行为、亲子关系与 4 ~ 6 岁幼儿学习品质的关系研究 [D]. 上海：华东师范大学，2019.

[12] 冯丽娜 . 家庭社会经济地位与幼儿学习品质的关系：家庭学习环境的中介作用 [J]. 学前教育研究，2020（4）：62–72.

[13] 王元 . 家庭对 3 ~ 6 岁学前儿童学习品质的影响及教育对策 [J]. 沈阳师范大学学报（社会科学版），2020（3）：123–128.

[14] 卡罗尔·格斯特维奇 . 发展适宜性实践：早期教育课程与发展 [M]. 霍力岩，等译 . 北京：教育科学出版社，2011：13.

[15] DWECK C S. Self—theories and goals: Their role in motivation, personality, and development[C]// Richard A Dienstbier. Nebraska symposium on motivation: VOL. 38. Perspectives on Motivation. Lincoln: University of Nebraska Press, 1991: 199–235.

[16] 戴维·谢弗 . 发展心理学 [M]. 邹泓，译 . 北京：中国轻工业出版社，2009：540.

[17] 安超 . 拉扯大的孩子：民间养育学的文化家谱 [M]. 北京：社会科学文献出版社，2021：242–243.

第四编 案例与分析

第九章　同胞故事案例

第一节　"老大"的心事（大宝篇）

一、基本情况介绍

主人公小艺是个 5 岁的女孩，她是二孩家庭中的姐姐，有一个刚刚 1 岁的弟弟，爸爸妈妈与两个宝宝共同居住，平时工作较忙，爷爷奶奶住在同一个小区，平常爷爷会过来帮忙接送小艺上幼儿园，奶奶协助照顾家中的弟弟。

二、同胞冲突故事

故事 1："老大"的心事

小艺最近三天两头请假，家人送她来园时也哭闹得厉害，脸色难看不说，原本胖乎乎的脸也小了一圈。我几次问小艺怎么回事，她都不肯开口。直到有一次哄她睡觉时，她才趴在我怀里用委屈的腔调呜咽道："我不想要弟弟！我不想要弟弟！妈妈骗人！"

小艺的情况让我很着急，下班后特意给她妈妈打了电话，向家长详细询问了孩子在家的表现。通过了解得知，小艺原先是独生女，乖巧懂事，人见人爱。但自从妈妈又生了个小弟弟后，小艺就像变了个人，整天黏着妈妈不放，晚上也不跟爸爸睡了，只要妈妈不搂着她睡，就能哭一宿，直到把嗓子哭哑，还吵着说妈妈骗人。妈妈一抱弟弟她就发脾气，嚷着要把弟弟扔了，有时趁没人注意还偷偷用指甲掐弟弟，往弟弟身上坐；有一次甚至故意把弟弟推下床去，妈妈大为恼火，严肃地批评了她。后来小艺的脾气越来越坏，不听家人的话，常常因为一点小事而大哭大闹，也不肯好好吃饭，时常生病，因此隔三差五请假不来幼儿园。

原因分析：

在小艺对弟弟排斥的问题中，我发现在二胎问题上父母与小艺没有任何沟通，总把小艺当成孩子，这是非常不妥的。在家里应保证老大有绝对的心理安全感，让孩子明白爱是可以分享的，小弟弟的到来不但不会剥夺父母对她的爱，而且还会多一位亲人，为家庭增加幸福和欢乐。另一方面，要让老大和父母一起照看弟弟，让她学会责任和担当。针对小艺，老师也要在幼儿园日常生活中，给予更多关注，要让孩子参加尊长爱幼等相关的集体活动，让孩子学会交流与合作。例如，鉴于小艺的特殊情况，老师平时给予她更多的关爱，并通过游戏培养她的各种能力，比如，让她扮演小主人，负责接待客人，或扮演售货员卖东西。这些游戏能帮助她了解不同场合的语言表述方法。在和谐的游戏氛围中，小艺越来越爱和小朋友说话了。同时老师要善于发现她身上的闪光点，让孩子从成人的赏识和夸奖中体验到成功的喜悦，在交流合作中建立起对她人的信任和心理安全感。

措施：

1. 家庭教育策略

（1）给予大宝更多的爱。

作为享受爸爸妈妈全部爱的大宝，面临一个要跟他分享一切的二宝，心理存在落差是很正常的。家长要正视大宝的心理活动，及时做好疏通工作。要给比大宝平时更多的关心，并且要把你的爱表达给大宝，比如说告诉她"因为现在弟弟 / 妹妹还很小，需要更多的照顾。但是我还是很爱大宝，妈妈永远爱你。"

（2）不要忽视大宝贝的感受。

很多家里的老大之所以不喜欢或排斥老二，都是因为感觉自己像被忽视了，感觉爸爸妈妈不爱自己了，这是爸爸妈妈们需要注意调节的事情。

（3）要留出专门的时间给大宝。

虽然，二宝的到来让家长感到非常忙碌，甚至连睡眠时间也少了许多。但是，妈妈们一定要留出单独陪伴大宝的时间，因为单独陪伴对于大宝来说非常重要，这能够让她感受到，她在妈妈的心目当中依然是独一无二、无人替代的。

（4）让大宝体验当大宝的好处。

二宝出生后，家长要学会让大宝体验有了弟弟 / 妹妹的好处。作为大宝，会有权利做许多事情，而二宝因为是小婴儿，许多事情都不能做。

2. 幼儿园教育策略

在班里我们也相应采取了一些措施。比如，让小朋友们相互介绍自己的兄弟姐妹。轮到小艺时，我特意表扬了她，说见过小艺和弟弟在家里一起玩的情形，夸她懂事，能帮小弟弟取奶瓶，还给弟弟讲《小红帽》的故事，真是一个超级棒的姐姐。其他同伴都用羡慕的眼神看着小艺，七嘴八舌地说着"有弟弟真好""我也想有个弟弟"等等。甚至有一个孩子大声说："小艺，你把弟弟送给我吧。"这种被人羡慕的感觉也让小艺慢慢接受了弟弟的存在。

故事 2：不喜欢"改变"的小艺

幼儿园情境记录：表演区中，小艺拿起彩虹色花头饰带在头上，琪琪走过来说："我也想当彩虹色的花，今天我来当行吗？"小艺说："不行，我一直都演花的，只能我来演。"琪琪说："在老师上课时你都当过了。老师说活动区可以自己选角色，你让我来试试吧！"小艺大吼："不行！就不行！"

与家长沟通过程中，听说了小艺在家中的行为：晚上睡觉前，到了妈妈给小艺刷牙的时间，但这时弟弟哭闹非要找妈妈，妈妈看弟弟哭闹得厉害，就先去安抚弟弟，这时小艺生气地把刷牙杯扔到地上，也闹起情绪来，妈妈左右为难，不知道先来安抚谁。

原因分析：

自从小艺有了弟弟后，她的性格和做事情的状态都发生了很大的改变，在她的生活中，明显感受到她不能接受一丝一毫的改变，所有变化都会让她非常的不舒服。这个年龄段的幼儿发展特点，是能与他人协商自己的想法，能够听取他人的意见，但是小艺受不了丝毫的改变，所以她在游戏中拒绝同伴的请求，并有些控制不住自己的情绪。在家中也因为弟弟的哭闹"改变"了她的生活"习惯"，所以出现明显的应激行为，这与她的不习惯改变也是息息相关的。作为老师和家长，我们要及时关注孩子在生活中的细节问题，在"改变"前要与小艺进行沟通。

措施：

1. 家庭教育策略

首先，父母要充分理解她内心的痛苦情绪，并引导她用语言表达。如果她一说"我讨厌弟弟"，大人就回应"弟弟多可爱，你应该喜欢他"，姐姐就会感觉自己不被理解，会产生逆反心理，更加讨厌弟弟。父母不妨倾听，问她"为什么讨厌弟弟？是不是担心爸爸妈妈会把对你的好分给弟弟？"，也可以说"你讨厌弟弟是很正常的，因为你还不习惯家里多一个人"，要把她的情绪正常化。

其次，父母要向孩子表达爱，传递信心。但不建议对孩子说"爸爸妈妈最喜欢你了"这样不真诚的保证。因为，这种措辞本身就在进行比较，暗示父母的爱是分等级的，容易造成孩子的恐惧心理。合适的做法是告诉姐姐"你和弟弟对爸爸妈妈来说都是很特别的，我们对你和对弟弟的爱是一样多的"，进而可以列举姐姐的可爱之处，让她了解自己"值得被爱"。重要的是，父母要在日常生活中真正做到一视同仁。要知道，孩子更多的是凭感觉作判断的。

批评大孩子时最好不要当着小孩子的面。大的孩子出现心理问题比较多，最主要是觉得失落，不被重视。对两个孩子情感的平衡，对孩子的成长至关重要，要根据孩子的个性调节。另一点需要注意的是，如果大孩子做得不妥，一定要单独和他／她谈，而不要当着小孩子面，当着小孩子的面通常会让其更加难以接受并心存误解。

2. 幼儿园教育策略

平时多关注小艺，尤其是在了解到她近期的敏感期时，关于一些"改变"提前与她进行沟通，陪伴她游戏，在她心情放松时，可以通过自编故事的形式，告诉她生活中每天都有很多事情在"改变"，我们要去接受改变，因为这些改变都是能帮助到我们的，让小艺从心理上不再排斥所谓的"改变"。并与她进行约定，玩一个"变变变，我能行"的积分小游戏，以她自身控制、接受改变为前提，运用积攒小贴画的形式，鼓励小艺逐渐接受身旁的改变。老师随时与家长进行沟通，家园携手共同帮助孩子克服嫉妒的心理。

故事 3：妈妈，你陪我去

在一次与小艺爸爸的交谈中，他说："小艺最近一直吃饭不好，为此，我们带她去医院看病。当医生让她一个人进去做胃电图的时候，她非要妈妈陪着，但医生说大人不能进去。我们就劝她勇敢地自己进去做，出来就可以吃东西了，但她还是哭着不去……我们知道她担心我们离开，就告诉她我们会一直在门口等着。可女儿就是不进去。记得在她两岁多的时候就不这样，我带她做检查的时候，她一个人就大胆地进去，我在外边等着。后来有了小弟弟以后，我们什么事都就着她，现在就算我们工作再忙，都是我和她妈妈一起送她去幼儿园。但她就是缠着妈妈，反而疏远我。我就纳闷了，她妈妈怀二胎后我就晚上带她，怎么现在就跟我不亲了呢？真不知道这孩子怎么回事啊！我都觉得耐心用尽了，只好严厉起来，跟她讲道理，还假装踢她屁股，但她就是哭，不愿进去。唉！"

原因分析：

发展心理学中的追踪研究结果表明，孩子在 6 个月会产生分离焦虑，即跟妈妈分开后会有哭闹的表现；在 14 ~ 16 个月之间，与妈妈分离后哭闹的时间是最长的，说明这个年龄段孩子分离焦虑的程度最高。而恰恰小艺妈妈在她分离焦虑敏感期再次怀孕，从此小艺便由爸爸带着睡觉。所以从小艺的角度来说，在她分离焦虑比较强烈的阶段"被迫"晚上与妈妈分开，平时还被限制与妈妈的接触，这会让小艺觉得爸爸是妈妈不能在身边时的替补，由此酿成了小艺内心深处对妈妈的渴望，对爸爸的愤怒与排斥。出于对姐姐小艺爱的弥补，爸爸妈妈"什么事情都就着她"，处处迁就她，反而会让小艺觉得自己就是委屈的，要不然爸爸妈妈怎么会这样加倍"补偿"自己呢？这时即使父母给她再多的爱她也不会满足，反而只会看到父母没有或者不能给予自己的那一部分，而选择性地忽视自己已经得到的爱。看到自己没有的，是本能；看到自己已有的，则需要理性。小孩子往往缺乏这种理性。长此下去，孩子对父母宠爱的索取可能会让父母觉得"她就是成心要挟我们"而心生厌倦。

措施：

1. 家庭教育策略

（1）正确应对二宝到来，不要赋予大宝不应有的权利。

可能是习惯了独生子女时代，很多家长似乎觉得要了二宝，就对不起大宝了，媒体也常有老大嫉妒弟弟妹妹、做出恶性事件的报道；这些都无形之中为父母养育二孩制造了新的观点桎梏，导致很多父母在养育二孩时对老大都小心翼翼，生怕因为老二而伤害了老大。这是一种特定的非理性心理在作怪。对于每个孩子来说，父母都是他的唯一，每个孩子都应该得到父母全部的爱。对于做父母的来说，不能因为性别或是出生顺序不同，就给予孩子不同程度的关注。这样的观点不应只建立在父母的头脑里，也要建立在老大的心里。要让老大明白，父母会考虑他的感受，但是他绝对没有拒绝弟弟妹妹的权利。作为父母，可以接纳老大嫉妒、愤恨的情绪，但是绝不能赋予他不该有的权利。比如，不要为了满足老大的需要而侵害老二的利益，或者父母已经很累了，还要竭力满足老大的要求，以免使老大滋生被亏欠的心理而更加任性。

（2）共享母爱的好处和意义。

有了二宝之后，大宝难免会心有异样。在资源有限的情况下，比如"妈妈"只有一个时，该如何分配和平衡呢？孩子们可以轮流"享用"，比如妈妈先陪老大看书，然后陪老二洗澡；当然最好的方式则是共享。比如妈妈可以一边给老二洗澡，一边跟老大讨论故事；或者请老大一起来玩水，或者和妈妈一起为二宝洗澡，赋予老大责任感和成就感，培养两个孩子之间的亲密感。

（3）重新建立亲子联结。

分屋而睡对大宝来说太痛苦了。可以在大床边安置一张儿童床，既然小艺的爸爸妈妈不经意间伤害了她的安全感，就要注意重新建立亲子联结。比如，为小艺准备一份属于她的相册，给她讲讲小时候的事情，让她明白自己小的时候，妈妈也是像照顾二宝一样照顾她的。这样一来，小艺就会明白，自己什么都不缺，自己是小宝宝的时候也得到了一样的母爱，如今自己长大了，妈妈的爱一直都在。

2. 幼儿园教育策略

（1）在幼儿园开展大带小活动。

小艺这些问题，相信在班级二孩中或多或少都会存在，为了让孩子懂得谦让幼小，树立哥哥姐姐的意识，我们在园中开展大带小的系列活动。如在开学初，带领班级幼儿到小班尝试照顾弟弟妹妹们排队、游戏、认识幼儿园；在户外游戏时，让小艺等小朋友帮弟弟妹妹搬运玩具；在主题开展中，请班级幼儿给弟弟妹妹画贺卡、做礼物等。

（2）阳光儿童。

借助阳关儿童社会情感课程，让幼儿认知感受自己的情绪，知道这些情绪都是正常表现，在面对不同情绪时，应该如何应对，寻找适宜自己的好方法。鼓励幼儿大胆说出自己的心里话，班级设置心情角，投放"比比虫"，为幼儿解压、释放，设置相应空间。

故事4：弟弟的脸比较可爱

刚收完玩具准备上课时，小艺突然在座位上哭了起来。我问了下，得知没有人与她发生矛盾。于是我牵着她到一边去小声问她，才知道小艺是想妈妈了。看着满脸泪水的小人儿，我情不自禁地抱起了她，告诉她"老师就是妈妈"，并给她擦干了眼泪，小艺接着上课去了。

过了些天，小艺情绪好多了，以前让她画一家人，画面上只有爸爸妈妈和小艺，现在开始有弟弟了，只是弟弟离得比较远，所以接下来我们要做的就是拉近姐弟之间的关系。有一次，我们让小艺说一说自己的弟弟，小艺用有些生气的口吻说："弟弟可淘气了，总是不经过我的允许就动我的东西。"我说："弟弟小，他不懂事，你可以好好跟他说，或者有些东西可以跟弟弟分享啊。"为了让小艺更多地发现弟弟的优点，我接着问："那你的弟弟有什么优点呢？"小艺笑着说："弟弟的脸比较可爱！"看着笑眯眯的小艺，我们也乐了。

原因分析：

一切行为的背后都是有原因的。不论是不是二孩家庭，孩子的每一次挑战，其实都是对爱的呼唤。家长也逐渐意识到，当他们把老大照顾好、呵护好之后，两个孩子的关系就会和谐起来。家长单独陪姐姐的时间越多，姐姐的状态就越好，姐弟之间的关系也就越好。一定要创造机会，让老大可以重回"独生子女的生活"。也就是，妈妈无论怎么忙怎么辛苦，都要每天安排固定的时间或者每周安排固定的一天或半天，单独和老大在一起。在这样的时光里，妈妈还是过去的妈妈，孩子还是过去那个唯一的孩子。否则，只要老二在身边，妈妈的心思很容易被老二随时带走。在每一个当下的那些细微的选择中，妈妈很难兼顾到老大。

措施：

1. 家庭教育策略

拉手、拥抱、亲吻、友好地摸摸拍拍都是爱的表达；当老二哭的时候，可以去安抚或陪伴，这也是爱的语言；带着老二一起游戏，分享玩具，给老二讲故事，这都是爱的语言。如果老大比老二年长 3 岁或以上，还可以有更多的语言表达，"我喜欢弟弟"，"我爱我的弟弟"。爱的语言是父母要先给到老大的，而不是有了老二就忽略了老大。

告诉老大，她是弟弟的偶像，她做什么，老二就会做什么。你做好了，他就学会了，也就不会总是破坏你的玩具，搞得你总是很生气。让老大有真的"当老大"的感觉。其次在生活起居上，都可以让老大来帮忙，帮老二穿鞋、穿衣服、洗澡等等，老大有了当英雄的感觉，老二也一定会去模仿。因为老大也是孩子，她也需要父母的肯定和支持，如果因为有了老二，老大总是挨批评，她只能对老二心生怨恨。所以才有了很多老大伤害老二的事情发生。所以在处理二人矛盾的时候，不要当判官，当旁观者就好。

每一个孩子都有不同的性格特征，不同的性格会导致孩子在面对同一件事情时做出不一样的选择，作为父母，要学会在日常生活中去观察自己孩子的性格。有的孩子天性喜欢自由随性，情商高，擅长表达，尤其懂得甜言蜜语；有的孩子则天性沉稳内敛，喜欢按规则办事，不善表达，但内心里却非常有主见。

2. 幼儿园教育策略

（1）故事讲述。

在活动中讲述一些兄弟姐妹合作探险的动画故事，如《迪迪逗逗爱冒险》《粉红猪小妹》等，通过看一看、说一说"你最喜欢哪个宝宝？为什么喜欢他？"等方式给孩子树立同龄人的好榜样；同时，在区域游戏中，可以让幼儿体验角色游戏，体验共同"当家"的过程，一起玩乐，一起完成简单小任务，感受互助合作所带来的成就感，体验家长的不容易。（见图 9-1）

（2）教师与幼儿交流谈心。

老师要与孩子聊天谈心，通过这种方式了解孩子近期的心理变化与过程，这种形式的交流可以更加有针对性地指导儿童。

图 9-1　弟弟穿妈妈的鞋子，我和爸爸在批评他

三、孩子的变化

通过几次我对轩轩妈妈进行孩子行为分析，以及对于她应该如何做的指导，一段时间以后，轩轩妈妈向我反映，现在兄妹间矛盾次数减少，当遇到问题时，孩子不再一味地告状、争吵，哥哥能主动想办法去解决。积分法特别有效。两个孩子刚要有打架的迹象，哥哥就会说："你玩吧！谁让我是哥哥呢！"当矛盾特别明显时，哥哥能有意识让步；当矛盾实在解决不了时，家长会提供给孩子两个解决方案，让他们来选择。哥哥现在解决事情的能力，明显比以前提高了。他们还在家中把这些好方法用绘画的方式，都画了下来，贴在积分单的旁边。加强对哥哥的陪伴，妈妈和爸爸与哥哥约好每天由他们来接哥哥放学，在回家的路上就是他们的秘密时间，每周六带哥哥上玩兴趣班，还会带哥哥去书店看书陪伴。

其实，妹妹的到来，改变了家庭的环境，可在一定程度上减轻了家长对独生子女的过度关注和溺爱，使家庭教育更加回归理性。因此，父母和老师针对孩子的心理问题要懂得欣赏孩子之间的差异，学会公平、民主地对待孩子，做到科学育儿，让双子女家庭孩子更健康、更幸福地成长。

拥有两个孩子的生活，对于绝大多数家庭来说都是既陌生又未知的！未来的一切都不在家长的经验之中，家长真正头疼的不是如何平衡孩子们的各种需要，而是怎样才能处理好两个孩子之间的矛盾。通过小艺的案例，我们看到，家长在老师的帮助下，逐渐摸索出一些让两个孩子和谐相处的好方法，如：教会老大爱老二、引导老大带老二、不说让老大让着老二、观察孩子的性格、让孩子们彼此了解、尊重不同性格的优与劣、接纳孩子在冲突中所产生的情绪。

整体分析：

冲突，是成长的必修课；冲突，是二孩家庭的主题词。妈妈、好吃的、好玩的，任何你能想到或想不到的东西，都有可能成为两个孩子之间争抢的对象，甚至引发一场战争！

如果没有同伴冲突，孩子们不会接触到那么多与自己全然不同的同龄人。他们的想法、经历、个性、处事方式，都是自己从来没有接触过的。

如果没有同伴冲突，孩子们也没有机会体验到那么多种不同的情绪感受。在冲突过程中，孩子们会尝试着去适当控制自己的情绪状态，并且，他们会尝试着从同伴的表情、语气、动作中来辨别对方的情感状态。这将成为他们理解他人、体谅他人的源泉。

如果没有同伴冲突，孩子们将丧失可贵的早期社会技能的学习机会。他们不清楚自己行为的后果将会是什么，不知道哪些行为会对自己解决问题有帮助，也不清楚哪些技能会让自己顺利实现目标。而这种行为预判能力和自我行为控制能力，对于每一个成年人来说是极其宝贵的经验。

四、给家长的建议

（一）给两个孩子制造亲近的机会

想要让家里的两个孩子更加亲近，那就要制造宝贝们亲近的机会。可以让大宝多抱一抱二宝；晚上睡觉之前，帮两个孩子洗好澡，再让他们两个自己在床上疯玩一会儿；吃饭的时候，让大宝给二宝夹菜，并且家长在一旁鼓励说宝贝做得真棒，这样渐渐地，大宝就会养成习惯，两个宝贝之间就越来越亲。

（二）给出心理预期

提前告诉孩子，弟弟或妹妹出生后可能会发生的变化，让他／她有一个大致的预期，而不会到时候落差很大难以接受。可以多描述一些多子女家庭的生活状态，让他觉得家庭中有两个孩子是很正常的。

（三）帮助大宝塑造责任感

中国的传统家庭文化，一般都是大的要让着小的，家长们想要让孩子越来越亲近，不妨从这方面出发，让大宝照顾好弟弟／妹妹。大宝身上有一种责任感的话，他们便不会排斥弟弟／妹妹了，还会在照顾和与弟弟／妹妹玩耍的过程中拉近和弟弟／妹妹的距离。

（四）给予大宝更多的爱

作为享受爸爸妈妈全部爱的大宝，面临一个要跟他分享一切的二宝，存在心理落差是很正常的现象。家长要正视大宝的心理活动，及时做好疏通工作。要给大宝比平时更多的关心，并且要把你的爱表达给大宝，比如说告诉他"因为现在弟弟／妹妹还很小，需要更多的照顾。但是我还是很爱大宝，妈妈永远爱你。"

（五）不要忽视大宝的感受

很多家里的大宝之所以不喜欢或排斥弟弟／妹妹，都是因为感觉自己像被忽视了，感觉爸爸妈妈不爱自己了，这是爸爸妈妈们需要注意调节的事情。

（六）要留出专门的时间给大宝

虽然，二宝的到来让家长感到非常忙碌，甚至连睡眠时间也少了许多。但是，妈妈们一定要留出单独陪伴大宝的时间，因为单独陪伴对于大宝来说非常重要，这能够让他感受到，他在妈妈的心目当中依然是独一无二，无人替代的。

（七）让大宝体验当大宝的好处

二宝出生后，家长要学会让大宝体验有了弟弟／妹妹的好处。作为大宝，会有权利做许多事情，而二宝因为是小婴儿，许多事情都不能做。

（八）给二宝树立规则

虽然规则一般要在两岁以后才建立，但是，为了让大宝明白，妈妈并不是对他一个人有许多规则方面的要求，可以对当着大宝的面提出对二宝的要求。

第二节 "我不想他在这里"（大宝篇）

一、基本情况介绍

乐乐是一个 4 岁的男孩，有一个两岁的弟弟，两个孩子一直由父母照顾，由于弟弟的出生，乐乐的脾气变得越来越暴躁。

二、同胞冲突故事

故事 1：失控的乐乐

近期，乐乐无论是在课堂上还是课下活动都很有精神，只要有跟乐乐有接触的小朋友，都表达了不喜欢和乐乐玩的情绪，个别孩子还会哭着来到老师跟前说："我不喜欢他，他老是动手动脚打人。"一次上厕所时间，其他小朋友按照秩序一个接一个排队，子晗先快一步跑在乐乐前面，乐乐开始也没在意，当前面小朋友进厕所，子晗还站在原地，乐乐说："能不能走前面一点呀？"子晗不为所动，乐乐伸手碰碰子晗，子晗光顾着和前面的小朋友说话还是没注意，乐乐一下子卡住子晗的脖子，子晗大喊道："你干什么！"我立即走上前一边叫乐乐放手，一边观察子晗的脖子有没有问题。好在老师及时看到并制止，否则后果不堪设想，我马上找到乐乐进行谈话，跟他讲清楚："打人、掐人这些动手动脚的行为都是不对的。"并反问他："如果老师或别的小朋友打你，你会高兴吗？"让他及时认识这种行为的错误。（见图 9-2）

原因分析：

著名心理学家张春心曾说过，攻击行为可分为直接攻击和转向攻击。在一次家访中我了解到，乐乐的父母刚迎来第二胎孩子，精力和关注都集中在老二身上，比起以往较少关注乐乐的内心世界，他渐渐地不那么听话，从一开始出现自己打自己脑门的行为，到后期出现跟妈妈作对的行为，比如用拿东西扔妈妈，来吸引妈妈的注意力和关心，甚至有控制不住的倾向。显然乐乐这类行为是转向攻击，目的是引起身边人的注意和关心，这类攻击性的行为如果不及时改正，极易破坏乐乐往后的社会交往能力，因为攻击性行为本身就是消极行为，不仅会对他人造成伤害，而且也会使本人受到周围人的否定。久而久之，容易影响孩子各方面的发展。

措施：

1. 家庭教育策略

（1）家园协同共育，创设宽松和充满爱意的环境；

（2）在照顾老二的同时，也要注重老大的内心世界，家长做到不偏袒；

（3）如果孩子出现攻击行为，不能以暴制暴，要以正面教育为主。

2. 幼儿园教育策略（教师指导）

在幼儿园中，教师通过表扬来树立受欢迎幼儿的形象，并结合自身的示范作用，联合家园共育做到以身作则，使孩子在潜移默化之中受到影响，并尽量杜绝争吵、恶意肢体冲撞等现象的发生。帮助幼儿扭转认知，减少产生攻击行为的刺激因素。

图 9-2　碰旁边的小朋友发生不愉快

故事 2：我不想他在这里

以往乖巧听话的大宝在弟弟出生后，突然变得爱耍脾气、哭闹，教育他几句后，他哭着说："你们都不爱我了，你们只爱弟弟，我不想他在这里……"妈妈说，听到大宝这样说的时候，心都揪起来了，没想到一个孩子会说出这样的话来。这让她不得不好好地反省自己，是否有了弟弟后就对大宝疏忽了。弟弟出生后，爸爸妈妈不再像以前一样总是陪伴在他身边了。现在妈妈总是抱着弟弟，哄着弟弟，而大宝只能自己一个人在一边玩。好不容易等妈妈坐下陪自己玩一会儿的时候，弟弟一哭，妈妈就又跑去哄弟弟了，妈妈说这时候大宝就会开始制造一些动静。

原因分析：

妈妈由于生了弟弟，弟弟较小需要大人长时间的照顾，才引起大宝的嫉妒，认为妈妈不关注他。其实，嫉妒是正常的，只要是心智正常的孩子都会嫉妒，因为只要有情感的竞争，就会有嫉妒的存在。所以大宝用哭闹、吵闹的方式来争抢妈妈的注意力，想得到更多的关爱。（见图9-3）

措施：

1. 家庭教育策略

（1）接受大宝的"嫉妒"情绪，并且做好这种情绪会长期存在的心理准备；

（2）父母正面直接告诉大宝"其实爸爸妈妈是一直爱你的，也永远会爱你"；

（3）增加与大宝亲密的频次，创造和大宝的相处时间，让他有被爱、被关注的感觉。

2. 幼儿园教育策略（教师指导）

（1）教师要时时刻刻多加关注、倾听孩子的心声；

（2）教师在与孩子共情的前提下，教会孩子使用更多的方法进行沟通，表达自己的情绪和诉求，才能真正解决问题；

（3）教师要积极引导孩子，鼓励他们交流和表达，让孩子体验到被重视的感觉。

图9-3　大宝不开心地指着旁边的二宝

故事3：我不想

乐乐表现一直很好，可是近期，他来园困难，经常哭哭啼啼，在幼儿园里不喜欢参加各种活动。小朋友们在做游戏时，他总是说："这个我不喜欢玩。"运动时他会说："我累了。"然后自己一个人在旁边坐着，做一个旁观者。吃午饭的速度也很慢，还会把饭粒撒得到处都是，衣服和被子也不肯叠了。犯了错误以后，老师找到他谈话，他会第一时间认错，但接下来却不见他有任何改正错误的行动。

我知道他家里有个小弟弟，于是就和他聊天，问他：喜欢自己的弟弟吗？其他小朋友表示很喜欢自己的弟弟，说他很可爱。他说自己的妈妈两个孩子都很喜欢，会带着他们一起玩。但问他爸爸的情况，他只说爸爸工作很忙，其他情况就不肯再说了。

原因分析：

家长把精力过多投入到第二个孩子身上，忽视了老大，老大就会有种被抛弃的感觉，他们就会将父母不再爱自己的原因归结于弟弟或妹妹身上。而对于这种"失宠"的感觉，年纪较小的孩子还无法用语言来表达，因而便会展现在行为上。（见图9-4）

措施：

1. 家庭教育策略

（1）家长平时要经常告诉孩子，有了弟弟或妹妹以后爸爸妈妈仍然一样爱他/她，而且还会多一个人（弟弟或妹妹）来爱他/她；

（2）对待孩子时要多一点耐心，平时教养中，一定要一碗水端平，要尽量平等地对待两个孩子，比如给老大买一件新衣服，就给老二买一个新玩具；

（3）建立良好的家庭规则，两个孩子无论是谁犯错误都要进行惩罚，做得好应及时表扬。

2. 幼儿园教育策略（教师指导）

（1）在幼儿园中树立榜样，表扬受欢迎的、好的幼儿形象；

（2）教师多关注孩子的心理，与孩子多沟通，鼓励孩子大胆表达自己的心声，教师以倾听者的身份去倾听；

（3）面临孩子没有兴趣，什么都不想玩的情况，教师可以通过转移幼儿注意力的方式，尝试与幼儿沟通。

图9-4　我不想玩，什么都不喜欢

故事 4：逆来的爱

爸爸平时工作比较忙，经常去外地出差。家中一般是妈妈负责照顾孩子的生活。平时爷爷奶奶会来看看孩子。老人一般比较溺爱孩子，孩子说什么都听。孩子跟爷爷奶奶出去时看见什么就要买什么，如果不买就会大哭大闹，老人一看孩子哭就没办法了。孩子的妈妈比较严厉，孩子一般比较听妈妈的话，在妈妈面前也不会胡闹。爸爸跟孩子在一起的时间不多，因此也觉得好不容易见一次孩子便跟爷爷奶奶一样比较溺爱孩子。孩子的父母也常常因为教育孩子的问题而产生矛盾。

原因分析：

在孩子没有哭闹时，他提出爷爷奶奶给自己买玩具，爷爷奶奶的态度很强硬，不同意给孩子买。可是当孩子开始哭闹时，爷爷奶奶的态度就有所改变，心疼孩子哭便决定给孩子买玩具。通过这件事情便让孩子认为，是自己的哭闹行为起了作用。因此在每次想要做什么时，孩子便会一直地哭闹来引起他人的注意。（见图 9-5）

措施：

1. 家庭教育策略

（1）作为孩子的家长不要怕孩子哭，孩子是哭给大人看的。首先家长一定要有一个好的心态，不要一看见孩子这样就心疼、打退堂鼓；

（2）及时鼓励孩子在幼儿园的进步，教给孩子一定的交往技巧；

（3）多与老师沟通，积极参与幼儿园教育活动。

2. 幼儿园教育策略（教师指导）

在幼儿园中，老师应营造爱的氛围，帮助其适应集体生活，逐步让孩子适应规则，培养孩子的规则意识，不能为所欲为，想做什么做什么。并且教师要多加关注孩子，与其共情，感受对方的想法。

图 9-5　我想要汽车玩具

三、给家长的建议

随着二孩时代的到来，作为儿童幼儿时期的重要他人——父母、幼儿园老师，在面对越来越多二孩家庭儿童出现的行为、情绪、心理问题时，该如何处理呢？上述这些典型案例，表现不一，但是他们都有一些共通性：即因为家里同胞的存在，孩子互相嫉妒与排斥而引发的障碍行为。两个或者两个以上的儿童出现在同一个家庭里的时候，同胞兄弟姐妹之间就会存在一种很微妙的竞争关系，心理学上称之为"同胞竞争"。为了争取得到更多父母的爱，儿童在同胞竞争中会出现嫉妒的心理，也会出现排斥的行为。

（一）家长应该怎样做

1. 转变教育观念，培养孩子的独立能力。

首先，必须培养孩子的独立能力，为孩子提供一个良好的成长环境，并对其进行科学教育。其次，父母要鼓励孩子自主去完成他们能够胜任的事情。孩子能够独立完成的事情，就交由他来做。只要孩子愿意做，家长就要积极鼓励与肯定他们，让他们能够获得成就感，从而增强自信心。

2. 赋予情感平衡，留给孩子足够的相处空间。

面对二孩的来临，大宝可能会产生一定的心理变化。在这个大宝心理发展的适应期，家长应尽量向大宝倾注与以往一样，甚至比以往更多的爱，使大宝切实地感受到被爱、被关注。父母给予的爱可以让大宝产生一种内心的平衡感，在形成这种平衡感之后，才有可能培养其对弟弟妹妹的责任心，只有当家长对大宝施加了正确科学的家庭教育，才能让其最大限度树立起责任心，当大宝树立了责任心，大宝与二宝甚至与其他孩子的相处问题将会得到更好的解决。

3. 正确教育引导，培养孩子学会关怀、懂得分享。

家长应适当地、巧妙地向大宝传输这样的观念：当他／她有了弟弟妹妹，他／她便有了陪伴，以后的日子里，无论是玩耍还是学习，都有人陪着他／她了，漫长的人生道路也不再孤单。但当他／她成为哥哥／姐姐之后，他／她要负起哥哥／姐姐应有的责任，要学会分享、学会付出。他／她要成为弟弟妹妹的榜样，他／她的言行举止都会成为他们学习模仿的一部分，所以他／她应该以身作则，为他们树立一个好榜样。随着二孩政策的逐渐开放，每个家庭的态度都不相同，但不管生不生二胎，家长都应该重视大宝的感受，让他能够健康快乐地长大。

（二）家园共育方法

1. 注意转移法

注意转移法是一种心理学上的调节方法，是将注意力从一件事转移到另一件事，从而达到调节情绪的作用。当孩子沉浸在思念父母的哭泣中或困惑恐惧的焦虑中时，教师可以通过邀请他 / 她参加游戏、和他 / 她一起聊天等方式，转移他 / 她的注意力，从而稳定孩子的情绪，让他 / 她不再想着小宝宝出生所带来的一些"烦心事"。

2. 移情体验法

教师和家长可以将与二孩相关的情绪绘本进行归类，针对不同时期的孩子开展绘本阅读的体验，帮助他们学会正确的心理调节和角色认知。还可通过角色扮演、情景创设与移情体验等方式，使帮助孩子正确调控情绪的尝试达到事半功倍的效果。

3. 绘画疗法

绘画对儿童的心理健康发展有积极的作用，通过绘画这种形象语言，以游戏化的方式表达儿童潜意识中的一些想法，这符合儿童形象思维的特点，能呈现他们的一些心理健康问题，比如交往不良、攻击性行为、寡言等。

第三节 "弟弟小，先陪弟弟"（大宝篇）

一、基本情况介绍

奇奇是个 5 岁的男孩，上大班，家中有个上幼儿园小班的弟弟。他是一个很聪明的男孩子，课上活动提问回答问题非常积极，并且很有自己独特的想法。但是每天的自由活动中他表现得非常散漫，时常做和同伴不一样的事，上操时间不能够老老实实地在自己的位置上做操，会到处乱动或者走开。每次跟他讲道理时，他都非常地清楚并且自己能够说出来其中的道理，可用不了一会儿就忘记了。当老师请他帮忙做事的时候，他能够积极地去做，得到老师的认可表扬也会很高兴，但每次都是坚持不了很久，又去捣乱了。

二、同胞冲突故事

故事 1：弟弟小，先陪弟弟

晚上睡觉前哥哥奇奇要妈妈陪睡觉，但是弟弟这时也要妈妈陪，妈妈跟哥哥说弟弟小，先陪弟弟，哥哥不同意，认为弟弟生病以来一直都是妈妈陪弟弟。哥哥开始抽搐哭闹，弟弟看哥哥哭，自己也跟着哭。

原因分析：

在弟弟出生前，妈妈都是陪着哥哥的，弟弟和哥哥相差两岁。其实在一些时候，5 岁的孩子不能完全懂事，会想被妈妈疼爱。加上弟弟后来身体一直不好，妈妈更多的关注点就在弟弟身上了，哥哥感到被忽略，因此哥哥想要妈妈单独陪自己的想法会在一些时候尤其强烈。

妈妈的态度：

在弟弟没断奶之前，或者是不舒服的时候，妈妈先哄弟弟，等弟弟睡着了，再过去陪哥哥一起睡；在弟弟断奶之后，两人同时都和妈妈睡。

策略思考：

妈妈有时可以和爸爸沟通，由爸爸去哄一下弟弟，妈妈这次陪哥哥。因为在弟弟小的时候妈妈一直都在先陪弟弟，哥哥心里一定有妈妈更爱弟弟的想法，因此妈妈应该借哥哥这次提出要求的机会，先陪一下哥哥，顺便好好和哥哥沟通一下。

故事 2：都喜欢的筷子

妈妈新给孩子们买了两个儿童筷子，上面的图案分别是爱心和小熊。哥哥和弟弟都喜欢爱心形状的，哥哥拿起了爱心图案的筷子，弟弟也要，两人发生了争抢。

原因分析：

妈妈买的东西，孩子们都是非常喜欢的，面对有爱心图案的筷子，孩子会觉得这个代表妈妈的爱心，尤其大一些的哥哥会有这种感觉，因此会选择有爱心图案的，这样的话每次使用自己都会有种被妈妈爱的感觉。弟弟往往是看哥哥用什么样子，他就会跟着选择，因此会发生争抢。

妈妈在选择时没有考虑到这一点，认为两个图案都很可爱，觉得两个孩子可以一人一个，同时，图案不同比较容易区分。

策略思考：

购买时可以带着两个孩子一起去，让他们自己挑选，这样他们即使选择不一样的，但因为是自己选择的，也就不会发生争抢。

妈妈可以购买相同的筷子，给每双筷子上写上名字加以区分，这样就不会发生争抢了。

结果： 妈妈采取了第二种方式，又购买了一双爱心的筷子，写好两个人的名字。

故事 3："我吃肉""我吃土豆"

晚饭时间，大家在吃饭，今天的菜是土豆炖牛肉。哥哥、弟弟都用手拉着盘子夹菜。哥哥夹土豆几次没有夹上来，这时弟弟挤走哥哥，拉过盘子开始夹肉，哥哥无法再夹土豆。哥哥用头顶了弟弟胳膊三下，弟弟被顶开，哥哥拉过盘子手扶着夹土豆，夹不上来就用筷子将土豆拨到碗里，弟弟跺脚嘴里说"我吃肉"，手开始夹肉。哥哥说："我吃土豆。"弟弟说："我喝汤。"然后把菜盆拉到了自己面前。哥哥说："喝汤可不好。"两人举手。爸爸说："请发言。"哥哥说："豆丁要喝汤。"爸爸问："你吃什么？"哥哥说："我这里缺土豆。"爸爸说："你俩不矛盾，对吗？"弟弟说："我俩要喝汤。"爸爸"哦"了一声。

原因分析：

家里的就餐方式与幼儿园不同，都是在一个盘子里大家一起吃，就会出现一人在夹菜的时候别人没法夹。两个人同时都在一起夹菜，再加上孩子使用筷子的灵活度不是很好，两个人的筷子会发生碰撞，就会出现要夹多次才能夹上来的情况。这个过程中哥哥觉得弟弟妨碍自己了，就用头去顶。虽然这个动作很快，弟弟也没有感觉到痛，但是能够看出他们之间缺乏相互谦让的品质，这时哥哥是想让弟弟等自己夹完再夹。但是选择的表达方式不好，这样的情况一定在其他事情上也会出现，这时的家长还没有意识到两人的小动作已经是矛盾的缩影，意见不统一时不能够去沟通，会直接用肢体动作来表示。

爸爸没有看出哥哥、弟弟在就餐上的矛盾点，听着孩子说一个吃肉一个吃土豆，就觉得其实他们没有矛盾，其实哥哥的碗里是有肉的，只是他这会儿是想吃土豆。并且哥哥对爸爸说他缺的是土豆，哥哥的思维很清晰。弟弟要喝汤，弟弟说的是他俩都想喝汤，其实弟弟认为自己想的也是哥哥想的，但是爸爸并没有发现，而是对弟弟的答案简单的答应了一下。

策略思考：

可以像幼儿园一样给两个孩子分餐具就餐，减少相互抢盘子的现象。

及时关注孩子的表现，当有不好的动作发生时要及时地给予提示，避免孩子养成动手的习惯。

对于孩子的问题爸爸一定要给予回答，并且当弟弟表达不清晰时要给予纠正。

在就餐的环境中给孩子正确的提示，进餐中不能随意离开座位，应在自己的小椅子上坐好，给予孩子们就餐礼仪的正确引导。

故事 4：送锦旗

早上来园，妈妈拿了送给班级老师和幼儿园的锦旗，三面锦旗卷在了一起，快走到幼儿园时，哥哥跟妈妈说要拿着锦旗送给老师。弟弟一把抢过来自己拿着，妈妈就给了弟弟。哥哥看了看妈妈和弟弟流着泪走进幼儿园大门。

原因分析：

哥哥想把送给自己班级老师的锦旗由自己拿着送给老师，表达自己喜爱老师的心情。

妈妈想省事，三个旗子放一起，自己拿着方便，没有想到自己孩子会要拿，等弟弟抢走后，也任由弟弟拿着，没有考虑到哥哥的感受。

策略思考：

孩子想自己拿锦旗送自己的老师，这个理由很合理，妈妈可以将三个旗子分给三人分别拿着，这样比较公平，也能满足孩子的心愿。

弟弟抢走的时候妈妈应该拿回，不能任由弟弟做事，到园门口再把旗子分开让孩子们分别拿。

三、给家长的建议

（一）共情法

共情法指的是家长降低自己的心理年龄，返回人生的原点，根据孩子的心理、理解能力、做事方式，以及情绪调节水平来理解孩子的心灵，进而感受孩子的困惑烦恼与喜怒哀乐。故事4中妈妈如果能够和哥哥共情，就能够理解哥哥为什么因为妈妈没有答应自己拿锦旗，弟弟抢去后妈妈没有责怪弟弟，于是一直哭着来到幼儿园门口，不和妈妈说再见就入园的情形了。

如果奇奇的妈妈可以这样和奇奇共情，回答他的问题："你是要自己拿吗？""那样走路不方便，你能保证安全不摔倒吗？""妈妈现在拿着我们走得会快一些，到了幼儿园门口再给你拿可以吗？"

这个过程中妈妈对奇奇想拿锦旗共情了，同时还告诉了他走路的时候妈妈拿，这样节省时间，到了门口再给他，让他送给老师。孩子们在情绪和认知上都得到了理解，共情改变了妈妈个人观点的主导性，促进了孩子自我成长。

（二）批评教育法

批评惩罚并不是非打即骂的教育方法，科学的含义就是某一种行为的结果导致了这个行为在将来发生的可能性大大减少的过程。案例中，哥哥与弟弟很多时候的争执都是因为弟弟过于强势。妈妈单纯地认为弟弟小就要习惯性地多关照，导致弟弟在哥哥面前的强势。因此当弟弟打掉哥哥给妈妈的球时，妈妈应对弟弟的行为做出惩罚，并说明原因，让弟弟知道自己当时的行为动作是不对的，并且要严肃强调要尊重哥哥，不能用手乱指，不能对哥哥大声吼叫。这个方法可使用多次，直到弟弟能够意识到自己要尊重哥哥。

（三）行为契约

行为契约所使用的契约不是法律意义上的"签字画押"，而是一种教育方法或是手段。这里孩子与家长可以是公平的，相互监督的。当发现谁有不适宜行为发生，或是表现突出时，我们可以拿出签订好的协议来做出相应的奖惩。这样孩子的内心得到了极大的肯定和平等的对待，可以很好地促进孩子心理的成长。

幼儿期的长子女属于心理弱势群体，正是因为幼儿生理机制与心理机制发育的不成熟，以致当家庭的注意焦点由长子女转移到次子女身上时，长子女会产生非常大的心理落差，感觉被忽视，致使情绪不稳，试图通过异常的行为，如大声哭闹、摔东西、打人等，重新吸引家人，成为注意中心，甚至通过模仿次子女的行为以期获得家长更多的关爱。这些行为如果没有引起家长足够的重视，必将进一步加剧长子女的心理失衡。

第四节 "玩具是我的"（二宝篇）

一、基本情况介绍

辰辰是一个 3 岁半的男孩，有一个大他 7 岁的姐姐，他在家跟姐姐的冲突主要体现在争宠、争抢玩具等攻击行为。

二、同胞冲突故事

故事 1：玩具是我的

妈妈说辰辰是一个性格内向、执拗倔强的孩子，想要做到的事情必须做，不然在家就会大喊大叫发脾气，最后的结果是大人妥协。有一天早晨，辰辰哭着来幼儿园，时间有些晚了，妈妈一边道歉说："不好意思，薛老师，辰辰来晚了。"一边叮嘱辰辰要听话。看着辰辰回到班里，妈妈悄悄地把我叫出去说："薛老师，不好意思，辰辰早晨跟姐姐吵架发脾气，两个人谁也不让谁，就因为爸爸给辰辰买了一个玩具，没给姐姐买，姐姐发脾气，辰辰听见了就过去挑衅姐姐：'就不给你买！'姐姐就开始上手打弟弟，幸亏我和爸爸及时拦住，不然打得更厉害。从出门开始辰辰也是一直大喊大叫的。老师麻烦您开导辰辰。"

原因分析：

与幼儿沟通了解辰辰在家与姐姐的交往情况：

在玩手头玩具的时候，辰辰走过来跟我说："薛老师，你知道吗？我姐姐会跆拳道，她老是用脚踢我。"我问他姐姐为什么用脚踢他，辰辰说："我们俩老抢玩具，我抢不过她，她还用脚踢我。"

通过沟通了解分析：

造成孩子性格不同的原因是家长对两个孩子的教育方式不同，老大也总是发脾气，爸爸的教育方式是对老大比较严厉，辰辰由于性格执拗倔强，家人比较娇宠，由于害怕孩子生病，也总是对辰辰提出的要求妥协。

措施：

1. 家庭教育策略

（1）充分了解冲突原因，不轻易批评孩子。

当冲突发生的时候，很多家长会通过自己所看到的一部分结果就开始批评孩子，评判是哪个孩子犯了错误。其实，家长首先应该做的是通过认真倾听两个孩子的声音来判断情况，而不是轻易、武断地批评孩子。

（2）学会"放手"，让孩子自己尝试解决冲突.

"放手"并不意味着家长完全不管，而是家长不要第一时间进行干预，可以选择在一旁观察孩子们是如何应对冲突的。孩子们都有自己的思想，同样也会有解决冲突的各种办法，让孩子自己解决不仅可以促进相互交流，也可以培养他们独自解决问题的能力。

2. 幼儿园教育策略

（1）给孩子们讲一些关于分享或和兄弟姐妹情有关的绘本故事。

（2）进行一些行为习惯的教育活动。

（3）表演遇到类似的情境他人是怎样解决的，树立榜样作用。

（4）通过对班级二孩家庭的线上问卷调查，了解家庭中冲突的原因，与个案家长进行沟通分析，有效地指导家长创设良好的家庭环境，改变传统的教育观念、改善教养方式等，帮助家长树立正确的教育观，增强处理同胞关系的教育意识，对不良的同胞关系进行干预，促进子女形成健康的同胞关系。总而言之，正确地对待儿童同胞关系对于儿童个体的身心健康产生的重要影响。与独生子女相比，希望孩子拥有积极的同胞关系，二孩家庭更应该建立和谐民主的家庭氛围，科学养育儿童。

故事 2：安全在我身边

晚上在家收到辰辰妈妈给我发的一张图片。过了一会儿辰辰妈妈发来一条信息："薛老师您好！今天接辰辰去小公园找姐姐，看到姐姐在小公园和同学一起爬这个雕塑，再把雕塑当滑梯滑下来，他就非要滑。姐姐说：'你还小，有危险，不能滑，会摔死的。'辰辰说：'有危险为什么你滑下来没摔死？'我给辰辰讲了半天，这不是滑梯也不是攀岩的地方，人家也写了警示牌，那么就不能当玩具玩。他还是没能理解，一直不走，闹腾着也要爬，一直问我姐姐和其他小朋友为什么能爬？有危险的话他们为什么还没死？麻烦您明天有时间再和他聊一聊。"

原因分析：

《幼儿教育指导纲要》中指出："幼儿园必须把保护幼儿的生命和促进幼儿的健康放在工作的首位。"因此在幼儿园教育工作中，幼儿的安全问题是保教工作的重中之重。幼教工作者应根据幼儿的身心特点，针对幼儿可能遇到的安全问题，把安全教育渗透于幼儿教育的各个领域，确保幼儿安全、健康地成长。

一是幼儿由于年龄小、无知、好奇心强、自控能力差等特点，对于生活中的一切都感到新奇有趣，充满了探索的欲望，但是他们又不懂得什么是危险，遇到了危险不知如何去规避，缺乏基本的防范意识，自我保护能力有限，自我保护意识弱，因此幼儿时期是人一生中最易出现危险和遭受意外伤害的时期。

二是母亲对安全的片面理解。在日常生活中有些父母出于对幼儿的安全考虑，每时每刻都将孩子置于自己的视线中，寸步不离地盯牢孩子，观察孩子的行动以免其遭受危险，使孩子没有活动及锻炼的机会，不仅使幼儿胆小懦弱，容易产生依赖心理，而且使他们自身的防护能力也得不到锻炼。可是就算我们再细心也无法预见到孩子可能面临的危险，即使预见到危险，也并不意味着能代替孩子避开危险。而有些父母则疏于对幼儿的安全教育，对家里一些不安全因素认识不够，导致事故发生。

三是幼儿园安全教育不够全面，家园配合教育不够，没有形成合力。所以在幼儿期对幼儿实施安全教育是十分必要的。

措施：

1. 创设良好的育人环境，营造宽松的生活氛围

不论是物质环境还是精神环境，我们都要为幼儿营造一个宽松、安全的氛围。

2. 提高教师自身安全意识，培养幼儿自我安全防护能力

幼儿作为一个活动的主体，每天都与活动密不可分。幼教工作者在一日活动中只关心自己怎样加强责任心、确保幼儿安全是远远不够的。我们要在一日活动中随机对幼儿进行安全意识和自我保护能力的培养，并且通过安全主题教学、安全演练、社会实践中的安全契机教育，抓住一切机会培养幼儿的安全防护能力。

（1）通过一日活动中各环节的安全渗透教育，让幼儿在有序的生活常规中不断地成长。如在饮水环节中，我们教育幼儿有序按号取杯，先接凉水再接热水，接好水回座位安

静喝水等。生活各环节都有严格的流程，教师通过流程统一标准，不仅能使幼儿形成良好的生活习惯，而且能够通过这样的一个流程降低安全事故的发生率。

（2）通过对幼儿年龄发展的特点进行了解，有针对性地进行安全主题教学。通过形式多样的教育活动，促进幼儿自我保护能力的发展——"千般照顾，不如自护"。还可组织专门的讨论活动，在讨论中让幼儿各自发表意见，从而学会一些自我保护的技能。

（3）通过角色游戏渗透安全教育。游戏是幼儿喜爱的活动之一，在游戏中，幼儿融入其中，在角色的扮演中巩固了生活技能，也能在不知不觉中学到一些安全常识。

（4）阶段性地安全演练活动。通过防火安全演习、防震安全演习、防拐安全演习，让幼儿在演习中提高应对紧急情况的能力。

（5）抓住社会实践契机进行教育。如在大街上进行交通安全教育，公交车上进行乘车安全教育，乘坐电梯时进行乘坐电梯应急教育，到超市进行到陌生环境中要先关注安全出口通道的教育，等等，这样的教育往往起到事半功倍的效果。

3. 家园共育，形成安全教育合力

《幼儿园教育指导纲要》强调指出："家庭是幼儿园的重要合作伙伴。"

（1）提升家长安全意识和认知水平，取得相互配合与协助。幼儿园可以通过召开家长会，向家长详细介绍培养幼儿自我保护能力的意义、目标、计划及需要家长配合的事项。幼儿园定期在家园联系栏上张贴有关幼儿自我保护能力的小常识，向家长宣传一些培养幼儿自我保护能力的方法。为了让幼儿亲自实践"遇到危险时怎么办"，幼儿园在亲子活动中，还应多设计一些让幼儿和家长一块玩的安全小游戏，这样既让幼儿感受与家人游玩的快乐，还会使他们懂得简单的安全知识和逃生技能。

（2）鼓励家长加强幼儿安全实践，强化幼儿安全行为。幼儿在幼儿园所习得和形成的安全行为，如果家长经常帮助幼儿实践，则有助于幼儿建立稳固的动力定向，进而逐步形成习惯。例如，家长带孩子外出时可以引导幼儿看看在什么地方有什么样的安全标志，如：红色的标志是禁止，黄色的标志是警告，标志上的图案是什么意思，禁止或警告了人们什么。同时，家长需要提醒幼儿一定要注意按标志要求去做，以免发生危险。还有家庭里常用的消毒液、洁厕灵等能够对孩子造成伤害的物品，家长要让孩子认识到它的危害性。不是饮料的液体千万不要放在饮料瓶子里，以免被孩子误食，造成不必要的伤害。

总之，幼儿教育安全是第一位的，安全是幼儿园工作的底线。只靠幼教工作者单纯的保护是远远不够的，必须通过各项教育活动，以及生活中的渗透教育，才能不断强化幼儿的安全意识，提高幼儿自我保护能力。

故事 3：妈妈先接我

今天下午，由于妈妈接完姐姐再来接辰辰的路上堵车，所以就晚了些来接辰辰。我和辰辰一起在门口等妈妈，看到妈妈的车开过来，辰辰又期盼又委屈的小表情就流露了出来。我说："辰辰，妈妈停好车就过来啦，你耐心等一下，今天妈妈是因为路上有点堵车，所以来晚了一点，你要理解她。"辰辰点点头。说完妈妈和姐姐同时下车，妈妈边跑边说："辰辰对不起，妈妈今天接完姐姐路上堵车来晚了。"说着把辰辰抱在怀里，辰辰看到姐姐过来了，委屈地流着眼泪说："妈妈，你为什么不先接我，再去接姐姐。"这时姐姐说："从你上幼儿园开始每次都是妈妈接你，妈妈就今天接了我一次。"辰辰搂着妈妈的脖子说："妈妈就不能去接你，妈妈是我的，只能先接我，哼……"说着妈妈抱着辰辰，姐姐默默的跟在身后往停车的方向走去。

原因分析：

当我听到辰辰说出"妈妈只能先接我"，姐姐说"妈妈就今天接了我一次"的时候，我就立刻捕捉到了辰辰的家庭教育存在问题这一信息，并及时通过交谈加以了解，找出了问题所在。通过与家长的沟通我了解到：姐姐比辰辰大 7 岁，弟弟现在 3 岁半，正处于自我中心阶段，比较敏感也爱生病。有时候爸爸妈妈在照顾两个孩子的时候会有偏袒弟弟的现象，由此两个孩子之间会产生争宠和嫉妒的情况。姐姐也会因为爸爸妈妈只给弟弟买玩具等事情跟弟弟起争执，趁爸爸妈妈不注意，甚至还动手。而家长则认为姐姐已经上五年级了，就应该懂事一些，平时多让着点弟弟。

措施：

1. 家庭教育策略

这个故事中家长的做法是由于父母对两个孩子的态度和教养方式不同所导致的，大宝认为爸爸妈妈喜欢弟弟不喜欢自己而感到不自信，保持了沉默。二宝以自我为中心，认为妈妈就喜欢自己、只能来接自己、给自己买玩具等。

首先，家长应该改善家庭教育的问题，创造和谐自然的家庭氛围，放平心态，公平公正、平等关爱两个孩子。家庭和睦团结友爱对陶冶孩子的情操十分重要。家长"以大让小、偏袒"的教育观念应得到转变。只有姐姐感受到父母对自己的爱，她才会去爱弟弟；让弟弟知道自己和姐姐都是爸爸妈妈的宝贝，引导二宝爱父母、爱家人的情感。其次，树立姐姐的威信，维护她的地位和自信。妈妈要将关注度适当向姐姐倾斜，让姐姐明显感觉到自己的言行得到了大家的关注，家人的爱和呵护也让她提高了自信。得到爱的同时，她也会用同样的方式爱家人。这样看似忽略了二宝，实则是家长给弟弟培养了最好的榜样。最后，正确认识弟弟的自我中心意识，引导其社会性与同伴交往的发展。3～4 岁孩子正处于自我中心阶段，认为什么事情都应该以自己为主，自己想要什么都应该得到满足。针对弟弟比较依赖妈妈，认为妈妈是我的，妈妈只能接我、爱我的情况，可以让妈妈适当地退出。比如让爸爸多带带他，培养他的男子汉气概，还可以带他多参加同伴活动。同伴间的交往，将挑战幼儿的"自我中心"，在与同伴的交往过程中，幼儿会逐渐意识到别人还有与自己不同的想法，从而降低自己的"自我中心"性。

2. 幼儿园教育策略

在跟妈妈沟通时，首先肯定妈妈和辰辰之间亲密的亲子关系，接着话锋一转："辰辰在家也是一直这样黏着您吗？爸爸不在家的时候姐姐需要您时，您是怎么办的呢？"妈妈说："姐姐大了，还好没有辰辰那么需要我啦。"于是我把接园那天观察到姐姐的表情跟妈妈说了一下，妈妈有点诧异，自言自语道："我没有太注意。"其次引导妈妈与姐姐共情，关注姐姐情绪，站在姐姐的角度，去体会她所经历的情绪、情感的变化，了解姐姐的内心世界，得到孩子的信任。最后给家长推荐亲子游戏，比如过家家、两人三足；同胞游戏，比如躲猫猫、看图搭积木等，引导孩子们在游戏中学会分享，培养他们的手足情。引导幼儿通过教育活动、与家长或老师沟通等方式，学会表达对身边人的爱，比如爱家人的情感。要使同胞多子女家庭中的手足情能够维持得最长久，就需要父母给予他们同等的爱，需要如同沐浴阳光的家庭氛围，也需要使他们能够在成长的过程中感受生命的舒展和力量。

故事 4：你身上怎么那么脏

爸爸带着姐姐和弟弟出去玩耍，回到家，妈妈看到姐姐说："你看你衣服弄的什么这么脏，弟弟的衣服多干净啊。"姐姐不高兴地"哦"了一声。然后妈妈就让每个人吃了一个巧克力冰激凌，辰辰吃完去洗手了，姐姐趁他不注意，用沾有冰激凌的手，在辰辰的衣服上抹了一下。吃完饭，辰辰在画画，画纸掉在了地上，姐姐故意上去踩一脚，踩脏了，辰辰哭着找妈妈。妈妈觉得姐姐是故意的，就批评姐姐，姐姐不情愿还有点不服气地跟辰辰道歉。

原因分析：

人天生就有嫉妒心理，婴儿从 16 ~ 18 个月就开始出现嫉妒的表情，两三岁的孩子嫉妒吃醋的心理就已经开始很明显复杂。由于妈妈每次总是拿弟弟跟自己比较，姐姐的心里就会不高兴，甚至害怕担心妈妈不喜欢自己。而且有时候，一点点小事情就能激起姐姐的嫉妒心理，比如发现爸爸给弟弟买了一辆玩具车，或者因为感觉妈妈自从有了弟弟就不爱自己了，所以妈妈表扬弟弟衣服干净，自己就要在弟弟的衣服上抹上冰激凌，妈妈现在得表扬自己啦……

措施：

1. 家庭教育

首先要关注破坏性的嫉妒行为，并晓之以理。一旦发现孩子因为嫉妒出现攻击性和破坏性的行为，家长要及时阻止，不可忽略对孩子的教育，要讲清楚嫉妒对自己和别人带来的害处。其次是指导孩子采取正确的做法，把嫉妒心转化为进取心。比如文中妈妈可以这样说："妈妈知道你也想干干净净的，得到妈妈的表扬，如果你做到这一点，妈妈就会表扬你的，你把弟弟的衣服弄脏了，妈妈不会表扬你，如果你现在把弟弟的衣服变干净，妈妈就会表扬你。"最后是正面地鼓励孩子，不要一味地批评或哄孩子。孩子需要家长的表扬和鼓励来建立自信，比如弟弟今天是因为表现好所以妈妈奖励了他一个玩具，如果她也想得到奖励，就要跟弟弟友好相处，那么她也会得到妈妈的奖励。（见图 9-6）

图 9-6　辰辰和姐姐在友好地搭积木

2. 幼儿园教育策略

首先要具备宽容的态度，身教重于言教，作为教师，要从生活中让孩子体会到宽容的乐趣，教育孩子多看到别人的长处，多发现别人身上值得我们学习的地方，找出自己的不足。其次是通过同伴间的交往，培养幼儿的分享意识。最后根据孩子的活动情况和心理需要，选择合适的教育内容和教育方法，从而使我们的教育有成效，孩子得到改变和成长。

三、给家长的建议

通过与辰辰妈妈沟通，我了解到家庭中同胞冲突的原因。幼儿园方面应与家长幼儿共同沟通分析，有效地指导家长创设良好的家庭环境，通过改变传统的教育观念、改进教养方式等有效策略，帮助家长树立正确的育儿观，使他们增强处理同胞关系的教育意识，有针对性地对不良的同胞关系进行干预，促进子女形成健康的同胞关系。总而言之，正确地对待儿童同胞关系对于儿童个体的身心健康具有重要的价值。与独生子女相比，二孩家庭更应该建立和谐民主的家庭氛围，科学养育儿童。

当同胞之间发生冲突时，家长首先应该充分了解冲突原因，不轻易批评孩子；其次是应该学会"放手"，让孩子自己尝试解决冲突。"放手"并不是意味着家长完全不管，而是不要第一时间进行干预，可以选择在一旁观察孩子们是如何应对冲突的。孩子都有自己的思想，同样也会有解决冲突的各种办法，让孩子自己解决不仅可以促进他们的相互交流，也可以培养他们独自解决问题的能力。最后作为家长要平等对待孩子，不要总以"大"让"小"。家长对待两个孩子应该一视同仁，不要总是通过以"大"让"小"的方式去解决冲突，而是应该尝试多种方法。家庭教育不同于学校教育，它有其独特的规律，对人们一生的发展起着十分重要的作用。

第五节　"什么是道歉？"（二宝篇）

一、基本情况介绍

哥哥今年上初中，二宝条条今年 4 岁，由于年龄较小且是早产儿，深受父母的喜爱。平时哥哥玩什么，弟弟就要走到哥哥的身旁看着，如果觉得好玩，弟弟就会抢过来，发生冲突时，也是哥哥先退让。在家中的主要看护者为母亲。

二、同胞冲突故事

故事 1："什么是道歉？"

过渡环节刚刚开始，一、二组的小朋友都围在玩具柜前挑选各自的玩具。条条是二组的，他在后面慢慢悠悠地起身往玩具柜方向走着，有两个小朋友挡在他面前，他就用手将两个小朋友推开，伸手去够玩具柜里的小汽车。等条条拿着小汽车坐在小椅子上，忽然笑笑从他的身后蹦蹦跳跳着走来了，他的身体蹭到了条条的左胳膊，条条瞪着眼睛直接用右手打了回去。小小转过身来，拉着条条的胳膊，大声地说："条条，你跟笑笑道歉。"条条看了看小小，又看了看笑笑说："道歉，什么是道歉？"便头也不回地走回了座位。

通过和家长的沟通，我们发现，条条在家中和哥哥的游戏时，总会抢夺哥哥玩具和捶打哥哥，但由于条条年龄较小，父母从不批评条条，都是让哥哥让着弟弟。因此，条条对于道歉的态度是一笑了之，也根本不明白为什么要道歉。

原因分析：

在此年龄阶段的儿童大脑正处在发育阶段，导致思维不全面，好奇心驱动下的行为指向别的运动的事物，所以别的幼儿做什么，自己也想做什么。如果有儿童侵犯自己，就不加思索地进行反击，出现冲突。在家里几个大人都捧着孩子，生怕"掉下来"，什么都让着孩子。并且幼儿在家中从来没有接受过冲突与道歉的教育，没有独立解决过与他人的冲突。

措施：

1. 家庭教育策略

（1）树立正确教养观念，学习家庭教育方法；

（2）关注长子女心理变化，缓解不良情绪；

（3）正确认识同胞关系，适时介入冲突。

2. 幼儿园教育策略

（1）了解冲突行为的过程，理性对待冲突；

（2）开展"道谢与道歉"主题活动，让幼儿了解道谢、道歉等基本日常礼仪及其原因，学会正确地表达谢意与歉意；

（3）教给幼儿自行解决冲突的方法。

故事 2：都是我的！

区域活动时，条条先在班级里绕了一圈，然后选了一筐玩具坐下，眼睛一会儿瞧瞧左边的小朋友，一会儿望望右边的小朋友，手里不停地摆弄着筐里的玩具，让玩具发出碰撞的声响。忽然，他好像发现了目标，于是停下了手里的动作，走到了快快（化名）的旁边，一把夺过快快的玩具筐，往自己的方向挪动，一边用身体把快快挤开。快快在一旁大哭了起来，条条呢，抱着抢来的那筐玩具回到了自己的座位上，仿佛这件事从未发生。

通过和家长的沟通发现，条条在家中遇到好玩的玩具或是好吃的吃食，都能第一个拿到。如果喜欢的玩具在哥哥手里，就会毫不犹豫地从哥哥手中一把抢过。

原因分析：

中班幼儿正处于"以自我为中心"的状态下，社会角色意识还未发展完善，不能有效的管理自己，常常会认为别人有的，我也应该有。由于其年龄较小，无法控制自己的行为方式，而且也不会与小朋友进行有效的沟通，只有通过争夺的方式来表达自己的思想，这符合这一年龄阶段孩子的特性。并且幼儿在家庭中备受宠爱，养成了以自我为中心的个性，而争抢行为是幼儿在一些特定情境下所选择的维护自身利益或表达内心情感的行为方式。

措施：

1. 家庭教育策略

（1）树立正确同胞关系，学习家庭教育方法。

（2）鼓励幼儿与同胞之间友好互动，提升幼儿对同胞的正确认识。

家长在家中要给予大宝和二宝共同游戏的机会，营造良好的合作氛围。让大宝、二宝感受到同胞间的亲情，相处的快乐。

（3）坚持公平公正，避免偏袒行为.

在家中大宝、二宝发生冲突时，家长要保持一个公平公正的心态，先了解事情的真实发展经过，秉持着不偏不倚的心态去处理问题。不能因为大宝年龄大就总是错误方，也不能因为二宝年纪小就不计较其错误，使幼儿有正确的是非观念。

2. 幼儿园教育策略

（1）营造温馨的班级环境，加强爱与分享教育.

教师可以通过创设良好的班级环境，或是开展绘本剧活动，如《三只蝴蝶》《拔萝卜》等，激发幼儿与同伴合作、分享的想法。

（2）合理利用教育契机，强化认知。

在一日生活中，幼儿与同伴发生冲突，教师要抓住教育契机，可以在班级中开展谈话活动，和幼儿聊一聊在什么时候会和其他小朋友发生冲突，发生冲突后要怎么解决等；也可以开展社会教育，使幼儿了解到与同伴共同游戏的快乐。

（3）制定游戏规则，引导幼儿遵守规则。

教师在每次的游戏活动中，需要先把游戏的规则告知幼儿，幼儿只有先明确了规则，才能做到遵守规则。

故事3：爱都是我的

哥哥和弟弟经常会同时争着让妈妈抱自己，并且不允许妈妈同时抱住他们两个。有时候给两兄弟分水果、分零食，弟弟总是要求自己拿多的，不多不罢休，甚至两人会为"谁比较多"的问题吵起来。有一次在家里聊天的时候，爸爸说了一句"哥哥在学校里拿了个第一名，家人都为哥哥祝贺"的时候，旁边的弟弟不开心了，先是大声地"哼"了一声，见爸爸妈妈没有理他，又用脚使劲地在地上跺来跺去，想要把大家的注意力集中到自己身上。这时，妈妈把弟弟抱了起来，"你看，哥哥朗读比赛又得第一名了，我们说哥哥好棒"，弟弟却从妈妈的怀抱里挣脱出去，坐到一旁暗自生气了。

原因分析：

同胞嫉妒普遍存在，婴幼儿时期，儿童就已经能够意识到自己与心爱者的亲密关系是否受到他人的威胁，会因他人的竞争而引起嫉妒，在生理上和心理上产生变化。儿童会试图通过自身的对抗或破坏行为争夺有限的父母资源。在父母差别对待的情境中，儿童能够敏锐地察觉到父母对自己和哥哥的行为差异。弟弟的行为表现都是想要吸引父母的关注，让父母看到自己不高兴了，渴求父母来抱着他，哄一哄他。

措施：

1. 家庭教育策略

（1）创设良好的家庭环境，为儿童成长创建良好的心理环境。

作为父母，应该为孩子创设良好的家庭环境，尊重孩子的主体性和参与性。在二胎出生前后时刻关注头胎的心理变化和心理环境建设，给予孩子相同的关注和平等的对待。同时，父母可以通过开展家庭集体活动，增进家庭成员间的交流，为孩子的健康成长创设良好的家庭和心理环境。

（2）改变传统观念，科学养育儿童。

二孩家庭家长要改变传统观念，营造民主的家庭氛围，让儿童在家庭重要事件中有充分的知情权和参与权。要重视父亲角色作用的发挥，鼓励父亲参与家庭教养，避免因为家长的引导不当而造成同胞之间不必要的矛盾和冲突，给儿童的身心发展造成不利的影响。同时家长应该满足孩子的合理要求，避免引发同胞之间的冲突行为和矛盾。每个孩子都有不同的需求，应积极倾听孩子的心声，公平对待、科学养育、合理引导他们。

（3）改进教养方式，全家共育儿童。

拥有较好的同胞关系的儿童在共情能力、交往能力等方面的表现更加出色，同时，他们会表现出更多的亲社会行为和更少的问题行为。二孩家庭中的父母应树立正确的家庭教育观念，改进家庭教养方式，增强处理同胞关系的教育意识，有针对性地对同胞关系进行理性干预，促进子女形成健康的同胞关系。父母、祖父母共同参与协调同胞关系，增加陪伴和教育子女的机会，缓解二孩冲突给亲子关系带来的情感危机，同时，也会增进儿童对其他社会关系的理解，促进他们健康成长。

2. 幼儿园教育策略

（1）积极开展情绪教育，提高儿童的情绪调节能力。

学校应该加大情绪调节的教育力度，让每个小学头胎儿童在学校里学到情绪调节的相关知识。

（2）创设良好的班级氛围。

教师与儿童互相尊重，彼此建立和谐的师生关系。由于情绪调节能力中包含了自我控制，因此教师可以通过班级管理为儿童建立自我控制意识，进而提高头胎儿童的情绪调节能力。培养和提高儿童的自我控制能力，引导儿童选择合适的方式进行自我控制、调节情绪。

（3）模拟多样化情绪，模拟家庭环境。

在日常的教学过程中，可以通过模拟情绪多样化，让儿童在这样的情绪环境中领悟到不同的情绪，进而在多样性的情绪体验中进行总结，学会在不同情绪环境中用不同的方式对情绪进行调节与控制。比如在课堂上为幼儿模拟二孩的家庭情境，并呈现伴随着情境产生情绪的体验，鼓励学生学会换位思考，并且在不同的情境中进行总结，让幼儿在学习的同时对情绪进行把握和控制。也可以在经典的心理剧中进行角色扮演与体验，让儿童学会用不同的角度看待事情，在不同的角度体验不同的情绪，让儿童树立起调节情绪的意识。

故事 4：妈妈，打他吧！

妈妈对孩子比较严格，不光是哥哥，连中班的条条也要每天学习。比如妈妈让条条学着写数字，有时候教半天，条条还是写不好，妈妈就会说他；有时候他写字不专心，妈妈也会生气，威胁要打他。平时，条条总是自己一个人玩，很少和哥哥一起。有一次，哥哥没有背下来古诗词，妈妈正在批评他，条条就凑到妈妈的旁边，怂恿妈妈说："打他吧，打这个大笨蛋吧！"还把戒尺拿到妈妈面前。妈妈也在反思自己，是不是受了太多的棍棒教育，条条才会出现这种行为。

原因分析：

采取专制性教养方式的父母，其典型特征是对子女严厉专断，强迫子女服从自己的意愿，对待孩子的错误采取惩罚，甚至体罚的方式。受到此种教养方式的幼儿与父母关系紧张，缺乏安全感和归属感，性格易变得冷漠和敌对，与同胞相处时也易产生粗暴、不团结的行为，易发生同胞冲突。此外，从社会学习理论的角度也可以进行解释，父母若对头胎幼儿采取消极的教养方式（例如威胁、打骂、责罚等），幼儿也会将学到的这些消极情绪、攻击性行为等迁移到同胞身上。

措施：

1. 家庭教育策略

（1）积极参与到子女的教养中去。

父母要做到积极教养，绝不能只是观念上的更新或是口头上的积极，而是要将之付诸对子女教养行动的实践中。父母要想更好地教育培养孩子，首先就要做到尽力地积极地参与到子女的教养中去。

（2）采用民主的教养方式。

父母对孩子过分专制，动辄对孩子斥责打骂，也易导致头胎幼儿对同胞冷漠、敌对、粗暴，造成同胞冲突频发。而采用民主教养方式的父母通常对孩子表现出温暖、理解、鼓励的教养行为。在这种教养方式下成长起来的幼儿有足够的安全感，情绪稳定积极，乐于与人交往，能够主动地与同胞建立联系，对同胞做出亲社会行为和亲密行为。

（3）平等地对待子女。

幼儿对父母的差别对待具有敏锐的洞察力，父母的差别对待会加剧同胞冲突，恶化同胞关系。因此，在多子女家庭中，父母要尽可能做到"一碗水端平"，平等地对待子女。一方面，在抚养照顾上尽量给予子女平等的待遇。不可否认，母亲对年幼子女，尤其是出生不久的婴儿，不得不付出更多的时间、精力进行照顾和抚养，但是，不能因此忽略年长子女的需求和感受。父母要给予年长子女足够的安全感，向年长子女表达爱，避免年长子女产生爱被夺走的错觉和失落感。父母可以利用年幼子女休息的时间，与年长子女来一段独处的时光，进行亲密的互动，讲故事、玩游戏等，让年长子女感受到父母对自己不变的爱和陪伴。另一方面，面对同胞间的冲突，父母也要公正处理。同胞间发生争吵、抢夺、攻击等行为时，父母不能一味地依据性别或年龄差异而偏袒一方，可以给出建议，指导幼儿自己解决冲突。

2. 幼儿园教育策略

（1）以身示范，创设良好外部环境。

教师要注意维护自身形象，做好班级管理，为幼儿的健康成长创设良好的和谐的外部环境，使幼儿在和谐的环境中，不断提高认知，健康成长。

（2）加强感恩教育。

让幼儿明白，哥哥姐姐帮助了自己，自己要学会说"谢谢"。同样，在幼儿园里，能干的同伴帮助了自己，自己应该用自己的实际行动回报班级，做一些力所能及的事情。幼儿间的感情也是在一日日相处中、谦让中、帮助中，变得和谐、融洽。

三、给家长的建议

通过本学期的二孩同胞关系冲突的教研活动，我们厘清了同胞关系中冲突的形式、类型，基于对二孩家庭幼儿发展的指导，针对某个幼儿家庭中发生的冲突，教师给予具体的、有针对性的指导，从而促进二孩家庭良好的同胞关系培养。在不断的理论学习和与各位老师们的研讨总结中，我也收获到了很多。

随着全面二孩、三孩政策的出台，越来越多的独生子女有了亲弟亲妹，同胞之间的关系也越来越受到父母的关注。同胞关系是个体早期社会人际关系的重要构成部分，同胞之间的互动丰富了幼儿的社会经验，提升了幼儿的情感表达能力，帮助幼儿学习解决冲突的技能，从而促进同胞亲密关系的形成。同胞冲突是家庭冲突的一种特殊形式，也是不良同胞关系的集中体现。国内外有关同胞关系的研究中，同胞冲突型关系往往导致个体心理社会适应能力受限、人格发展不健全及各种外化问题行为的发生，对儿童成年后的心理和行为有着消极影响。同时，在外显层面上，同胞冲突问题以躯体攻击、言语侮辱和同胞嫉妒为主要表现形式。

那么下面我就同胞冲突问题的转化策略，做一个简单的梳理。

（一）增进沟通，营造和谐氛围

家庭是幼儿生活的主要场所，幼儿作为独立的生命个体，能够敏锐地察觉父母态度以及周围生活微妙的变化，和谐稳定的家庭环境需要各成员紧密联系，主动维护家庭的稳定，提高对彼此生活的参与度，使幼儿在安全舒适的环境中成长，保障幼儿身心健康成长。因此，各成员要努力营造和谐的家庭环境。

首先，根据家庭系统理论，家庭系统主要由配偶、亲子以及同胞三个子系统共同组成，每一系统之间既相互联系又相互制约。良好的婚姻关系和亲子关系是构建积极同胞互动的基础和前提。一方面父母要改善婚姻关系、提高婚姻质量，子女是父母的一面镜子，父母之间的沟通、交流方式直接影响同胞相处的基本态度和行为模式；另一方面，亲子关系是亲子教育的基础，良好亲子关系的建立依赖于有效的亲子陪伴，这就要求父母应增加与子女共处的时间，重中之重是增加父亲陪伴的时间。父亲可以通过每晚的亲子时光组织和开展如阅读、游戏等方式参与亲子活动，给予情感关怀，有效促进幼儿独立、自信、探索以及创造等良好品质的形成，建立亲密的亲子关系，以亲子互动作为中介力量，提高亲子互动质量，反向作用到婚姻关系和同胞关系之中。其次，父母也应实施积极的教养方式，民主的教养方式能够给予幼儿充分的自我表达机会，培养其包容、友爱的道德品质，提高同胞接纳，为积极同胞互动的形成奠定基础，而溺爱、专制以及忽视型的教养方式，会养成娇纵、跋扈的性格特征，增加同胞竞争以及同胞冲突互动行为的发生。

因此，只有在各家庭成员平等和互相尊重的基础上，增进沟通与交流，营造和谐家庭氛围，建立良好的情感联系，才能培养幼儿乐观、自信的性格特征，为其社会性发展水平的提高奠定良好基础。

（二）关注同胞关系，建立良性互动

同胞是伴随幼儿一生的情感关系，是无法选择也无法拒绝的，但同胞也是唯一能够陪伴彼此一生，为彼此提供情感支持、心理支持的人。同胞间的交往与互动是促进幼儿自我发展的重要因素，恰恰是同胞互动中的平等性这一特点，为彼此提供了更多的玩耍、游戏的机会，使他们在互动的过程中彼此照顾，互相学习。

因此，父母应有意识、有目的地为同胞创设积极互动的机会，推动同胞和谐、健康发

展。一方面，父母要给予同胞间充足的交流互动机会，组织开展家庭游戏，共同参与，放手让同胞有足够的交流空间和时间，而不是急于向对方传达所要表达的内容，相信同胞彼此间每一个表情、语言、肢体动作都有其特定的含义。另一方面，父母要帮助子女建立角色意识，明确每个成员在家庭中的角色与责任。父母作为长辈的角色赋予他们教育子女的权力与责任，使他们占据主导地位，同样子女也承担一定的角色和任务，父母需要明确每个家庭成员的角色分工，灵活把控分工内容，在彼此的能力范围内互相帮助，让孩子有效率、有秩序地分工协作完成任务。如鼓励大孩参与照顾弟弟妹妹，帮助他们刷牙、洗脸、穿衣服等，使幼儿找到自己在家庭中的定位，体现他在家庭中的重要性与必要性，建立彼此在家庭活动中的参与感与责任感，体验任务完成时的成就感。在交往中彼此接纳、友好相处，提高同胞互动的质量。

（三）均爱无偏，平等对待

依据亲缘选择理论，共同生活在同一家庭环境中的同胞，二孩的出现会争夺本属于大孩的资源，因此不论是物质生活资料的分配，还是情感与心灵上非物质资源的分配，就成为多子女家庭面临的首要问题。资源分配是否合理，直接关系到同胞互动的质量高低，幼儿能够敏锐地洞察到父母的差别对待，资源分配不均会直接引起同胞互相比较和嫉妒，增加同胞竞争互动行为产生的频率。研究结果表明，一定程度的良性同胞互动与幼儿社会性发展水平呈正相关，因此父母应做到均爱无偏，平等对待。这种平等是指父母与子女间的平等，以及大孩与二孩间的平等，主要表现为管教行为和情感上的平衡。一方面，父母需要及时更新自身的儿童观，转换传统重男轻女、大让小的教育观念，以公平客观、平等尊重的态度对待两个孩子。

因此，处理二孩问题的最佳路径是要充分尊重长子女的地位，避免一味要求大孩出让自己的主权，一视同仁，既不偏袒年龄较小的儿童，也不委屈年龄大的儿童。在教育要求上保持一致，尊重幼儿人格，批评有法，惩罚有度。如在二孩到来之前，提前做好大孩的思想工作，让大孩积极参与到家庭讨论之中，提前感受二孩的到来；除此之外，适当在大孩与二孩相处过程中增加大孩的权利，让大孩主动参与到二孩的教育之中，树立一定的威信；当同胞间产生竞争与冲突行为时，父母应做到不偏不倚，给大孩足够的时间、空间尝试自主解决矛盾。

（四）正视问题，恰当干预

学前期幼儿活泼好动、模仿能力强，各项生理及心理机能还处于发展之中，同胞互动作为幼儿人际关系的一部分，受各种因素的影响，既存在积极的，也存在消极的。一定范围内的消极同胞互动作为一种正常的互动模式也存在积极意义，这就要求成人重新审视同胞互动，无需过分扩大其消极影响，正视同胞消极互动中存在的问题。首先，父母应做到理解，一方面理解同胞冲突互动的性质，观察中研究者发现，多数消极互动行为的产生都是为了争夺父母的关注，面对争吵与冲突，父母不必急于叫停，而应以包容的态度理解这一冲突事件的发生，给予幼儿一定的"退行"空间。另一方面，理解幼儿的抵触情绪，不论大孩二孩父母都要俯下身倾听幼儿的想法，接纳幼儿的情绪，让幼儿感受到来自父母的关爱与理解。其次，面对同胞冲突行为，成人不必表现出紧张情绪，坦然面对。

经过了一个学期的策略指导，幼儿的行为也发生了一些变化。通过与家长的沟通我了解到：在与教师的配合下，条条目前与哥哥的关系有所缓和，哥哥在游戏时，条条依然会走到哥哥的身旁观看。哥哥看到后，会主动地把条条叫到身边，而条条也愿意挨着哥哥一起。争抢玩具的现象也越来越少发生。家长可以按需提前分配好玩具，哥哥也转换了意识，能够从心底里爱护弟弟，不与弟弟争抢。而条条在想玩哥哥的玩具时，也会提前询问哥哥自己能不能玩。家长感受到了家里两个孩子的变化，也很欣喜。

在这个以人为基础的纷繁社会中，每一个个体都隶属于不同的家庭，正是因为家庭教育的不同，才造就了形形色色的独立个体。二孩政策带来机遇的同时，也给家庭教育带来极大的挑战。然而一些看似难以解决的问题，在弄清其根本原因之后，就会找到好的解决方法。如何针对不同的孩子进行有计划的教育，如何培养孩子的家庭责任感，如何营造良好的家庭氛围，这些都是当今二孩家庭中普遍存在并且亟待解决的问题。当这些问题以适宜且合理的方法得到有效解决后，每个二孩家庭必然会闪耀着和谐温馨的光芒。而作为一名幼儿园教师，也需要能够通过自己的专业知识，对家长进行指导，进一步理解同胞关系的本质，推动同胞关系和谐、健康地发展。

第六节　我画的比哥哥好（二宝篇）

一、基本情况介绍

扬扬是个男孩，今年4岁，是家中第二个孩子，他有一个上小学的哥哥，他的主要照顾者是奶奶和妈妈。当扬扬还小的时候，哥哥和扬扬之间很少直接发生冲突，有时哥哥会抱怨爸爸妈妈对他的关心比原来少了，爸爸妈妈总是围着弟弟转，会因为争宠跟爸爸妈妈发脾气。可是随着扬扬慢慢长大，能够很顺畅地与人沟通，逐渐有了自己的想法，扬扬和哥哥之间经常因为一些鸡毛蒜皮的小事发生争吵，加上两个都是男孩子，在家里总是打打闹闹，经常搞得家里"鸡飞狗跳"。

二、同胞冲突故事

故事1：我画得比哥哥好

哥哥刚一放学回家，就拿出自己今天在学校画的美术作品来展示，妈妈和奶奶说："源源真棒！画得真好！"弟弟听见了，也回屋子里拿出自己今天在幼儿园的作品，一边展示一边说："我今天也画画了，看我画的比哥哥画的好！"哥哥说："我都看不出来你画的是什么，画的太乱了，我画得好！"弟弟冲着哥哥吼道："我还看不出来你画的是什么呢！你画的才乱！"俩孩子因为谁画得更好这件事大吵了起来，弟弟还大哭了起来。奶奶出面阻止争吵，跟哥哥和弟弟说："你们两个画得都好，都很棒，都是第一名。"又安慰弟弟："扬扬画得多棒啊！我觉得一点都不乱，画得多好啊！"然后把哥哥拉到一边，跟哥哥说："你是哥哥，你得让着弟弟，怎么能跟弟弟吵架呢？"哥哥噘着嘴走开了，弟弟停止了哭泣。

原因分析：

哥哥拿着作品想要得到家人的认可，妈妈和奶奶及时表扬了他，哥哥的需求得到了满足。

扬扬见到哥哥被表扬，也想得到家人的认可，于是拿来作品求表扬，想让妈妈和奶奶夸自己画得比哥哥更好。

家长的着眼点：

当两个孩子拿着作品展示时，家长及时给予了表扬，当两个孩子因为谁画得更好而争吵时，奶奶及时出来阻止，先夸奖了大宝和二宝画得都好，然后安慰二宝，批评了大宝。

策略思考：

孩子特别需要家长的表扬和鼓励来建立信心，但不代表家长要一味地哄孩子，孩子长期被这么哄着，久而久之就不愿意学习和承认别人的优点了，不接纳和嫉妒别人的事情随时可能发生。家长应该客观地评价哥哥和弟弟的作品，在肯定他们的基础上，也要指出他们还需要改进的地方，把弟弟的嫉妒心转化为掌握相关技能的动力。

故事2：我的飞机好

哥哥放学回家后，拿出自己今天在学校折的纸飞机展示，妈妈和奶奶说："源源小手真巧！飞机折的可真棒！"扬扬听见了，跑回屋子里拿出自己之前在幼儿园做的折纸作品，一边展示一边说："我也有折纸，我比哥哥折得好！"哥哥说："我的飞机折得好，你看还能飞这么远呢。"说完把手里的纸飞机飞了出去，还对扬扬说："你的折纸飞不起来，还是我的飞机好。"扬扬看看自己手里的折纸，大哭了起来。妈妈说："你们俩的作品都很棒。"然后对哥哥说："你的纸飞机能飞很远，这点很棒，你可以试试给你的纸飞机装饰一下，让它变得更好看。"又对扬扬说："扬扬的折纸作品也不错，如果你下次在折的时候能够把边角对得更整齐就更棒了！"

原因分析：

哥哥拿着纸飞机想要得到家人的肯定，妈妈及时表扬了他，哥哥的需求得到了满足。扬扬见到哥哥被表扬，也想得到家人的肯定，于是拿来作品求表扬，想让妈妈夸自己的折纸作品比哥哥折的纸飞机更好。

家长的着眼点：

当两个孩子拿着作品展示时，妈妈及时给予了表扬；当两个孩子因为谁的折纸作品更好而争吵时，妈妈及时出来阻止，对两个孩子的作品分别给予了肯定，又分别指出了可以改进的地方。

策略思考：

当出现与上次类似的因为谁的作品更好而争吵的事情时，妈妈运用教师上次给出的建议，客观地评价了哥哥和弟弟的作品，在肯定他们的基础上，也指出了他们还需要改进的地方，不仅及时给予了两个孩子肯定，同时也让两个孩子意识到自己还有可进步的空间，提升了他们的经验水平。

家长还应该告诉他们，每个人都有自己的优点，要善于去发现别人的优点，学习别人的优点，让自己更优秀，而不是只看到别人的不足之处，用自己的长处跟别人的短处比。可以让他们共同分析他们作品的优点和不足，也可以让他们互相教一些自己学到的画画、折纸、捏泥等的技巧，将嫉妒心转化为掌握相关技能的动力，促使他们共同进步。

故事 3：小萝卜头橡皮该给谁

弟弟周六下午参加课外培训，课堂表现优秀，老师奖励他一个小礼物——小萝卜头橡皮，弟弟很是喜欢。下课带回家后，哥哥看见了小萝卜头橡皮，也很喜欢，想把小萝卜头橡皮作为自己的文具。哥哥对弟弟说："你上幼儿园，还不需要橡皮呢，我已经上小学了，写作业的时候需要用到橡皮，这个就该给我用。"弟弟噘着嘴说："明明是老师奖励给我的，怎么就成了你的了呢？"弟弟又气又急，哇哇大哭起来，一边哭一边动手打哥哥，去哥哥手里抢橡皮。妈妈立马上前阻止，对哥哥说："这是弟弟的，还给弟弟。你想要可以让爸爸妈妈给你准备，抢弟弟的干什么？"然后把橡皮从弟弟手里拿了回来，还给了弟弟。

原因分析：

哥哥很喜欢小萝卜头橡皮，想把它作为自己的文具使用，哥哥希望爸爸妈妈可以站在自己这边，让弟弟把橡皮送给自己。

弟弟不愿意自己得到的奖励被哥哥拿走，想从哥哥手里把橡皮抢回来。弟弟需要爸爸妈妈帮助自己撑腰，把橡皮从哥哥手里拿回来。

家长的着眼点：

哥哥和弟弟发生冲突后，妈妈立即上前阻止，没有安慰弟弟，直接上前批评了哥哥，把橡皮从哥哥手里拿回来还给了弟弟。

策略思考：

发生这种冲突时，妈妈应该先安抚弟弟的情绪，并告诉弟弟哭和动手打人是没用的，不要一遇到问题就直接寻求爸爸妈妈的帮助，得先想办法自己解决问题。妈妈可以和弟弟一起来找哥哥，问哥哥为什么这么做，告诉哥哥需要橡皮的话，爸爸妈妈可以按照他的要求给他准备，但是弟弟这个不单纯是橡皮，是老师给他的奖励，有特殊意义，要还给弟弟，并让哥哥给弟弟道歉。

故事 4：怀里的警车和枪

晚饭后，哥哥和弟弟坐在地垫上玩玩具，哥哥拿起警车玩了起来。弟弟看见后，直接上手从哥哥手里把警车抢走了，自己抱着警车玩了起来。哥哥瞪了弟弟一眼，没说话，换了一把枪继续玩。弟弟放下手里的警车，伸手去抢哥哥手里的枪，哥哥说："你不是有玩具吗，抢我的干吗？"弟弟说："我不想玩警车了，就想玩枪。"哥哥把枪给弟弟，准备去拿警车，弟弟把枪和警车都护在怀里，不让哥哥拿。哥哥大声说："你不是不玩警车吗？你不玩给我，你都拿走了，我玩什么？"弟弟不说话，趴在枪和警车上，不让哥哥拿走。哥哥用力推开弟弟，把警车从弟弟怀里抢走了。弟弟被哥哥推倒在地，警车又被抢走了，坐在地上哇哇大哭起来，一边哭一边喊："哥哥打我。"奶奶听到哭声，把弟弟从地上扶了起来，训斥哥哥："你推弟弟干吗？做哥哥的，不能让着点弟弟吗？地上这么多玩具，你就不能换个别的玩吗？给弟弟道歉。"哥哥撇了一下嘴，小声哭了起来。

原因分析：

哥哥想拿玩具玩，但是弟弟都护在了自己怀里，哥哥想把玩具拿回来玩。哥哥希望家长可以批评弟弟抢玩具的行为。

弟弟希望哥哥可以让着自己，把玩具让给自己玩。希望家长批评哥哥推人的行为。

家长的着眼点：

奶奶听到哭声后，没有询问事情的缘由，看到弟弟哭了，直接安慰弟弟，批评哥哥，弟弟虽然情绪好转了，但大宝委屈地哭了。

策略思考：

当两个孩子出现矛盾的时候，家长不能因为年龄或者其他的原因就偏袒其中的一个，而是应该在了解事情的起因经过之后，判断出谁对谁错，错的要给予惩罚，对的给予奖励，这样才能够让孩子的是非观得到更好的培养。另外，不要总是要求大的必须让着小的，这种做法对于大宝来说是不公平的，我们应该做到公平对待，不然会让大宝萌生出埋怨和委屈的心理。

故事 5：就不给你玩！

晚上妈妈下班回家后，带回来一个新玩具，是一辆红色的遥控汽车，哥哥在外面上兴趣班还没回家，弟弟就先把玩具拆开玩了起来。半个小时后，哥哥下课回家，看见弟弟在玩遥控汽车，走过去拿过汽车的遥控器，自己玩了起来，弟弟过去抢，哥哥拿着遥控器把胳膊举高，不让弟弟拿，弟弟跳起来伸手去够哥哥手里的遥控器，但是身高不够，拿不到，弟弟冲着哥哥大喊："你抢我玩具干吗？我先拿到的。"哥哥说："你都玩半天了，也该给我玩玩了吧？"弟弟大喊："就不给你玩！"两个孩子就这样你一句我一句地吵了起来。妈妈走过来阻止了兄弟俩继续吵架，询问两个孩子吵架的原因。了解了事情的经过之后，妈妈教育哥哥不应该直接动手抢弟弟的玩具，应该与弟弟沟通后再拿玩具，又教育弟弟不能总是霸占着玩具，要学会分享，并让兄弟两个互相道歉。

原因分析：

哥哥十分喜欢新的遥控汽车，想赶紧玩，想让弟弟把遥控车给自己玩一会儿。

弟弟也很喜欢新的玩具，自己还没有玩够，想继续玩，不想给哥哥玩。

家长的着眼点：

妈妈在两个孩子发生冲突时，立即进行了制止，询问事情的经过之后，判断出谁对谁错，公平对待两个孩子，没有出现偏袒任何一方的情况，对两个孩子都进行了批评教育。

策略思考：

当出现与上次类似的因为争抢玩具而发生冲突的事件时，妈妈运用教师上次给出的建议，询问了事情的经过，判断兄弟两个谁对谁错，又分别指出了哥哥和弟弟的问题所在，进行了批评教育，让孩子的是非观得到了更好的培养。

当孩子出现争抢玩具的情况时，除了询问事情的经过，判断谁对谁错，给予相应的惩罚与奖励，还应该把解决问题的权利放手交给孩子们，让他们自己去协商应该如何处理问题，通过这种方式去解决孩子之间的矛盾和争端，他们就不会再因为家长的不公平而产生抱怨或委屈的心理，同时又可以提升孩子解决问题的能力。

三、给家长的建议

通过这个学期对扬扬家二胎同胞关系的追踪和观察记录，老师根据家长反馈的二胎之间发生的冲突，提供了一些应对的策略，家长也积极配合，在发生类似冲突时，利用老师提供的策略，解决了大宝和二宝之间的冲突，减少了二胎之间发生类似冲突的次数，说明老师提供的建议还是有效的，有利于解决二胎之间的冲突。二胎之间发生冲突时，可以采取以下策略：

（1）孩子特别需要家长的表扬和鼓励来建立信心，但不代表要一味地哄孩子，长期被这么哄着，久而久之孩子就不愿意学习和承认别人的优点了，不接纳和嫉妒别人的情况随时可能发生；

（2）家长应该客观地评价孩子的作品，在肯定的基础上，也要指出还需要改进的地方，把嫉妒心转化为掌握相关技能的动力；

（3）告诉孩子每个人都有自己的优点，要善于去发现别人的优点，学习他们，让自己更优秀，而不是只看到别人的不足之处，用自己的长处跟别人的短处比；

（4）告诉孩子哭和动手打人是没用的，不要一遇到问题就直接寻求爸爸妈妈的帮助，得先想办法自己解决问题；

（5）当两个孩子出现矛盾的时候，家长不能因为年龄或者其他的原因就偏袒其中的一个，而是应该在了解事情的起因经过之后，判断出谁对谁错，错的要给予惩罚，对的给予奖励；

（6）把解决问题的权利放手交给孩子们，让他们自己去协商应该如何处理问题。

第十章　促进同胞关系教育活动案例

活动 1　我的兄弟姐妹

一、祎祎不开心了

班中乐观阳光的小姑娘祎祎最近爱噘嘴了，时不时会躲在角落里暗自落泪。一天，我看到孩子来园后眼睛红着，就上前问道："怎么了祎祎？不高兴了？"

"我想我妈了。"

"妈妈不是每天接送你吗？"

"我妈不让我跟她睡觉！"

"为什么啊？"

"她让我自己睡一屋，我就想跟她睡！"

"妈妈是在培养你的独立，很多小朋友都会自己睡的呀！"

"哼！"祎祎转身走了。

好像……我这样劝她确实不太合她心意。

二、原来是这样的

离园的时候，祎祎妈妈怀里抱着个四五个月大的宝宝来到幼儿园，边哄着小宝宝边和我说："老师您好，我接祎祎。"

"您是……祎祎妈妈？"

"是呀。"

"这是您家二宝吗？好可爱！"

"嗯，这是弟弟。"

我似乎已经猜到祎祎不能和妈妈睡的原因，便说道："你知道吗？闺女这几天来园状态不太对，跟我说想妈妈，还想晚上和你睡！"妈妈脸上为难地一笑。我紧接着开玩笑说："哎呀，其实晚一点培养独立睡觉也没关系啊，孩子跟妈妈睡，就那么几年的。"

妈妈告诉我，自己还在哺乳期，每天要带二宝睡觉。她尝试过大宝二宝一起睡，可是大宝睡觉不老实，会压到弟弟。为了保证两个孩子都能够睡得安稳，只能让姐姐单独睡了。妈妈的话里满是愧疚和心疼，让我心里酸酸的。我赶紧安慰道："是这样啊！行，没事，找时间我好好跟闺女说说，家人在照顾二宝的同时也别忘了陪伴我们祎祎啊！"

随着孩子们陆续吃完饭来到楼道里，他们对小宝贝的到来发自内心地好奇与惊喜，掩盖不住对这个小生命的喜爱，想摸摸他，却又不敢用力。妈妈和我对视，我们欣慰地笑了。

"那是我弟弟，你们别动！"祎祎从教室里"飞奔"出来，张开手臂下意识的护着弟弟。

"祎祎，你可真幸福，竟然有个这么可爱的小弟弟！"我故意这样说给她听，想必祎祎也在大家羡慕的目光里偷偷得意。

三、我们都爱小宝宝

第二天，很多孩子还和祎祎交流着小弟弟的情况，还帮着出主意："使劲哭，比弟弟哭声大，妈妈就会管你了。"……关注孩子的情绪变化，让孩子们乐观地接受家庭中新生命的到来，体会妈妈对子女的疼爱与期待，也是作为老师或者妈妈应该帮助孩子建立的良好情感。

"宝贝儿们，是不是你们家里都有个小弟弟呢？"随着问题的抛出，我们定制了专属于自己的问卷调查：

- 你有兄弟姐妹吗？
- 他是你的？
- 你和他在一起最开心的事情是什么？不开心的事情是什么？

孩子们根据自己的实际情况和生活经验，用图示、图画等形式进行记录，带到幼儿园来分享（见图10-1）。随后大家计数统计，家里有二宝的有6人，有意思的是，他们全都是小弟弟。小小的调查活动，让孩子们回顾了真实的已有经验，也让作为老师的我有了实况的了解。

"你们喜欢兄弟姐妹吗？"

"喜欢，他可以陪我玩。"

"我还可以给他讲故事。"

"我不喜欢，他会和我打架。"

"会和我抢玩具！"

"哦？那你们喜欢男孩还是女孩啊？"

"女孩，我可以给她梳小辫子。"

"女孩像公主很可爱。"

"男孩，因为男孩可以保护我。"

"男孩会功夫。"

看来，孩子们的想法真是各有不同，他们自由地表达着自己的想法和情绪，这也更加使我明确了后续活动开展的方向，并给了我继续下去的信心。

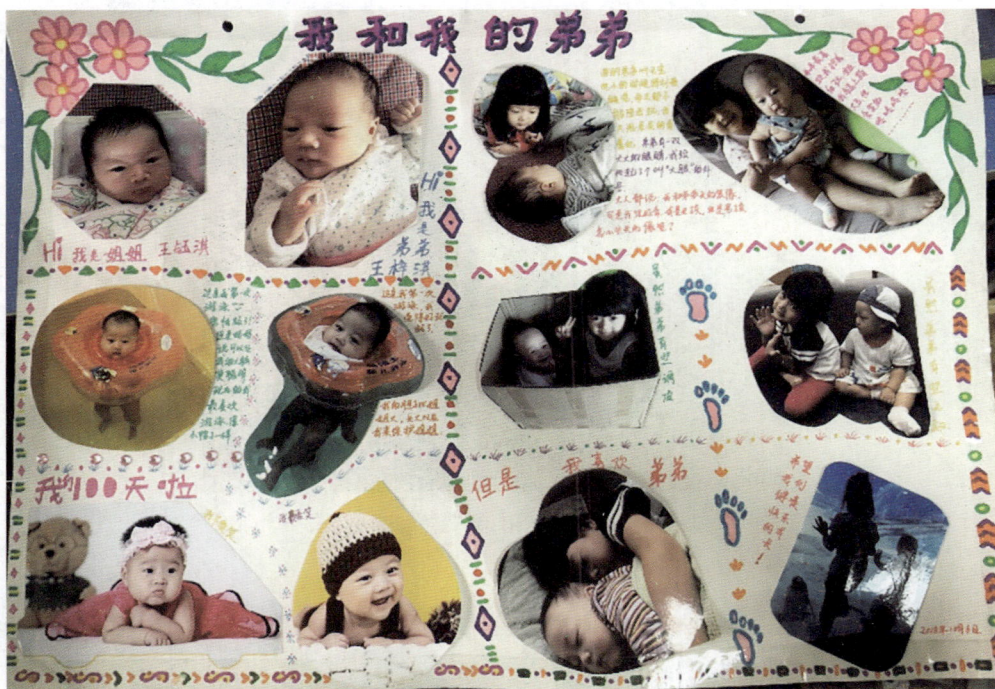

图 10-1　祎祎的自制画册：我和我的弟弟

四、小宝贝要来幼儿园

孩子们想让弟弟妹妹来幼儿园玩，想通过照顾弟弟妹妹来减轻家里人的负担。于是迎接他们到来的行动开始啦（见图 10-2）！

接待、仪式、加餐、游戏、离园，在我和孩子们的共同商讨下，我们将以这五大环节来规划活动，尽管这些活动听起来是让人激动和兴奋的事，可准备起来一点也不简单。

"谁来负责？"

"接几个家庭？"

"怎么接？"

"准备什么？"

"需要有什么环节？"

"谁来主持？"

"他们喜欢看节目吗？"

"适合看什么？"

"我们需要准备什么吃的？他们能吃什么？"

"他们可以在哪玩？玩什么？"

"最后还要做什么？"

图 10-2 欢迎"弟弟妹妹"来幼儿园

　　琐碎的问题需要逐一解决，孩子们也没有因为任务的艰巨想要放弃，反而有条不紊地为活动的开展出谋划策，献出自己的一份力。

　　在迎接准备中，我们首先决定为这几位小嘉宾制作明信片，方便所有班级成员提前熟悉。谁对他们更了解？适合承担此任务？我们想到了这几位小宝的哥哥姐姐，同时可以借助家长资源，亲子共同制作小宝的明信片。对于接待，我们鼓励孩子自荐承担，谁愿意担任接待员，接待过程中说什么，怎么说，由孩子们投票竞选，确定最终的小接待员。孩子们还会利用过度环节的时间组织自己的接待语言，决定用什么样的语气、手势引领。与此同时，我们的接待记者也会在活动区的时间练习自己的拍照技能，为更好地抓拍精彩瞬间而努力。

　　孩子们纷纷将家里好玩的玩具带到幼儿园给小宝游戏。问题又出现了：

"你们准备的玩具，小弟弟玩安全吗？卫生吗？"

"我们可以挑小的，软的。"

"把它洗一洗，用湿纸巾擦擦。"

五、哇，这是辛苦又幸福的时刻

大三班的小弟弟小妹妹们真的来到了丰台第一幼儿园，来到了大三班。

孩子们认真地完成任务、大方地介绍来宾、和谐地亲昵拥抱、友爱地牵起小手，直到最后恋恋不舍地合影道别，活动中有辛苦，有努力，有欢声，有笑语，有作为哥哥姐姐的自豪，也有作为家长的感动，更有作为教师的欣慰。活动结束后，我用三个问题引出了孩子们对此次活动的收获与感悟：

"活动结束你有什么感受，想说什么？"

"你观察到活动中家长在做什么？"

"你又想说什么？"

豆豆说道："太辛苦了，需要一直弯腰拉着小弟弟走。"朵朵说："小妹妹不听我说，就使劲地跑，我紧紧跟着。"堂堂说："小弟弟流口水，哈哈，我赶紧擦了。"……从孩子们的回答中，我肯定了孩子们通过活动给予自己的启发与感悟，作为哥哥姐姐，从体验生活，到体会父母的辛苦（见图10-3）。

"今后的你会怎样做呢？"我问道。孩子们畅所欲言，感觉此时此刻就又长大了许多，成熟了许多，他们表达着自己能做的事，愿意去承担的事，期待去体验的事。也是在活动的当天，班级微信群里出现了这样的场景：家长们纷纷分享了宝贝在家的生活照片——洗袜子、洗碗、收拾房间、帮奶奶打下手，家长们开心得不得了，我也为孩子们的懂事和成长感到幸福与感动！

也许是受班级主题活动的影响，孩子们对怀孕的准妈妈似乎也多了些关注。那天，一个孩子竟偷偷告诉我，糖果老师生完小宝宝又回来了。我们将糖果老师邀请到大三班，倾听了她作为妈妈的感悟，她想以后妹妹和姐姐一起看着天上的白云长大，不孤单，不寂寞。

图10-3　带着"弟弟妹妹"一起玩真是辛苦又幸福！

活动 2   弟弟妹妹来啦

即将毕业的大班哥哥姐姐和小班的弟弟妹妹间可能发生什么趣事呢？这个学期幼儿园有了新的变化，3 月份开学，竟然新招了两个小班，简直太惊喜了！

一、从幼儿的视角捕捉活动的闪光点

3 月开学，我们园迎来了两个新的小班，楼道里哭声此起彼伏，吸引了我们大班孩子的注意。

"他们哭得真可怜！"

"肯定是想妈妈了。"

"他们没来过咱们幼儿园，估计是害怕。"

"今天早上我还帮老师把一个小班弟弟送回他们班了呢！"

"怎么才能让他们不哭呢？"

"我们要能帮帮他们就好了！"

…………

孩子们正在活动区，小班的享享老师抱着一个正在哭泣的妹妹经过班级门口，豆豆安慰道："妹妹别哭了。"享享老师着急地说："你们真的来我们班帮助就好了。"于是，豆豆便跟着小班老师走到了哭泣的弟弟妹妹中间。回来后，豆豆和班中的伙伴分享照顾弟弟妹妹的感受："太吵了，但是弄得我也想哭了。"（见图 10-4）

图 10-4   老师安慰新入园的小班幼儿

二、基于幼儿问题建立社会性主题活动方向

第二天，孩子们都想像豆豆一样去帮助小班的弟弟妹妹，我引导孩子们思考：

（1）弟弟妹妹都需要我们哪些帮助呢？

（2）什么时间去帮助弟弟妹妹最合适？

孩子们结合一日生活以及享享老师的求助内容，开始了观察与思考。他们发现早来园、户外活动、午睡前和午睡后，弟弟妹妹是最需要帮忙的，小班老师忙不过来。我们有两个新小班，孩子们决定分组分时间，到这两个小班帮忙照顾弟弟妹妹。（见图 10-5）

孩子们有了令人惊叹的变化：平日总爱活蹦乱跳的"粗线条"大男孩儿，也可以温柔地俯身为妹妹穿鞋；班里最小的孩子安娜，也有模有样地帮妹妹脱衣服、翻裤子；大班操场上飞奔跳跃的孩子们带弟弟妹妹户外活动时能减慢速度蜗速牵着弟弟妹妹往前走……（见图 10-6）

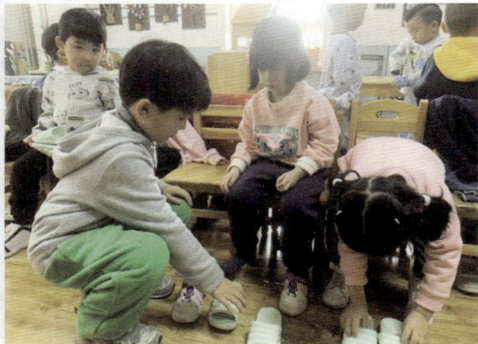

图 10-5　大班幼儿制订照顾小班幼儿的计划　　　图 10-6　大班幼儿照顾小班幼儿起床

回来后，孩子们个个都喜笑颜开，积极地要求第二天协助小班老师把弟弟妹妹领回班照顾。

三、捕捉活动生长点推动主题深入开展

活动时间，孩子们会邀请小班弟弟妹妹来班里一起游戏。我发现瑾瑜是所有孩子里最会照顾弟弟妹妹感受的一个，每当小妹妹有需求，她总能第一时间发现，并且非常耐心地和妹妹交流、给妹妹讲解。于是，在过渡环节和孩子们闲聊时，我对她说："你真是个有耐心的姐姐，你怎么这么会照顾人呢？"

"因为我妹妹也和小班妹妹差不多大，我在家就是和她这么玩儿的呀！"她开心地说。

"我也有妹妹。"

"我也有，但是我家是弟弟。"

"我也有。"

"我也有哇！"孩子们纷纷说道。

我追问道："你们的弟弟妹妹都是谁家的呢？"

孩子们说的弟弟妹妹有同胞弟妹，有亲戚家的，还有的是爸爸妈妈朋友的孩子或同小区的玩伴。细数一下，我们班有二宝的家庭还真不少，其中有两个，自己本身就是二宝。（见图10-7和图10-8）

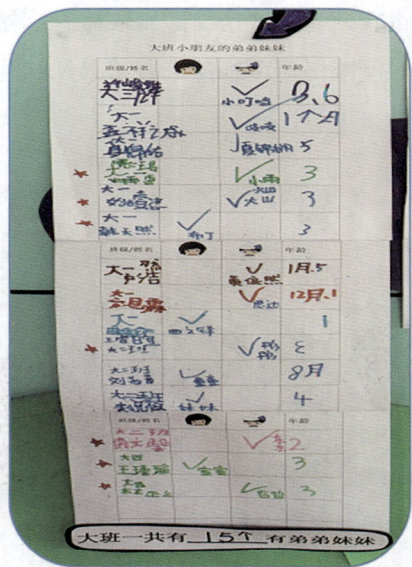

图 10-7 大班幼儿统计自己家的弟弟妹妹

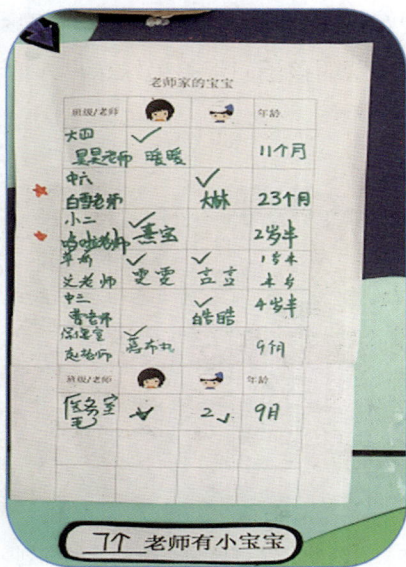

图 10-8 统计老师家的小宝宝

四、追随幼儿兴趣丰富社会性主题活动开展脉络

正说着弟弟妹妹的事儿，芝芝问我："我能把我弟弟带来吗？"

"当然可以啊！"

"乐其也有弟弟，我知道！"朵朵提到她大五班的好朋友。

"对呀！问问所有大班家里有弟弟妹妹的小朋友，这样我们邀请的小宝数量也会多一些呢！"我肯定了孩子们想法。

"昊昊老师，你的小宝宝也可以来吗？我在你手机屏幕上看见过……"幼儿园老师家的宝宝也一同成为受邀的对象。

孩子们期待的第一次接待如约而至。做好手部消毒，哥哥姐姐兴冲冲地将弟弟妹妹领了进来，可接下来发生的情况让他们有些不知所措：芝芝的弟弟和瑾瑜的妹妹，上一秒还开开心心地和我们打招呼，下一秒眼泪就流了下来，原来是想妈妈、奶奶了。孩子们只能又擦眼泪又哄小宝，好不容易把小宝们都带回了班里。

进了班，又有新的情况发生了。由于小宝是第一次来园，他们不像园里的小朋友们区域感强，且能够比较持续地在自己喜欢的区域游戏，他们一会走到这儿，一会儿来到那儿，和哥哥姐姐们的预期大不相同，他们只能追着弟弟妹妹满屋转，还要不停地介绍这些是什么，那些怎么玩……而玩着玩着，小宝又会突然想起家人，突然流眼泪。一个小时的体验时间，班里无比的热闹。（见图 10-9 和图 10-10）

图 10-9　大班幼儿带着小妹妹一起玩游戏

图 10-10　大班幼儿陪小弟弟走走看看

送走了小宝，孩子们坐下来，纷纷表达了自己的看法：

"小宝和小班弟弟妹妹不一样，根本不'听话'，到处走。"

"有自己亲哥哥姐姐在场也会哭。"

…………

怎么办呢？

孩子们想出了一些办法：

（1）在照顾小宝分工上，有固定人照顾小宝，其他人自己在自己喜欢的区域游戏，小宝来就一起玩；

（2）在带小宝熟悉环境的问题上，由带自己弟弟妹妹来的小朋友，多和弟弟妹妹介绍幼儿园、小朋友和老师，给他们看看我们平时游戏的照片，减少他们的陌生感，让他们熟

悉环境。（见图 10-11）

果然第二次再邀请小宝，孩子们的活动也格外从容和自然了。

图 10-11　带"弟弟妹妹"玩他们喜欢的游戏

五、抓住契机让主题活动妙笔生花

在分享感受的时候，大翔问我："昊昊老师，阳阳老师可不可以带小宝来呀？我知道她生完宝宝很久了，我们想在毕业前见到她！"

的确，阳阳老师去年冬天回家生产，这学期在休产假，小宝已经差不多 4 个月了。考虑到孩子对老师的想念，又考虑到小宝较小。我想了想，对大翔说："我也不确定，不过咱们可以联系她，问一问。"

线上的问候就这样开始了，听到阳阳老师愿意带着小宝来，孩子们别提多高兴了。孩子们针对阳阳老师的小宝，在准备工作上进行了调整，期待着和她们见面。（见图 10-12）

很快阳阳老师和她的小宝来了。面对稚嫩的小宝，孩子们就像在观看动物园里的大熊猫。

"她的手太小了吧。"

"啊，她还流口水呢！"

"是不是饿了？"

"她怎么只趴着不会动啊？"

孩子们一直在向阳阳老师问着各种问题。而他们不知道的是，我在活动前和孩子们的爸爸妈妈也要来了他们小时候的照片。

送走阳阳老师和她的小宝，我便播放了提前准备好的小视频："猜猜这是谁？"一个个看见小时候的自己，孩子们哈哈大笑。

"这也太丑了！"

"一点也不像我！"

"可馨和小时候还有点像。"

"这是我生病了，妈妈给我贴的退热贴。"

观看过后，孩子们对小时候和现在的自己进行了比较：

"我喜欢现在的自己，我能做很多事情。"

图 10-12　"阳阳老师的小宝宝只有四个月，只能趴着呀"

"我觉得长大了好，你看我现在都这么高了。"

"我现在比小时候跑得快、跳得高。"

"我胆子大了，我能自己睡觉。"

"我不光能照顾自己，还能照顾弟弟妹妹了！"

听着孩子们说的，我体会到的是他们成长的快乐和自豪。

这是一个由大带小引发的幼儿社会性主题活动，整个活动具有连续性、发展性。孩子们在与弟弟妹妹以及小宝宝的互动中，社会态度和社会情感得到了升华。幼儿的行动与实践可能是经验的、突发的，而教师要做的是将行动背后的思考、逻辑，结构化、体系化，只有这样才能以幼儿发展为导向，真正做到符合幼儿的需要。

活动 3   大带小、小促大、共成长

本主题延续我园二胎宝宝走进幼儿园的活动，展现幼儿园中生活化、游戏化、活动化的学习路径。从初步产生想法到精心策划、细致筹备材料、准备游戏场地、建立游戏规则等，方方面面都由孩子们充分计划、讨论，教师则充分地倾听与顺应，让孩子发表自己的见解、看法，尝试用他们自己的主意来解决问题。

一、主题活动的起源——以幼儿的兴趣为导向，拉开幼小衔接活动的序幕

回首上学期，班中一直在开展"二胎宝贝走进幼儿园"的活动，照顾弟弟妹妹和为他人着想已经成为我们大班哥哥姐姐的重要话题之一。通过平日的观察和访谈，我们发现孩子们十分惦记邀请过的弟弟妹妹，他们经常会拿起班中的相册，滔滔不绝地与同伴分享自己与弟弟妹妹的美好地回忆，也会憧憬着弟弟妹妹再次来园时的情景……由此可见，和弟弟妹妹一起游戏的时光是孩子们难忘的记忆，更是他们的兴趣所在。

3月，弟弟妹妹来到幼儿园，和我们一起参与幼儿园的区域游戏，随后，4月的脚步踏着暖暖的春风款款而至。孩子们发现幼儿园里的小树都发芽了，露出了绿油油的小苗；春天里的滑梯一点都不再冷飕飕了；五颜六色的小风车随着春风一圈圈地转动起来，孩子们把最美的幼儿园用画笔记录在了地图中，同时也准备再次邀请弟弟妹妹在这4月天里一起踏青，寻找幼儿园里最美的春天（见图10-13）。

图 10-13   和"弟弟妹妹"寻找幼儿园里最美的春天

幼儿园方应积极开展以兴趣为导向的主题活动，了解幼儿的兴趣所在，并且不断激发他们新的兴趣，从而有效地促进幼儿的全面发展，将入学准备教育有机渗透于主题活动中，帮助幼儿做好身心准备、生活准备、社会准备和学习准备，实现从幼儿园到小学的顺利过渡。

二、主题的开始阶段——以幼儿的经验为背景，推进主题项目的开展

1. 倾听，主动提问

"4月来了，我们怎么迎接弟弟妹妹呢？"我问道。

"我们可以带好吃的来，在操场上野餐，去年毕业的哥哥姐姐就野餐了。"

"我想带弟弟妹妹在菜地里看豆苗，咱们毕业了，他们就可以照顾了。"

"我想跟弟弟妹妹在幼儿园里拍照片，和大树、小花合影。"

"我的弟弟最喜欢吹泡泡了，可以带他们一起吹泡泡！"

"我毕业了，弟弟妹妹就来幼儿园了，上次在楼里玩，这次户外玩。"

2. 问题，商讨解决

第一个问题：每个人都有自己的想法，到底应该在哪玩？怎么玩？怎么分组？

孩子们你一言我一语，用图画、表格、签名的方式自然地分成了6组，有泡泡组、野餐组、种植组、拍照组、风车组、滑梯组。在分组的过程中孩子们能够书写自己的名字，也尝试用数数和统计的数学方法标记出每小组成员的人数。为接下来的活动做好了前期准备（见图10-14）。

第二个问题：游戏的地点选在哪个地方是最适合的呢？

孩子们拿起相机、画笔来到操场上寻找适合自己游戏项目的地方，并贴到幼儿园地图中，针对具体地点，他们有了不一样的看法（见图10-15）。

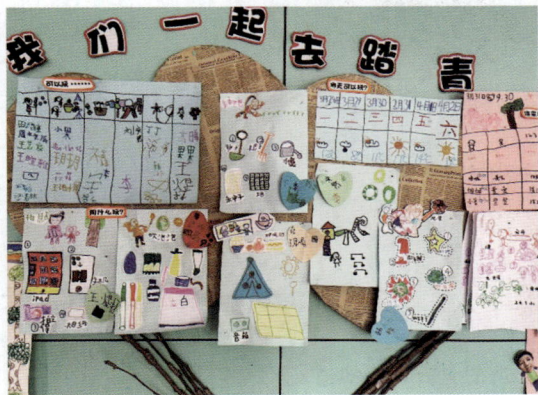

图10-14　幼儿分组做活动计划

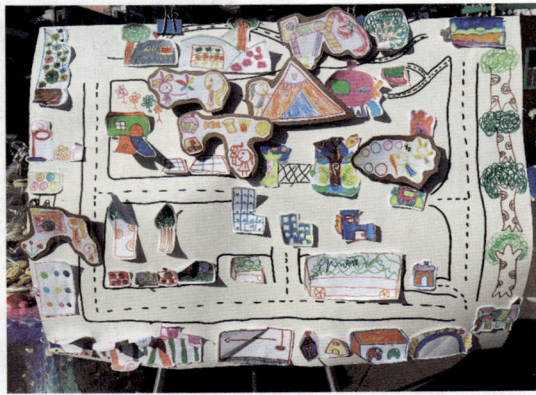

图10-15　每组幼儿都找到了适合游戏的地方

王喧雅："我想把野餐的地点放到幼儿园的大门口，因为这里是个大空场，而且弟弟妹妹一来我们就能马上接到他们。"（考虑到场地宽阔。）

鲁修童："不行不行，那里一来车就会撞到我们的，所以还是在小花园里好，那里有小花小草很漂亮。"（考虑到安全因素和美观。）

墨墨："我还是觉得在大飞机前面野餐比较好，小孩都喜欢大飞机。"（站在他人角度思考。）

王喧雅听后马上反驳："不行，你那里太阳光太强烈了，都没有地方遮阳，弟弟妹妹会晒到的。"（继续站在弟弟妹妹角度考虑。）

墨墨："可是我们不是一直待在那里，还要到处玩很多的游戏，而且那天可能还是多云呢！"（从活动动态过程申辩。）

大家讨论后决定采取墨墨的意见，在大飞机前面进行野餐。

三、主题的发展阶段——以幼儿的探究为核心，支持社会和学习准备

1. 面对困难，勇于尝试

集体讨论确定好游戏位置后，孩子们就开始思考、讨论：用什么材料玩？（见图 10-16）怎么玩呢？（见表 10-1）

图 10-16　幼儿讨论计划游戏材料和玩法

表10-1　幼儿讨论游戏材料和玩法

幼儿讨论	尝试后的发现	解决的办法
果果：可以放一个垫子，再放一个拱形门，这样弟弟妹妹就可以下了滑梯后爬过去，再继续玩。 王若曦：可以放一些呼啦圈。 丁丁：可以放一些小石头让弟弟妹妹踩过去。 果果：可以放轮胎，让他们跳着走，还可以放平衡木。	1. 平衡木太窄，走在上面太危险了，小弟弟妹妹容易受伤。 2. 自己摆的只有自己知道怎么玩，别人不知道。	1. 重新调整区域，用简单、没有危险的材料进行游戏。 2. 每个小朋友有负责的区域，告诉弟弟妹妹玩的方法。

2. 做好计划，个性安排

二孩家庭中的弟弟妹妹和老师的小宝宝都是孩子们邀请的对象。班中儿童通过视频、电话、面对面交流等多种方式，向自己的爸爸妈妈、老师较为清楚地转述了邀请自己的弟弟妹妹和老师的孩子来幼儿园一起踏青游玩的信息，并且通过图画、表格、数字等记录方式，统计出有 8 名小宝宝可以当天来参加活动（见图 10-17）。

随后孩子们根据日常游玩的经验和对小宝宝们的了解，集合小组的智慧设计了每个小宝宝游玩的计划（见表 10-2）。

图 10-17　幼儿为"弟弟妹妹"制订游玩计划

表10-2　幼儿分组制订的"弟弟妹妹"来园游玩计划图

幼儿的想法	计划图	幼儿的想法	计划图
大滑梯太刺激了，妹妹玩太危险，小滑梯没什么意思，玩中等的滑梯吧。		他们最喜欢吹泡泡了，第一个安排吹泡泡吧！	
先野餐的话，弟弟妹妹的肚子还不饿呢，我们把野餐放在最后吧！		有的弟弟妹妹也特别喜欢科学，让他们探索小苗苗吧！	

四、主题的反思阶段——以幼儿的实践为抓手，培养良好的学习品质

1. 记录成长，一直都在

一切准备就绪，"大手拉小手，一起去踏青"的日子终于到了，期待已久的弟弟妹妹终于来了。作为教师，我不断地记录着感动的时刻。

场景1：杨希文带着弟弟做风车，主动与弟弟交流，给弟弟介绍做风车需要哪些零件，弟弟给哥哥递风叶，哥哥来给弟弟组装风车，互动亲切又自然。

场景2：在野餐的时候，童童坐在小宝宝暖暖身边，撕开了一根大香肠，一直举着香肠喂暖暖，暖暖吃得很香，一口一口的真馋人。吃到最后，童童用手给妹妹接着掉下来的渣渣，怕弄脏妹妹的衣服。野餐结束后童童对我说："看着暖暖吃得这么香，我也很想吃，但是我忍住了。"

场景3：今天风很大，布置好的气球门总是往下掉，固定不住。段玉阳看到气球被风刮跑后，一趟一趟的捡回来固定。

我们可以看出孩子们对小宝宝表现出了爱与责任，具有自尊、自信、自主的表现，良好的交往与合作有利于幼儿结交新朋友。在游戏的过程中，孩子们不仅学习了如何与他人友好相处，也学习了如何看待自己、对待他人，不断地发展了适应社会生活的能力。

2. 活动回顾，为了更好

主题活动在孩子们的欢声笑语中，在发现问题、思考问题、解决问题的过程中结束。过程中有成功的满足，也有计划实施的不足。获得成功经验的同时，让孩子们懂得和同伴分享、提出问题，学会在问题中反思也是重要的交往合作能力（见表10-3）。

表10-3　幼儿回顾与梳理活动方案

发现的问题	分析的原因	解决办法	记录表
管理员不见了	1.管理员贪玩，不见了； 2.弟弟妹妹还没来，管理员就走开了； 3.管理员不知道干什么	1.妹妹没来时，可以自己先玩； 2.小宝宝来了互相通知； 3.坚守自己的岗位，给弟弟妹妹讲解怎么玩	

表10–3　幼儿回顾与梳理活动方案　　　　　　　　续表

发现的问题	分析的原因	解决办法	记录表
弟弟妹妹老跑，不按照计划规则玩	1. 玩的东西太多了，他想每一个都玩一下； 2. 他从没见过这么多玩具，很好奇； 3. 有的游戏，更适合大点的孩子	1. 问问小宝宝喜欢什么； 2. 用语言、玩具来吸引他们； 3. 不用按路线，喜欢的多玩几次； 4. 找小宝宝适合的玩具玩	
玩着玩着两组就分开了	1. 他们的步伐不一样； 2. 来的时间不一样； 3. 玩自己喜欢的给耽误了	1. 可以分两组； 2. 两个孩子照顾 1 个小宝宝	

　　幼儿通过提出问题，思考问题解决方法，查看活动中记录的图画、计划单以及完成单等方式，回顾了整个活动中的闪光点和不足之处，通过自省、讨论等方法分析原因，致力于问题的解决。其中教师通过追问、鼓励、引导，启发幼儿深入思考，给予幼儿充分的尊重和自信心的方式，进一步推动幼儿问题的解决与思维的发展，培养其良好的社会交往和学习准备。

第十一章　促进同胞关系游戏案例

游戏 1　袋鼠跳跳跳

适合年龄段：小班幼儿

活动场地：室外

活动名称：《袋鼠跳跳跳》

活动目标：

（1）会双脚向前跳跃，提高腿部肌肉力量；

（2）喜欢参与跳跃活动，体验游戏的乐趣；

（3）在活动中能够和自己的同胞一起体验到合作的乐趣。

活动重点：在游戏中通过和同伴一起运送水果，锻炼孩子的腿部肌肉力量。

活动难点：通过游戏，提高孩子的合作精神。

前期经验准备：幼儿能够进行一定距离的跳跃，有跳远的经验。

物质材料准备：跳袋或者家里的布袋、塑料袋、网球或者其他可搬运的小物品

游戏背景音乐：《小跳蛙》

活动过程：

（1）热身活动。准备两个布袋子，请两个小朋友把双脚放进袋子里，双手拉着旁边的袋子向前跳，听音乐，根据音乐的节奏快慢做不同的跳跃行进；

（2）请一名幼儿站在起点，穿好跳袋，把果子（网球）放进袋子里，跳到跑道的中间位置，与另一名幼儿进行接力，另一名幼儿需要把果子运输到终点。

（3）起点处的幼儿需要保护好自己的果子，在行进途中不把果子弄掉，中间接力的幼儿需要等待起点处的幼儿传送过来果子，再进行跳跃传送。

可拓展玩法：

根据孩子的年龄特点，可以适当降低或者增加游戏难度。

简单玩法：两人共同穿跳袋从起点出发，比赛谁先到终点。

提高难度：两人一前一后，前面的小朋友穿跳袋，后面的小朋友把手搭在前面小朋友的肩膀上，然后共同向前跳至终点。

游戏 2　趣味乒乓球

游戏类型：家庭亲子游戏

活动场地：室内

活动名称：《趣味乒乓球》

活动目标：

（1）在相互配合接抛球的过程中保持身体的协调性；

（2）积极参与活动，感受亲子活动的乐趣。

活动重点：在相互配合接抛球的过程中感受亲子游戏的快乐。

活动难点：在活动中保持身体的协调性。

前期经验准备：有抛接球的经验，能预估球弹起和落下的大致位置。

物质材料准备：乒乓球、渔网、小盆、桌子

游戏背景音乐：《洋娃娃和小熊跳舞》（据乐句或节奏扔乒乓球）

活动过程：

（1）将桌子一端适当抬起一定高度，家长将乒乓球一个一个滚下，幼儿用小盆在另一端接住滚下的乒乓球；

（2）设置一条长 3 米的线，家长身边放乒乓球站在一端，幼儿手持渔网站在另一端，家长将乒乓球扔在中间位置，幼儿用渔网接住弹起的球。

注：家长与幼儿可以置换游戏角色。

可拓展玩法：

（1）纸杯夹球。家长将球扔给幼儿，幼儿用两个纸杯将球夹起来；

（2）吹球过河。将纸杯中加满水，幼儿将球吹到另一个纸杯中，直至吹完所有球。

游戏 3　画笔传意

适合年龄段：4 ~ 6 岁

活动场地：室内

活动名称：《画笔传意》（美术领域）

活动目标：

（1）通过游戏，提升孩子的专注力；

（2）游戏中通过背部受力感受，锻炼幼儿触觉神经以及小肌肉动作；

（3）调动孩子积极参与亲子游戏的兴趣，增进亲子感情。

活动重点：游戏中通过背部受力感受，锻炼幼儿触觉神经以及小肌肉动作。

活动难点：通过游戏，提升孩子的专注力。

前期经验准备：幼儿认知过各种形状，运用形状组合进行过绘画。

物质材料准备：画纸和水彩笔

活动过程：

（1）亲子间商量好游戏绘画范围，例如：形状、动物、植物等；

（2）桌面上摆放一张白纸，孩子手持画笔在前，家长手持画纸和画笔，将画纸放在孩子后背位置；

（3）先由后面家长画，要一笔一笔画出，前面孩子根据背部感受画出完整画面，注意一定要一笔一笔进行；

（4）结束后对比两幅画，进行愉快的亲子分享。

可拓展玩法：

游戏根据孩子的年龄特点进行相应调整：4～5岁画形状、数字、物品等；5～6岁可以写一些简单的字。

亲子间还可轮换位置或增加"传意"的人数。（见图11-1）

图 11-1 "画笔传意"游戏

游戏 4 投扣子

适合年龄段：3～6岁

活动场地：室内、室外均可

活动名称：《投扣子》（健康领域）

活动目标：

（1）能够根据投掷距离把手中的扣子多数投进盘子里。

（2）发展幼儿的小肌肉、大肌肉和手眼协调能力。

（3）能够在游戏输赢交替中增强抗挫折能力。

活动重点：可以将手中的扣子多数投进盘子里。

活动难点：能够根据投掷距离将扣子投进盘子里。

前期经验准备：有过投掷经验。

物质材料准备：扣子 6 ~ 20 枚、空盘子或空碗 1 个。

活动过程：

（1）将盘子放置在地板上；

（2）家长和幼儿每人拿到相同数量的扣子；

（3）画好投掷线，准备投掷；

（4）家长和幼儿轮流将扣子投入盘内，投入多者胜出。

可拓展玩法：

（1）根据孩子对游戏的熟悉程度调整投掷距离；

（2）家长背对幼儿抛掷扣子，幼儿手拿容器进行抛接扣子。（见图 11-2）

图 11-2　亲子"投扣子"游戏

游戏 5　躲避飞碟

游戏类型：家庭多人游戏

活动场地：室内

活动名称：《躲避飞碟》（健康领域）

活动目标：

（1）加强幼儿身体平衡能力、反应能力；

（2）发展幼儿下肢力量以及跳跃能力；

（3）增进亲子之间的感情，体验亲子之间和谐温馨的气氛。

活动重点：发展幼儿下肢力量以及跳跃能力。

活动难点：加强幼儿身体平衡能力、反应能力。

前期经验准备：了解游戏规则，有一定弹跳能力。

物质材料准备：飞碟

游戏背景音乐：Space Groove

活动过程：

（1）热身活动：袋鼠跳。

幼儿做袋鼠宝宝挂在袋鼠妈妈身上，在空旷的场地蹲起跳。

（2）躲避飞碟

家长与孩子面对面，间距一米。家长蹲在地上，发射飞碟，让飞碟从手中滑向孩子脚下，孩子要在适当的时候跳起才能躲避飞碟。

（3）飞碟大战

父母双人和同胞双人孩子一起游戏。家长发射飞碟，孩子躲避。

可拓展玩法（见图11-3）：

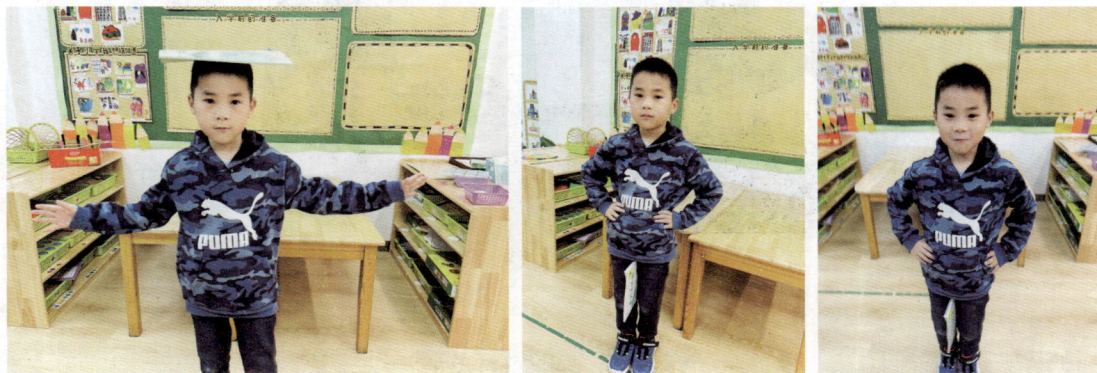

图11-3 "躲避飞碟"游戏

游戏 6 我爱夹球跑

游戏类型：家庭多人游戏

活动场地：室内或室外

活动名称：《我爱夹球跑》（健康、艺术、领域）

活动目标：

（1）亲子两人协调一致地夹球侧身行进；

（2）积极探索有效的合作运球方法，体验亲子合作的快乐。

活动重点：亲子两人协调一致地夹球侧身行进。

活动难点：积极探索有效的合作运球方法，做到步调一致。

前期经验准备：有亲子共同跑步跳跃的经验。

物质材料准备：球、音乐

背景音乐：《谐谑曲》

活动过程：

（1）开始游戏：热身游戏《你笑起来真好看》，亲子共同随音乐做热身操。

音乐停止时做一个停止动作并亲子击掌一次，以此类推二次、三次。

（2）游戏继续进行：两人一组面对面站立，将球放在怀抱之间夹紧，使球不至于滑下来，然后步伐一致地侧身向终点快速行进。到达终点后，由终点幼儿替换其中一人继续夹球往回走，回到起点处，将球交给下一组，以最先完成运球任务的组为胜。（见图 11-4 和图 11-5）

（3）亲子之间可以自行创新，大胆尝试各种方式夹球走，鼓励加油并做好随机保护和跟踪观察，及时表扬有创造力的亲子组合。

图 11-4 双人面对面"夹球跑"

图 11-5 双人背对背"夹球跑"

可拓展玩法：

亲子两人一对，每一组前面的一对幼儿背对背站立，将球放在两背之间夹紧，使球不至于滑下来，然后步伐一致的侧身向终点快速行进。

随音乐节奏进行游戏。

可跟随音乐节拍。

游戏 7 纸杯游戏

适合年龄段：中班

活动场地：室内

活动名称：《纸杯游戏》（健康领域）

活动目标：

（1）能积极参与活动，体验合作探究的乐趣；

（2）知道可以利用身边的工具夹起纸杯；

（3）初步培养合作的意识。

活动重点：知道使用工具夹起纸杯。

活动难点：初步培养合作的意识。

前期经验准备：幼儿有过合作的经验、使用筷子夹物的经验。

物质材料准备：一个收纳筐、14 个纸杯筒、两根毛根（幼儿园）、两根数据线（家）

活动过程：

家长帮忙将 14 个纸杯筒在收纳筐中堆高为两层。

（1）设置情境

家长：今天我们在家自制一个娃娃机，只不过夹上来的不是娃娃，而是纸杯筒。你们想一想怎么样才能把纸杯筒夹上来呢？

（用手当夹子、用筷子夹……）

家长：看看我这里有什么？有两根给手机充电的数据线（毛根），我们来试一试这样能不能行吧！

（2）开展游戏

家长：这次先由我和大孩来试一试，请二孩来指一指想要夹到哪个颜色纸杯筒？

家长与大孩两人分别攥住两根数据线的两端，从收纳筐中合力夹起纸杯筒，并移到地上。

（3）交换身份

由父亲 / 母亲扮演"顾客"角色，大孩与二孩合力夹起纸杯筒，培养二人合作的能力。

可拓展玩法：

可以由亲子三人共同装饰纸杯筒，发展幼儿的艺术创造力。

（1）提升难度，由筐外夹起纸杯筒到收纳筐中，并堆高；（见图 11-6 和图 11-7）

（2）尝试更换更难夹起的物品，如弹球。

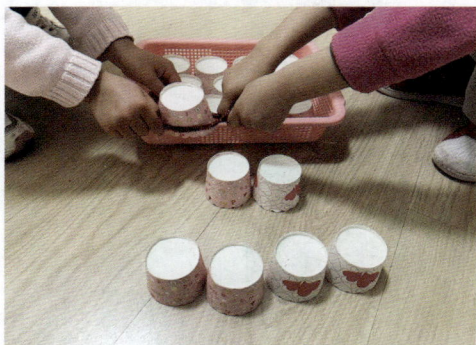

图 11-6　幼儿合作用工具夹起纸杯　　　　图 11-7　幼儿合作用工具搬运纸杯

游戏 8　接纸片

游戏类型：家庭多人游戏

活动场地：室内

活动名称：《接纸片》（健康领域）

活动目标：

（1）通过游戏，加强幼儿对事物的反应能力；

（2）锻炼幼儿的手眼协调性；

（3）通过游戏增进亲子间的感情。

活动重点：锻炼幼儿手眼协调能力。

活动难点：幼儿对事物的反应能力。

前期经验准备：有过接物游戏的经验。

物质材料准备：两个桶（盆子）、一张已裁剪好的 A4 纸片

游戏背景音乐：《雨的印记》（钢琴版）

活动过程：一名家长与两名幼儿面对面站立，家长站高处向空中慢慢地扔已经提前剪

好的纸片，两名幼儿手中拿着小桶（盆）去追逐纸片并接住，因为纸片很轻，下落轨迹不确定，需要孩子提前去判断。当纸片扔完后，家长和幼儿一起数一数两名幼儿分别接到多少张纸片，比一比谁接的纸片多，同时也增强了幼儿对数的初步认知。（见图11-8）

可适当增加趣味性，如：轻轻吹动纸片，改变纸片的方向等。

图 11-8　亲子"接纸片"游戏

游戏 9　小青玩跳荷叶

适合年龄段：中、大班

活动场地：室内

活动名称：《小青玩跳荷叶》（健康领域）

活动目标：

（1）锻炼下肢腿部力量，提高弹跳能力；

（2）感受体育游戏带来的乐趣，增进亲子感情。

活动重点：家长和幼儿手拉手不能松开。

活动难点：跳跃距离变大，提高弹跳能力。

前期经验准备：前期有跳跃经验。

物质材料准备：8 片荷叶（可以用书代替，根据孩子情况可以调整荷叶数量）

活动过程：

玩法一

（1）幼儿和家长一起把 8 片荷叶围成一个圆摆好。

（2）家长和幼儿手拉手，面对面站好，一只脚踩一片荷叶。

家长可以和幼儿一起喊口号，1—2—3，1—2—3（帮幼儿掌握跳跃节奏）。同时向左或者向右跳，移动两片荷叶。过程中不能把荷叶踢乱，要同时跳跃起来落到荷叶上。

（3）挑战升级，减少两片荷叶，增加跳跃间距。

荷叶间距加大，幼儿和家长手拉手可以保护幼儿安全。

（4）当家长和幼儿掌握后，可以再升级，再减少两片荷叶，跳跃幅度更大了。

荷叶减少，跳跃距离更大，家长可以先慢速给幼儿思考和反应的时间。

玩法二

首先准备两片荷叶，幼儿跳进一片荷叶后，家长将另一片荷叶向前移动，幼儿继续跳到下一张荷叶以上，直到跳到终点后，幼儿和家长交换角色。

可拓展玩法（见图 11-9 和图 11-10）：

图 11-9　"小青蛙跳荷叶"游戏玩法一　　　图 11-10　"小青蛙跳荷叶"游戏玩法二

游戏 10　蒙眼过障碍

游戏类型：家庭多人游戏

活动场地：室内或室外平坦的地面

活动名称：《蒙眼过障碍》（健康领域）

活动目标：

（1）培养对空间方位的感知能力；

（2）锻炼幼儿听觉能力、专注力；

（3）发展幼儿语言表达能力，以及与同伴间相互配合的能力。

活动重点：能够根据描述者信号，准确躲避障碍并顺利到达终点。

活动难点：

（1）能够挑战蒙眼走路，信任描述者的口令；

（2）描述者能够正确、准确地描述要走的路径和方向。

前期经验准备：

（1）对空间方位前、后、左、右、上、下，有准确的认知。

（2）当两人面对面时，描述者要知道蒙眼者和自己的前后、左右方向是相反的。

物质材料准备：眼罩、锥桶（5个）、矿泉水瓶、绳子、垫子

游戏背景音乐：班得瑞轻音乐

活动过程：

（1）家长和幼儿将锥桶摆成一列，每个锥桶间隔半米，幼儿用眼罩将自己眼睛蒙住，家长和幼儿面对面手拉手站在起点的地方，家长一边发出指令，一边用手拉着蒙眼的幼儿前进，引导走"S"形路线。（第二次时，家长可以和幼儿互换角色。）

（2）家长和孩子将若干锥桶随意摆放，幼儿蒙眼从起点出发，家长用语言指挥前进方向，最终顺利通过障碍，到达终点。（家长可以和幼儿互换角色。）

（3）每一次锥桶摆放的位置都不同，所以每一次都是新的挑战。

可拓展玩法：

（1）如果家长没有锥桶的玩具，本着环保精神，我们可收集家中的饮料瓶（瓶中灌满水），或者就地取材替代锥桶；

（2）可在两个瓶身上系上绳子，并将绳子拉直，这样蒙眼走的人不仅是绕过障碍物，而增加了跨迈的动作。也可添加其他材料，比如垫子、拱形门等，增加跳、钻等动作。（见图11-11和图11-12）

图11-11 手拉手蒙眼过障碍

图11-12 语言指挥蒙眼过障碍

附　录

附录1　全国人民代表大会常务委员会关于修改《中华人民共和国人口与计划生育法》的决定

（2021年8月20日第十三届全国人民代表大会常务委员会第三十次会议通过）

第十三届全国人民代表大会常务委员会第三十次会议决定对《中华人民共和国人口与计划生育法》作如下修改：

一、将第二条第二款修改为："国家采取综合措施，调控人口数量，提高人口素质，推动实现适度生育水平，优化人口结构，促进人口长期均衡发展。"

二、将第十一条修改为："人口与计划生育实施方案应当规定调控人口数量，提高人口素质，推动实现适度生育水平，优化人口结构，加强母婴保健和婴幼儿照护服务，促进家庭发展的措施。"

三、将第十五条第二款中的"贫困地区"修改为"欠发达地区"。

四、将第十八条第一款修改为："国家提倡适龄婚育、优生优育。一对夫妻可以生育三个子女。"

五、第二十五条增加一款，作为第二款："国家支持有条件的地方设立父母育儿假。"

六、将第二十六条修改为："妇女怀孕、生育和哺乳期间，按照国家有关规定享受特殊劳动保护并可以获得帮助和补偿。国家保障妇女就业合法权益，为因生育影响就业的妇女提供就业服务。

"公民实行计划生育手术，享受国家规定的休假。"

七、增加一条，作为第二十七条："国家采取财政、税收、保险、教育、住房、就业等支持措施，减轻家庭生育、养育、教育负担。"

八、增加一条，作为第二十八条："县级以上各级人民政府综合采取规划、土地、住房、财政、金融、人才等措施，推动建立普惠托育服务体系，提高婴幼儿家庭获得服务的可及性和公平性。

"国家鼓励和引导社会力量兴办托育机构，支持幼儿园和机关、企业事业单位、社区提供托育服务。

"托育机构的设置和服务应当符合托育服务相关标准和规范。托育机构应当向县级人民政府卫生健康主管部门备案。"

九、增加一条，作为第二十九条："县级以上地方各级人民政府应当在城乡社区建设改造中，建设与常住人口规模相适应的婴幼儿活动场所及配套服务设施。

"公共场所和女职工比较多的用人单位应当配置母婴设施，为婴幼儿照护、哺乳提供便利条件。"

十、增加一条，作为第三十条："县级以上各级人民政府应当加强对家庭婴幼儿照护的支持和指导，增强家庭的科学育儿能力。

"医疗卫生机构应当按照规定为婴幼儿家庭开展预防接种、疾病防控等服务，提供膳食营养、生长发育等健康指导。"

十一、将第二十七条改为第三十一条，删去第四款，将第五款改为第四款，修改为："在国家提倡一对夫妻生育一个子女期间，按照规定应当享受计划生育家庭老年人奖励扶助的，继续享受相关奖励扶助，并在老年人福利、养老服务等方面给予必要的优先和照顾。"

十二、增加一条，作为第三十二条："获得《独生子女父母光荣证》的夫妻，独生子女发生意外伤残、死亡的，按照规定获得扶助。县级以上各级人民政府建立、健全对上述人群的生活、养老、医疗、精神慰藉等全方位帮扶保障制度。"

十三、将第二十九条改为第三十四条，将其中的"奖励"修改为"奖励和社会保障"，"较大的市"修改为"设区的市、自治州"。

十四、将第五章章名修改为"计划生育服务"。

十五、将第三十一条改为第三十六条，修改为："各级人民政府应当采取措施，保障公民享有计划生育服务，提高公民的生殖健康水平。"

十六、将第三十三条改为第三十七条，修改为："医疗卫生机构应当针对育龄人群开展优生优育知识宣传教育，对育龄妇女开展围孕期、孕产期保健服务，承担计划生育、优生优育、生殖保健的咨询、指导和技术服务，规范开展不孕不育症诊疗。"

十七、增加一条，作为第四十一条："托育机构违反托育服务相关标准和规范的，由卫生健康主管部门责令改正，给予警告；拒不改正的，处五千元以上五万元以下的罚款；情节严重的，责令停止托育服务，并处五万元以上十万元以下的罚款。

"托育机构有虐待婴幼儿行为的，其直接负责的主管人员和其他直接责任人员终身不得从事婴幼儿照护服务；构成犯罪的，依法追究刑事责任。"

十八、将第三十九条改为第四十三条，删去第四项中的"或者社会抚养费"，将"行政处分"修改为"处分"；将第四十条改为第四十四条，将其中的"行政处分"修改为

"处分"。

十九、删去第十九条第一款、第二十四条第三款、第三十二条、第三十四条第二款、第三十六条第三项、第三十七条、第四十一条、第四十二条、第四十五条。

二十、将第四十六条改为第四十七条，修改为："中国人民解放军和中国人民武装警察部队执行本法的具体办法，由中央军事委员会依据本法制定。"

二十一、将第四条、第六条、第十条中的"计划生育行政部门"修改为"卫生健康主管部门"；将第十三条第一款中的第一处"计划生育"修改为"卫生健康"，删去"卫生"；将第三十六条改为第四十条，将其中的"计划生育行政部门或者卫生行政部门依据职权"修改为"卫生健康主管部门"；将第四十三条改为第四十五条，将其中的"计划生育行政部门"修改为"卫生健康主管部门"。

本决定自公布之日起施行。

《中华人民共和国人口与计划生育法》根据本决定作相应修改并对条文顺序作相应调整，重新公布。

附录2　中华人民共和国人口与计划生育法

（2001 年 12 月 29 日第九届全国人民代表大会常务委员会第二十五次会议通过　根据 2015 年 12 月 27 日第十二届全国人民代表大会常务委员会第十八次会议《关于修改〈中华人民共和国人口与计划生育法〉的决定》第一次修正　根据 2021 年 8 月 20 日第十三届全国人民代表大会常务委员会第三十次会议《关于修改〈中华人民共和国人口与计划生育法〉的决定》第二次修正）

目　　录

第一章　总　　则

第一条　为了实现人口与经济、社会、资源、环境的协调发展，推行计划生育，维护公民的合法权益，促进家庭幸福、民族繁荣与社会进步，根据宪法，制定本法。

第二条　我国是人口众多的国家，实行计划生育是国家的基本国策。

国家采取综合措施，调控人口数量，提高人口素质，推动实现适度生育水平，优化人口结构，促进人口长期均衡发展。

国家依靠宣传教育、科学技术进步、综合服务、建立健全奖励和社会保障制度，开展人口与计划生育工作。

第三条　开展人口与计划生育工作，应当与增加妇女受教育和就业机会、增进妇女健康、提高妇女地位相结合。

第四条　各级人民政府及其工作人员在推行计划生育工作中应当严格依法行政,文明执法,不得侵犯公民的合法权益。

卫生健康主管部门及其工作人员依法执行公务受法律保护。

第五条　国务院领导全国的人口与计划生育工作。

地方各级人民政府领导本行政区域内的人口与计划生育工作。

第六条　国务院卫生健康主管部门负责全国计划生育工作和与计划生育有关的人口工作。

县级以上地方各级人民政府卫生健康主管部门负责本行政区域内的计划生育工作和与计划生育有关的人口工作。

县级以上各级人民政府其他有关部门在各自的职责范围内,负责有关的人口与计划生育工作。

第七条　工会、共产主义青年团、妇女联合会及计划生育协会等社会团体、企业事业组织和公民应当协助人民政府开展人口与计划生育工作。

第八条　国家对在人口与计划生育工作中作出显著成绩的组织和个人,给予奖励。

第二章　人口发展规划的制定与实施

第九条　国务院编制人口发展规划,并将其纳入国民经济和社会发展计划。

县级以上地方各级人民政府根据全国人口发展规划以及上一级人民政府人口发展规划,结合当地实际情况编制本行政区域的人口发展规划,并将其纳入国民经济和社会发展计划。

第十条　县级以上各级人民政府根据人口发展规划,制定人口与计划生育实施方案并组织实施。

县级以上各级人民政府卫生健康主管部门负责实施人口与计划生育实施方案的日常工作。

乡、民族乡、镇的人民政府和城市街道办事处负责本管辖区域内的人口与计划生育工作,贯彻落实人口与计划生育实施方案。

第十一条　人口与计划生育实施方案应当规定调控人口数量,提高人口素质,推动实现适度生育水平,优化人口结构,加强母婴保健和婴幼儿照护服务,促进家庭发展的措施。

第十二条　村民委员会、居民委员会应当依法做好计划生育工作。

机关、部队、社会团体、企业事业组织应当做好本单位的计划生育工作。

第十三条 卫生健康、教育、科技、文化、民政、新闻出版、广播电视等部门应当组织开展人口与计划生育宣传教育。

大众传媒负有开展人口与计划生育的社会公益性宣传的义务。

学校应当在学生中，以符合受教育者特征的适当方式，有计划地开展生理卫生教育、青春期教育或者性健康教育。

第十四条 流动人口的计划生育工作由其户籍所在地和现居住地的人民政府共同负责管理，以现居住地为主。

第十五条 国家根据国民经济和社会发展状况逐步提高人口与计划生育经费投入的总体水平。各级人民政府应当保障人口与计划生育工作必要的经费。

各级人民政府应当对欠发达地区、少数民族地区开展人口与计划生育工作给予重点扶持。

国家鼓励社会团体、企业事业组织和个人为人口与计划生育工作提供捐助。

任何单位和个人不得截留、克扣、挪用人口与计划生育工作费用。

第十六条 国家鼓励开展人口与计划生育领域的科学研究和对外交流与合作。

第三章　生育调节

第十七条 公民有生育的权利，也有依法实行计划生育的义务，夫妻双方在实行计划生育中负有共同的责任。

第十八条 国家提倡适龄婚育、优生优育。一对夫妻可以生育三个子女。

符合法律、法规规定条件的，可以要求安排再生育子女。具体办法由省、自治区、直辖市人民代表大会或者其常务委员会规定。

少数民族也要实行计划生育，具体办法由省、自治区、直辖市人民代表大会或者其常务委员会规定。

夫妻双方户籍所在地的省、自治区、直辖市之间关于再生育子女的规定不一致的，按照有利于当事人的原则适用。

第十九条 国家创造条件，保障公民知情选择安全、有效、适宜的避孕节育措施。实施避孕节育手术，应当保证受术者的安全。

第二十条 育龄夫妻自主选择计划生育避孕节育措施，预防和减少非意愿妊娠。

第二十一条 实行计划生育的育龄夫妻免费享受国家规定的基本项目的计划生育技术服务。

前款规定所需经费，按照国家有关规定列入财政预算或者由社会保险予以保障。

第二十二条　禁止歧视、虐待生育女婴的妇女和不育的妇女。

禁止歧视、虐待、遗弃女婴。

第四章　奖励与社会保障

第二十三条　国家对实行计划生育的夫妻，按照规定给予奖励。

第二十四条　国家建立、健全基本养老保险、基本医疗保险、生育保险和社会福利等社会保障制度，促进计划生育。

国家鼓励保险公司举办有利于计划生育的保险项目。

第二十五条　符合法律、法规规定生育子女的夫妻，可以获得延长生育假的奖励或者其他福利待遇。

国家支持有条件的地方设立父母育儿假。

第二十六条　妇女怀孕、生育和哺乳期间，按照国家有关规定享受特殊劳动保护并可以获得帮助和补偿。国家保障妇女就业合法权益，为因生育影响就业的妇女提供就业服务。

公民实行计划生育手术，享受国家规定的休假。

第二十七条　国家采取财政、税收、保险、教育、住房、就业等支持措施，减轻家庭生育、养育、教育负担。

第二十八条　县级以上各级人民政府综合采取规划、土地、住房、财政、金融、人才等措施，推动建立普惠托育服务体系，提高婴幼儿家庭获得服务的可及性和公平性。

国家鼓励和引导社会力量兴办托育机构，支持幼儿园和机关、企业事业单位、社区提供托育服务。

托育机构的设置和服务应当符合托育服务相关标准和规范。托育机构应当向县级人民政府卫生健康主管部门备案。

第二十九条　县级以上地方各级人民政府应当在城乡社区建设改造中，建设与常住人口规模相适应的婴幼儿活动场所及配套服务设施。

公共场所和女职工比较多的用人单位应当配置母婴设施，为婴幼儿照护、哺乳提供便利条件。

第三十条　县级以上各级人民政府应当加强对家庭婴幼儿照护的支持和指导，增强家庭的科学育儿能力。

医疗卫生机构应当按照规定为婴幼儿家庭开展预防接种、疾病防控等服务，提供膳食营养、生长发育等健康指导。

第三十一条　在国家提倡一对夫妻生育一个子女期间，自愿终身只生育一个子女的夫妻，国家发给《独生子女父母光荣证》。

获得《独生子女父母光荣证》的夫妻，按照国家和省、自治区、直辖市有关规定享受独生子女父母奖励。

法律、法规或者规章规定给予获得《独生子女父母光荣证》的夫妻奖励的措施中由其所在单位落实的，有关单位应当执行。

在国家提倡一对夫妻生育一个子女期间，按照规定应当享受计划生育家庭老年人奖励扶助的，继续享受相关奖励扶助，并在老年人福利、养老服务等方面给予必要的优先和照顾。

第三十二条　获得《独生子女父母光荣证》的夫妻，独生子女发生意外伤残、死亡的，按照规定获得扶助。县级以上各级人民政府建立、健全对上述人群的生活、养老、医疗、精神慰藉等全方位帮扶保障制度。

第三十三条　地方各级人民政府对农村实行计划生育的家庭发展经济，给予资金、技术、培训等方面的支持、优惠；对实行计划生育的贫困家庭，在扶贫贷款、以工代赈、扶贫项目和社会救济等方面给予优先照顾。

第三十四条　本章规定的奖励和社会保障措施，省、自治区、直辖市和设区的市、自治州的人民代表大会及其常务委员会或者人民政府可以依据本法和有关法律、行政法规的规定，结合当地实际情况，制定具体实施办法。

第五章　计划生育服务

第三十五条　国家建立婚前保健、孕产期保健制度，防止或者减少出生缺陷，提高出生婴儿健康水平。

第三十六条　各级人民政府应当采取措施，保障公民享有计划生育服务，提高公民的生殖健康水平。

第三十七条　医疗卫生机构应当针对育龄人群开展优生优育知识宣传教育，对育龄妇女开展围孕期、孕产期保健服务，承担计划生育、优生优育、生殖保健的咨询、指导和技术服务，规范开展不孕不育症诊疗。

第三十八条　计划生育技术服务人员应当指导实行计划生育的公民选择安全、有效、适宜的避孕措施。

国家鼓励计划生育新技术、新药具的研究、应用和推广。

第三十九条　严禁利用超声技术和其他技术手段进行非医学需要的胎儿性别鉴定；严

禁非医学需要的选择性别的人工终止妊娠。

第六章　法律责任

第四十条　违反本法规定，有下列行为之一的，由卫生健康主管部门责令改正，给予警告，没收违法所得；违法所得一万元以上的，处违法所得二倍以上六倍以下的罚款；没有违法所得或者违法所得不足一万元的，处一万元以上三万元以下的罚款；情节严重的，由原发证机关吊销执业证书；构成犯罪的，依法追究刑事责任：

（一）非法为他人施行计划生育手术的；

（二）利用超声技术和其他技术手段为他人进行非医学需要的胎儿性别鉴定或者选择性别的人工终止妊娠的。

第四十一条　托育机构违反托育服务相关标准和规范的，由卫生健康主管部门责令改正，给予警告；拒不改正的，处五千元以上五万元以下的罚款；情节严重的，责令停止托育服务，并处五万元以上十万元以下的罚款。

托育机构有虐待婴幼儿行为的，其直接负责的主管人员和其他直接责任人员终身不得从事婴幼儿照护服务；构成犯罪的，依法追究刑事责任。

第四十二条　计划生育技术服务人员违章操作或者延误抢救、诊治，造成严重后果的，依照有关法律、行政法规的规定承担相应的法律责任。

第四十三条　国家机关工作人员在计划生育工作中，有下列行为之一，构成犯罪的，依法追究刑事责任；尚不构成犯罪的，依法给予处分；有违法所得的，没收违法所得：

（一）侵犯公民人身权、财产权和其他合法权益的；

（二）滥用职权、玩忽职守、徇私舞弊的；

（三）索取、收受贿赂的；

（四）截留、克扣、挪用、贪污计划生育经费的；

（五）虚报、瞒报、伪造、篡改或者拒报人口与计划生育统计数据的。

第四十四条　违反本法规定，不履行协助计划生育管理义务的，由有关地方人民政府责令改正，并给予通报批评；对直接负责的主管人员和其他直接责任人员依法给予处分。

第四十五条　拒绝、阻碍卫生健康主管部门及其工作人员依法执行公务的，由卫生健康主管部门给予批评教育并予以制止；构成违反治安管理行为的，依法给予治安管理处罚；构成犯罪的，依法追究刑事责任。

第四十六条　公民、法人或者其他组织认为行政机关在实施计划生育管理过程中侵犯其合法权益，可以依法申请行政复议或者提起行政诉讼。

第七章 附 则

第四十七条 中国人民解放军和中国人民武装警察部队执行本法的具体办法，由中央军事委员会依据本法制定。

第四十八条 本法自 2002 年 9 月 1 日起施行。

附录3　北京市人民代表大会常务委员会关于修改 《北京市人口与计划生育条例》的决定

（2021年11月26日北京市第十五届人民代表大会常务委员会第三十五次会议通过）

北京市第十五届人民代表大会常务委员会第三十五次会议决定对《北京市人口与计划生育条例》作如下修改：

一、将第二条修改为："本市各级人民政府应当采取综合措施，调控人口数量，提高人口素质，推动实现适度生育水平，优化人口结构，促进人口长期均衡发展。"

二、删去第十四条第二款。

三、将第十七条修改为："提倡适龄婚育、优生优育。一对夫妻可以生育三个子女。本市按照国家有关规定实行生育登记服务制度。"

四、增加一条，作为第十八条："生育子女的夫妻，符合国家和本市有关规定的，享受本章规定的奖励与社会保障等待遇。"

五、将第十八条改为第十九条，修改为："按规定生育子女的夫妻，女方除享受国家规定的产假外，享受延长生育假六十日，男方享受陪产假十五日。男女双方休假期间，机关、企业事业单位、社会团体和其他组织不得将其辞退、与其解除劳动或者聘用合同，工资不得降低；法律另有规定的，从其规定。

"女方经所在机关、企业事业单位、社会团体和其他组织同意，可以再增加假期一至三个月。

"按规定生育子女的夫妻，在子女满三周岁前，每人每年享受五个工作日的育儿假；每年按照子女满周岁计算。

"夫妻双方经所在机关、企业事业单位、社会团体和其他组织同意，可以调整延长生育假、育儿假的假期分配。女方自愿减少延长生育假的，男方享受的陪产假可以增加相应天数；夫妻双方享受的育儿假合计不超过十个工作日。"

六、增加一条，作为第二十条："市、区人民政府依法采取以下生育、养育支持措施：

"（一）健全生育妇幼健康服务网络，加强妇幼健康服务等医疗卫生机构标准化建设和规范化管理，提高孕产服务的便利化、规范化和优质化；

"（二）建立与子女数量相关的家庭养育补贴制度；

"（三）未成年子女数量较多的家庭申请公共租赁住房的，可以纳入优先配租范围，并在户型选择等方面予以适当照顾。"

七、增加一条，作为第二十一条："本市将托育服务纳入国民经济和社会发展规划，推动建立普惠托育服务体系。

"本市对提供普惠托育服务的机构给予补助。

"支持幼儿园和机关、企业事业单位、社区提供托育服务，鼓励引导社会力量兴办托育机构。鼓励和支持培养托育服务专业人才，提升从业人员技能，支持有条件的职业院校设立相关专业。

"托育机构的设置和服务应当符合托育服务相关标准和规范。托育机构经登记后应当向所在区卫生健康部门备案；登记机关应当及时将有关登记信息推送至卫生健康部门。民政、规划自然资源、住房和城乡建设、市场监督管理、应急管理、公安等部门和消防救援机构按照各自职责履行监管责任。"

八、将第十九条改为第二十二条，删去第一款第四项中的"农村在推行养老保险制度时，应当为独生子女父母优先办理养老保险"。

九、将第二十条改为第二十三条，将其中的"5000"修改为"一万"。

十、增加一条，作为第二十四条："独生子女伤残、死亡的，其父母可以按照本市规定领取特别扶助金。市、区人民政府建立、健全对上述人群的生活、养老、医疗、精神慰藉等全方位帮扶保障制度；乡镇人民政府、街道办事处和村民委员会、居民委员会应当指定专人进行联系帮扶。"

十一、将第二十一条改为第二十五条，第二款修改为："独生子女父母需要护理的，独生子女每年获得累计不超过十个工作日的护理假。"

十二、将第二十四条改为第二十八条，修改为："本条例规定的奖励费发放、经济帮助和扶助的具体办法，由市卫生健康部门会同有关部门制定；扶助金的标准按照国家规定实行动态调整。

"独生子女父母再生育子女的，父母与子女不再享受本条例第二十二条至第二十五条规定的相关待遇。"

十三、删去第二十六条。

十四、增加一条，作为第二十九条："市、区人民政府应当促进女性公平就业，防止就业性别歧视，为因生育影响就业的女性提供公共就业服务，保障女性就业合法权益。"

十五、增加一条，作为第三十条："工会或者职工协商代表可以与企业事业单位、社会团体、其他组织就本条例规定的相关奖励、假期以及其他福利待遇的具体落实方式进行协商。"

十六、将第五章章名修改为"计划生育服务"。

十七、将第二十七条改为第三十二条，修改为："医疗卫生机构应当针对育龄人群开展优生优育知识宣传教育，对育龄妇女开展围孕期、孕产期保健服务，承担计划生育、优生优育、生殖保健的咨询、指导和技术服务，规范开展不孕不育症诊疗。"

十八、将第二十八条改为第三十三条，将其中的"计划生育技术服务机构"修改为"有关医疗卫生机构"。

十九、将第三十二条改为第三十七条，删去第二款。

二十、删去第三十四条、第三十五条、第三十六条。

二十一、增加一条，作为第三十九条："托育机构违反托育服务相关标准和规范的，由卫生健康部门责令改正，给予警告；拒不改正的，处五千元以上五万元以下的罚款；情节严重的，责令停止托育服务，并处五万元以上十万元以下的罚款。"

二十二、将第三十七条改为第四十条，修改为："机关、企业事业单位、社会团体、其他组织不落实本条例规定的奖励、假期、优待政策的，有关当事人可以向卫生健康、人力资源社会保障、医疗保障等部门举报；卫生健康、人力资源社会保障、医疗保障等部门和工会应当按照各自职责督促落实、依法处理。"

二十三、增加一条，作为第四十一条："负有人口与计划生育工作职责的政府部门有下列情形之一的，由其上级机关责令限期改正：

"（一）不督促落实本条例规定的奖励、假期、优待政策的；

"（二）不履行对托育机构的监督管理职责的；

"（三）不履行保障女性就业合法权益职责的；

"（四）其他不履行或者不正确履行人口与计划生育工作职责的情形。"

二十四、将第三条第二款、第六条、第八条第二款、第十一条第二款、第十二条第二款、第十三条、第二十八条中的"卫生和计划生育行政部门"修改为"卫生健康部门"；将第十条第二款中的"卫生和计划生育"修改为"卫生健康"；删去第十条第二款、第十二条第三款至第六款中的"行政"；将第十条第二款、第十二条第三款中的"人力资源和社会保障"修改为"人力资源社会保障"；将第十二条第四款中的"农业"修改为"农业农村"，第六款中的"文化"修改为"文化和旅游"，"新闻出版广电"修改为"新闻出版、广播电视"；将第十三条中的"村（居）民委员会"修改为"村民委员会、居民委员会", "村（居）规民约" 修改为 "村规民约和居民公约"，删去 "村（居）民"；将第十六条中的 "七天" 修改为 "七日"；将第二十九条中的 "计划生育技术服务" 修改为 "计划生育服务"。

本决定自公布之日起施行。

《北京市人口与计划生育条例》根据本决定作相应修改并对条款顺序作相应调整，重新公布。

附录4　北京市人口与计划生育条例

（2003 年 7 月 18 日北京市第十二届人民代表大会常务委员会第五次会议通过　根据 2014 年 2 月 21 日北京市第十四届人民代表大会常务委员会第九次会议通过的《北京市人口与计划生育条例修正案》修正　根据 2016 年 3 月 24 日北京市第十四届人民代表大会常务委员会第二十六次会议《关于修改〈北京市人口与计划生育条例〉的决定》修正　根据 2021 年 11 月 26 日北京市第十五届人民代表大会常务委员会第三十五次会议通过的《关于修改〈北京市人口与计划生育条例〉的决定》修正）

目　录

第一章　总　则

第一条　为了实施《中华人民共和国人口与计划生育法》，结合本市实际情况，制定本条例。

第二条　本市各级人民政府应当采取综合措施，调控人口数量，提高人口素质，推动实现适度生育水平，优化人口结构，促进人口长期均衡发展。

第三条　市、区人民政府领导本行政区域内的人口与计划生育工作。

市、区卫生健康部门负责本行政区域内的计划生育和与计划生育有关的人口工作。

市、区人民政府其他有关部门在各自的职责范围内，负责有关的人口与计划生育工作。

乡镇人民政府和街道办事处负责本辖区内的人口与计划生育工作。

第四条　工会、共产主义青年团、妇女联合会以及计划生育协会等社会团体、企业事业单位、其他组织和公民，应当协助本市各级人民政府开展人口与计划生育工作。

村民委员会、居民委员会应当依法做好计划生育工作。

第五条　本市各级人民政府应当把人口与计划生育经费纳入财政预算，逐步提高人口与计划生育经费投入，保证人口与计划生育工作的开展。

任何单位和个人不得截留、克扣、挪用人口与计划生育工作费用。

第六条　本市各级人民政府或者卫生健康部门对在人口与计划生育工作中做出成绩的机关、企业事业单位、社会团体、其他组织和公民给予表彰和奖励。

第二章　人口规划与管理

第七条　市、区人民政府应当根据上一级人民政府的人口发展规划，结合本地实际，编制本行政区域人口发展的中、长期规划，并将其纳入国民经济和社会发展计划。

第八条　市、区人民政府应当根据人口发展的中、长期规划，制定本行政区域人口与计划生育实施方案并组织实施。

市、区卫生健康部门负责本行政区域人口与计划生育实施方案的日常工作。

乡镇人民政府和街道办事处负责人口与计划生育实施方案在本辖区内的贯彻落实工作。

第九条　本市建立和完善有利于合理调控人口数量、人口年龄结构、人口分布的政策及制度，使人口状况与本市经济、社会发展水平和资源、环境的承载能力相适应。

第十条　市、区人民政府应当建立和完善人口与计划生育综合信息系统，负责人口与计划生育综合信息的汇集和管理工作，开展人口总量、人口结构、人口出生和死亡、人口迁移等人口变动和发展趋势的中、长期预测工作。

本市各级卫生健康、发展改革、公安、民政、统计、人力资源社会保障等部门应当建立信息通报制度，促进人口信息资源的综合开发和利用，实现人口信息共享。

第十一条　人口与计划生育工作实行目标管理责任制。上一级人民政府应当每年对下一级人民政府下达人口与计划生育目标管理责任，并对执行情况进行考核、评估和奖惩。

机关、企业事业单位、社会团体和其他组织应当做好本单位的计划生育工作，接受卫生健康部门的指导、监督、检查；其法定代表人或者负责人对本单位计划生育工作负主要责任。

第十二条　公安部门应当根据人口与计划生育工作的要求，做好户籍人口和流动人口的管理工作。

民政部门应当配合卫生健康部门在婚姻登记工作中做好宣传教育工作；将计划生育服务、管理纳入社区服务工作中。

人力资源社会保障部门应当根据人口与计划生育工作的要求，制定相关的劳动就业和社会保障政策。

农业农村部门应当在农村经济政策方面支持计划生育家庭发展经济。

教育部门应当指导学校以符合受教育者特征的适当方式，在学生中有计划地开展人口基础知识教育、青春期教育和性健康教育。

科技、文化和旅游、新闻出版、广播电视等部门应当组织开展人口与计划生育的宣传教育。

大众传媒应当开展人口与计划生育的社会公益性宣传。

第十三条　村民委员会、居民委员会应当将人口与计划生育工作纳入村规民约和居民公约，积极开展人口与计划生育宣传教育，实行计划生育自我教育、自我管理、自我服务，协助卫生健康部门及有关部门做好计划生育管理和服务工作。

第十四条　流动人口的计划生育工作，由其户籍所在地和现居住地的人民政府共同负责管理，以现居住地为主。

第三章　生育调节

第十五条　公民有生育的权利，也有依法实行计划生育的义务，夫妻双方在实行计划生育中负有共同的责任。

公民实行计划生育的合法权益受法律保护。

第十六条　依法办理结婚登记的夫妻，除享受国家规定的婚假外，增加假期七日。

第十七条　提倡适龄婚育、优生优育。一对夫妻可以生育三个子女。本市按照国家有关规定实行生育登记服务制度。

第四章　奖励与社会保障

第十八条　生育子女的夫妻，符合国家和本市有关规定的，享受本章规定的奖励与社会保障等待遇。

第十九条　按规定生育子女的夫妻，女方除享受国家规定的产假外，享受延长生育假六十日，男方享受陪产假十五日。男女双方休假期间，机关、企业事业单位、社会团体和其他组织不得将其辞退、与其解除劳动或者聘用合同，工资不得降低；法律另有规定的，从其规定。

女方经所在机关、企业事业单位、社会团体和其他组织同意，可以再增加假期一至三个月。

按规定生育子女的夫妻，在子女满三周岁前，每人每年享受五个工作日的育儿假；每年按照子女满周岁计算。

夫妻双方经所在机关、企业事业单位、社会团体和其他组织同意，可以调整延长生育假、育儿假的假期分配。女方自愿减少延长生育假的，男方享受的陪产假可以增加相应天数；夫妻双方享受的育儿假合计不超过十个工作日。

第二十条　市、区人民政府依法采取以下生育、养育支持措施：

（一）健全生育妇幼健康服务网络，加强妇幼健康服务等医疗卫生机构标准化建设和规范化管理，提高孕产服务的便利化、规范化和优质化；

（二）建立与子女数量相关的家庭养育补贴制度；

（三）未成年子女数量较多的家庭申请公共租赁住房的，可以纳入优先配租范围，并在户型选择等方面予以适当照顾。

第二十一条　本市将托育服务纳入国民经济和社会发展规划，推动建立普惠托育服务体系。

本市对提供普惠托育服务的机构给予补助。

支持幼儿园和机关、企业事业单位、社区提供托育服务，鼓励引导社会力量兴办托育机构。鼓励和支持培养托育服务专业人才，提升从业人员技能，支持有条件的职业院校设立相关专业。

托育机构的设置和服务应当符合托育服务相关标准和规范。托育机构经登记后应当向所在区卫生健康部门备案；登记机关应当及时将有关登记信息推送至卫生健康部门。民政、规划自然资源、住房和城乡建设、市场监督管理、应急管理、公安等部门和消防救援机构按照各自职责履行监管责任。

第二十二条　已经获得《独生子女父母光荣证》的夫妻，凭证享受以下奖励和优待：

（一）每月发给十元独生子女父母奖励费，奖励费自领取《独生子女父母光荣证》之月起发至其独生子女满十八周岁止；

（二）独生子女的托幼管理费和十八周岁之前的医药费，由夫妻双方所在单位依照有关规定报销；

（三）独生子女父母，女方年满五十五周岁，男方年满六十周岁的，每人享受不少于一千元的一次性奖励；

（四）农村安排宅基地，对独生子女父母应当给予优先和照顾；

（五）乡镇人民政府和农村集体经济组织应当扶持独生子女家庭发展生产。

在国家提倡一对夫妻生育一个子女期间，第一胎生育双胞或者多胞的夫妻，不领取《独生子女父母光荣证》，凭女方户籍所在地乡镇人民政府或者街道办事处出具的证明，享受前款第（三）项规定以外的奖励和优待，但只享受一份独生子女奖励待遇。

第二十三条　独生子女发生意外伤残致使基本丧失劳动能力或者死亡，其父母不再生育或者收养子女的，女方年满五十五周岁，男方年满六十周岁的，所在区人民政府应当给予每人不少于一万元的一次性经济帮助。

第二十四条　独生子女伤残、死亡的，其父母可以按照本市规定领取特别扶助金。市、区人民政府建立、健全对上述人群的生活、养老、医疗、精神慰藉等全方位帮扶保障制度；乡镇人民政府、街道办事处和村民委员会、居民委员会应当指定专人进行联系帮扶。

第二十五条　本市各级人民政府和各有关部门应当制定和完善有利于独生子女父母的老年保障制度和措施。

独生子女父母需要护理的，独生子女每年获得累计不超过十个工作日的护理假。

第二十六条　本市各级人民政府对农村实行计划生育的家庭发展经济，给予资金、技术、培训等方面的支持和优惠；对实行计划生育的贫困家庭在扶贫贷款、扶贫项目、以工代赈和社会救济等方面给予优先照顾。

第二十七条　区人民政府可以根据本地区的实际情况，制定有利于推行计划生育的奖励、优惠政策。

第二十八条　本条例规定的奖励费发放、经济帮助和扶助的具体办法，由市卫生健康部门会同有关部门制定；扶助金的标准按照国家规定实行动态调整。

独生子女父母再生育子女的，父母与子女不再享受本条例第二十二条至第二十五条规定的相关待遇。

第二十九条　市、区人民政府应当促进女性公平就业，防止就业性别歧视，为因生育影响就业的女性提供公共就业服务，保障女性就业合法权益。

第三十条　工会或者职工协商代表可以与企业事业单位、社会团体、其他组织就本条例规定的相关奖励、假期以及其他福利待遇的具体落实方式进行协商。

第五章　计划生育服务

第三十一条　本市建立婚前保健、孕产期保健制度，防止或者减少出生缺陷，提高出生婴儿的健康水平。

第三十二条 医疗卫生机构应当针对育龄人群开展优生优育知识宣传教育，对育龄妇女开展围孕期、孕产期保健服务，承担计划生育、优生优育、生殖保健的咨询、指导和技术服务，规范开展不孕不育症诊疗。

第三十三条 政府免费向已婚育龄夫妻提供避孕药具，避孕药具由村民委员会、居民委员会、机关、企业事业单位、社会团体、其他组织或者有关医疗卫生机构负责发放，卫生健康部门应当加强监督和管理。

第三十四条 本市各级人民政府应当创造条件，保障公民享有计划生育服务，保障公民知情选择安全、有效、适宜的避孕节育措施。

第三十五条 实行计划生育的育龄夫妻免费享受国家规定的基本项目的计划生育技术服务。

第三十六条 接受节育手术的，机关、企业事业单位、社会团体和其他组织的职工凭医疗单位证明，享受国家规定的休假，休假期间视为劳动时间；农村居民由农村集体经济组织给予照顾。

第三十七条 实施避孕、节育手术应当保证受术者的安全。

第三十八条 严禁利用超声技术和其他技术手段进行非医学需要的胎儿性别鉴定；严禁非医学需要的选择性别的人工终止妊娠。

第六章　　法律责任

第三十九条 托育机构违反托育服务相关标准和规范的，由卫生健康部门责令改正，给予警告；拒不改正的，处五千元以上五万元以下的罚款；情节严重的，责令停止托育服务，并处五万元以上十万元以下的罚款。

第四十条 机关、企业事业单位、社会团体、其他组织不落实本条例规定的奖励、假期、优待政策的，有关当事人可以向卫生健康、人力资源社会保障、医疗保障等部门举报；卫生健康、人力资源社会保障、医疗保障等部门和工会应当按照各自职责督促落实、依法处理。

第四十一条 负有人口与计划生育工作职责的政府部门有下列情形之一的，由其上级机关责令限期改正：

（一）不督促落实本条例规定的奖励、假期、优待政策的；

（二）不履行对托育机构的监督管理职责的；

（三）不履行保障女性就业合法权益职责的；

（四）其他不履行或者不正确履行人口与计划生育工作职责的情形。

第七章　附　则

第四十二条　本条例自 2003 年 9 月 1 日起施行。1991 年 1 月 15 日北京市第九届人民代表大会常务委员会第二十五次会议通过、1999 年 5 月 14 日北京市第十一届人民代表大会常务委员会第十次会议修订的《北京市计划生育条例》，1991 年 5 月 16 日市人民政府发布、2000 年 3 月 8 日市人民政府修订的《北京市计划生育奖励实施办法》和《北京市违反〈计划生育条例〉处罚办法》同时废止。